缘起互联网：

解锁语言新用法

[加] 格雷琴·麦卡洛克 著

郭飞 张先刚 杨思远 巴海燕 译

Because Internet

Understanding the New Rules of Language

内容提要

本书阐释了互联网时代非正式文体写作研究的重要性，论述了人类社会交往中建立的强弱关系与语言发展的关联性，详尽梳理了互联网时代三次上网潮中五代网民的网络语言发展脉络史。作者认为网络语言的发展依赖于其使用者的不断创新，网民通过表情符号、大小写、标点等符号系统来表达人类丰富的情感。网络文化最终体现为语言符号的传递，它通过模因传播开来，直至风靡全球。

图书在版编目(CIP)数据

缘起互联网：解锁语言新用法/(加)格雷琴·麦卡洛克著；郭飞等译. —上海：上海交通大学出版社，2021.10
ISBN 978－7－313－24569－4

Ⅰ.①缘…　Ⅱ.①格…②郭…　Ⅲ.①网络用语—语言学—研究　Ⅳ.①H034

中国版本图书馆CIP数据核字(2021)第228794号

缘起互联网：解锁语言新用法
YUANQI HULIANWANG: JIESUO YUYAN XINYONGFA

著　　者：[加]格雷琴·麦卡洛克
译　　者：郭飞　张先刚　杨思远　巴海燕
出版发行：上海交通大学出版社
地　　址：上海市番禺路951号
邮政编码：200030
电　　话：021－64071208
印　　制：常熟市文化印刷有限公司
经　　销：全国新华书店
开　　本：880mm×1230mm　1/32
印　　张：8.375
字　　数：195千字
版　　次：2021年10月第1版
印　　次：2021年10月第1次印刷
书　　号：ISBN 978－7－313－24569－4
定　　价：68.00元

献给互联网语言创作者。

互联网是你们的疆域，这是你们的地图。

前　言

本书作者语言学家格雷琴·麦卡洛克（Gretchen McCulloch）认为："有了字母，我们得以书写单词；而有了表情符号，我们得以描绘形态。"这意味着在社交过程中，符号与人类存在紧密联系。本书旨在发掘社交中的语言新准则、新模式，探讨网络文字符号及表情符号等前沿语言的发展，帮助读者了解网络语言如何做到同包罗万象的人类语言相契合。

本书第一章以非正式文体写作为切入点，作者认为无论是书面写作还是口语交际，都有正式和非正式之分。正式的语言已有足够资料去鉴赏，而语言学家真正应思考的是研究那些不假思索便脱口而出的语言，即非正式语言。社交媒体的兴起为非正式文体写作扩宽了研究路径。第二章阐述了人类语言的发展得益于人与人之间的强弱关系：弱关系带来新语言形式，强关系使其传播开来；互联网迅猛发展，社交媒体平台应运而生，随之带来更多强弱关系，极大推动语言的创新发展，网络俚语、社交缩略词、表情包等如雨后春笋般涌现。第三章概述网民锲而不舍地做着让语言回炉重造，使其适合社交之事。三波上网热潮致使五代网民前仆后继，在互联网的海洋里各显神通，推动语言的发展。至此，网民们通过一些表情符号、大小写、标点等符号来表达强烈的情感，宣泄个人情绪，技术的革新则对此有着推波助澜之势，人们更能在其中找到极乐之地。第四、五、六三章则对此进行具体阐述。第七章围绕模因与网络文化之间不可剥离的关系展开论述，旨在论证表情包为网络文化的化身。而网络文化最终体现的是语言的传递，网络文化广袤无垠，人们对于语言的研究也应无穷无尽。第八章就此做了详尽阐述。

2019 年本书一经问世便成为风靡语言学界的畅销书，国内外的读者认为其为了解语言的前世今生、通晓网络语言发展变化之不可或缺的资源。对于国内外研究语言学、热衷于网络用语、对表情符号喜闻乐见的人，本书具有重要的参考价值。译者在此要特别感谢上海交通大学出版社以及所有为翻译此书排忧解难、建言献策之人。鉴于译者水平有限，如有纰漏，敬请指正。

译者
2021 年 6 月

目　录

第一章 非正式文体写作

设想一下你的说话能力是跟着录音学来的，而不是在与人交流中获取的，会是一种什么情形？假使跟着电影学习如何与人交谈，可能会认为挂断电话时不用说再见，谈话过程中不会随意打断别人也不会被别人打断。倘若跟着新闻节目学习如何表达自己的观点，可能会认为人们不会用“嗯啊”填补思索时留下的会话空白，也不会比手画脚。还可能认为，人们鲜少会满口粗鄙之言，更不会在晚上 10 点前就脏话连篇[1]。若是从有声读物上学习如何讲故事，可能会认为英语在过去的几百年间并无差别。更有甚者，如果只在公众场合才开口讲话，可能会认为讲话总是让人焦虑不已，且只有长时间准备过后才能以言示众。

当然，这些都仅仅是假设，并非现实。早在你耐着性子听完一整篇新闻报道或发表演讲前，就已学会自如地使用英语与人交谈而不拘形式。也许你始终对公众演讲发怵，和朋友抱怨天气则是自然而然的事情。同是说话，其本质却全然不同。

1. 美国的电视节目分为不同的等级。涉及暴力、成人情节、不雅用语或者性题材的节目在晚上 10 点之后播放。——译者注，下同。

其间的差别，恰恰是我们学习阅读和写作的关键所在。

提及写作，我们总会想到书籍、报纸、杂志、学术文章以及那些我们试图效仿却往往望尘莫及的课程论文。我们学着阅读正式语体，这种语体使得英语仿若在过去的一两百年间未曾改变，使得文字和书籍脱离了其创作者所处的时代，也使得人与人之间思想碰撞、各抒己见的魅力弱化。带着对老师评语的恐惧，我们学习写作，注重形式胜于构思观点，仿佛好的写作只是在各种成规间做机械选择，而非依托创作者的反复润色和满腔热忱。于是，我们惧怕写作，一如惧怕公众演讲那般。

这种情况直到近来才有所转变。互联网和移动设备掀起了大众写作的热潮。书面交流已成为我们日常生活中不可或缺的会话方式。公元800年，查理曼大帝成功加冕为神圣罗马帝国皇帝之时，他甚至连自己的名字都不会写。诚然，自会有书吏替他起草规章法令，但目不识丁何以治国？如今离开写作，甚至都难以组织起一场生日派对。不同写作类型之间也无法相互取代，正如“生日快乐”祝福短信代替不了外交公约。长期以来，口语交际有正式和非正式两种语体，如今写作也有了正式文体和非正式文体之分。

如今，我们时时刻刻都在写作，但其中大多是非正式文体：发送的短信、你来我往的聊天以及帖子博文等，往往方便快捷、未经修饰，更加偏向口语化。如果某个人写了些什么，有上百人浏览，就可以称作“有发表作品”的作家，那么几乎所有使用社交媒体的人，只需发篇帖子，无关乎其内容是谋求新工作还是描写新生命降临，便都可轻而易举获此殊荣。但这并非是说网络上已然没有字斟句酌的正式文体，不少商业网站和新闻网站仍然会像出版物一样用语考究，而是我们现在所处的环境，四处充斥着大量未经编辑过滤的词句，这些内容可能曾经只在口语中

出现。

作为语言学家，互联网与我息息相关。置身网络，目睹网络语言焕发出无限生机，不禁想要探究一二。这些表情符号何以迅速风靡？不同年龄段在电子邮件和短信中使用标点符号的方式为何截然不同？各种符号单位所传递的语言又因何看起来如此新奇？

事实上，对此感到好奇的不只是我。自开始在网上撰写有关网络语言学的文章起，我便很快就收到读者提出的一系列相关问题。要回答这些问题，并非再写一篇文章就可以说清楚。于是，我参加相关研讨会，研读文献并提出自己的疑惑。我发现多数情况下，这些问题是有答案的，只是有些答案互联网上不存在，或者是不存在于同一地址，再或者是即使你懂语言学，也未必对探究此类问题感兴趣，这便是撰写此书的缘由。

日常使用的语言背后是人们潜在意识的范式，它是语言学研究者的兴趣所在。但传统上语言学领域很少以书面语篇作为分析对象，除非研究问题关乎语言史，且仅存有文字记载。其问题在于，写作往往经过字斟句酌、数易其稿，难以将其归结为某个人在特定时刻的语言直觉。而网络写作则不同，它未经修饰加工，朴实平凡却吸人眼球。于是，在撰写本书时，随着深入分析网络语言的潜在范式，我能更为全面地理解自己所使用的语言。

话语分析相当棘手，网络写作有效化解了这一难题。首先，言语转瞬即逝、声过无痕，倘若只是做笔记，则可能会记错或有所遗漏。于是你想到了录音的方式，但如此便产生第二个问题：你需要把说话人送到录音室，或者随身携带录音机。有了录音，便引出第三个问题：处理音频。每分钟录音大约需要熟练工处理一个小时，才能将语音转换为可用于语言分析的文本。首先要转录整体大意，继而多次重复、添加详细的语音信息，最后再提取其中成分、分析其音频或句子结构。这烦琐的过程，令不少语言学研究者裹步不前，他们花费数年时间，只为从录音中寻找个别问题的答案。显然，这种方式难以大规模进行。此外，人们还始终面临第四个挑战，即受访者与学术访谈的采访者交流时，可能不会像朋友之间那么自然。如要另辟蹊径分析手语，那么，你面对的是既需分析音频又要分析视频。如要跳过录制一步，直接使用现成的录音，那么只能祝君好运，因为这些音频大多源自新闻、演出等正式场合。

在互联网出现之前，研究非正式文体写作同样困难重重。此类文体常见于信件、日记和明信片等，而当这样一批纸质材料捐献到档案馆时，它们往往已经在盒子里尘封了数十年，日渐腐朽。因此，这些资料也必然要经过处理，才能加以分析。辨认易碎纸张上的旧字迹，也不过只比转录音略微容易些。研究维多利亚时期的信件和中世纪的手稿可以发现，某些词比我们想象的更为古老，且从其独特的拼写中可以看出读音变化。但当代英语研究仅以档案馆收录的名人书信为对象是不够全面的，将研究时段局限于 50 年以内也是不妥的。但若想获得更新的材料，就要再次面临研究样本收集方面的挑战，比如：让人们写明信片，需寄希望于他们不会心存顾虑，不会因所写内容成为研究对象而有所顾忌。

有幸网络文本已然数字化，其语言更易于研究，且多数内容以推文、博客和视频等形式公之于众，因而其语言特点不太可能因他人浏览而受到干扰。尽管如此，未来的互联网研究者还应考虑在使用语料时的道德规范问题，某些语料虽然公开，但若断章取义，则会使其创作者陷入尴尬境地或受到伤害。此外，研究者轻而易举便可在网络上发布有趣的语言调查问卷或邀请人们免费提供其私人往来信息。尽管后文我们将探讨有关表情包的

研究，但网络语言学并非仅止于此，它以前所未有的深度，探究人们的日常语言。这为“新兴词汇何以广为流传”“人们何时何地开始使用这些新兴词汇”等经典的语言学问题带来了新的见解。

当下，我喜欢阅读良书，闲暇时看些 TED 演讲。我深刻地认识到，用正式的语言优雅流畅地表述，需要花费大量时间斟酌词句。诚然，这些表述中确有值得赏鉴之处，但已有足量的文学作品和演讲经典可供鉴赏。作为语言学家，真正值得我思考的，是那些我们不假思索便能脱口而出的语言，是那些我们在不经意间早已运用自如的语言范式。

即便是手指随意地敲击键盘，噼里啪啦地乱按一通来抒发自己的强烈情绪，这些不成词的字符串也是有规律的。其中较为典型的有“asdljklgafdljk”或“asdfkfjas; dfI”，此类胡乱敲击的字符串与猫在键盘上行走产生的字符串大有不同，猫踩出来的字符串可能看起来更像“tfgggggggggsxdzzzzzz”*。据观察，胡乱敲击键盘所产生的字符串有以下几种规律：

- 其首字母多为“a”；
- 开头多为“asdf”；
- 后续字母常为 g、h、j、k、l；但较少按此顺序出现，该字母组合常交替或重复出现；
- 若盲打，则常见字符多位于手指静止时所在的键盘中间行；
- 若出现中间行之外的字符，则顶行字符（qwe...）比

* A. E. 普雷沃斯特（A. E. Prevost）的宠物猫伊莱扎（Eliza）创造了这串字母。——作者注，下同。

底行字符(zxc...)更为常见；

- 字符串通常为全部小写或全部大写，其间较少夹杂数字。

当然，我们并非是使用随机字母生成器，因而出现此类规律大多与我们在标准键盘（即“QWERTY”键盘）的中间行上乱敲密切相关，但该规律仍会受到人们社交期望的影响，进一步强化其情绪。我为此做过非正式调查，询问人们如若乱敲出的字符串不足以表达自己的情绪，是否会重新输入。我发现，尽管有少数人无论乱敲出的字符串是什么样，都会照实发布出来，但多数人会删掉自己不甚满意的内容重打，也有不少人只是对乱敲出的字符串稍作调整。另外，德沃夏克键盘（Dvorak Keyboard）的中间行为元音字母，而非按照“ASDF...”排列。据一些使用该键盘的人所说，他们根本不必在键盘上乱敲，因为其键盘布局足以让他们打出的字符难以辨认。不过，这类语言模式可能正发生变化：我注意到由拇指敲击智能手机键盘中间行得到的另一种字符串，其规律不同于原来的“asafjlskfjlskf”，而多以类似“gbghvjfbfghchc”的形式出现。

这并非是人类创造规律那么简单。即便我们无意于创造规律，假设我们只是一众猴子，各自在键盘上不停地乱敲，天生的社交属性也会让我们忍不住相互关注、彼此回应。即便某些模式在圈外人看来杂乱无章，在圈内人眼中也是混乱无序，但实际上作为人类，离开了模式我们便无法成事。因此，本书旨在发掘社交中的语言模式，研究其成因，从探寻规律的角度出发，看待网络语言以及其他前沿语言创新。

与任何发生巨变的时期一样，非正式文体写作的浪潮正改变着我们的交流方式。那些为书籍、报刊制定的行文规范，并不

适用于短信、聊天和帖子。试想，如果日常对话，你只见如电视里照本宣科的独白，岂不怪哉！我们或多或少都对非正式讲话有所了解。其实，人们对于非正式语体的研究由来已久，正如文学和修辞学研究要分析正式文体和正式语体，非正式语体是语言学研究的基础。但是，人们却忽视了写作与非正式场景相结合的情况，而这恰恰是网络写作的优势所在。那么，他们是如何相互交融的呢？

	口头表达	书面表达
非正式	对话，自言自语	短信，聊天，社交媒体，日记，笔记
正式	演讲，广播，电视，表演	书，文章，静态网站

效率，是思考非正式文体写作的切入点之一。纵观不同的语言，短词更为常见，但是信息量小；长词较为少见，但信息量大。例如“of”和“rhinoceros(犀牛)”两个词，显然“of”更为简洁常用，它仅由元音和辅音组合而成，甚至可以跟在其他单词后简化成一个中性元音，如 sort of 可读作“sorta[ˈsɔːtə]”，out of 可读作“outta[ˈaʊtə]”。“rhinoceros”则相对较长，所包含的信息也更多。如果突然听到有人大喊一声“rhinoceros”，你可以对即将发生的事情做出可靠猜想。但是，如果不慎漏掉这个词，比如：“I am fond of this ________(我很喜欢________)”，则缺失部分存在多种可能。然而，若是突然只听到一声“of”，却毫无意义，让人不知所云。可若不小心省略“of”，比如“I am fond ____ this rhinoceros(我很喜欢犀牛)”，你依旧会知道遗漏的内容是什么，并准确领会这句话的意思。“of”这个单音节词，短小精悍、用途

广泛，如果用来表示相对罕见的奇蹄类动物，实则是一种浪费。同样，如果用“rhinoceros”这类多音节单词表达“of”之意，那么语言的效率无疑会大打折扣。仅在本章，“of”就出现了上百次，倘若将其变长五倍，则通篇冗长、事倍功半。

词汇出现的频率并非一成不变。英语中出现“rhinoceros”一词大约是在14世纪，但是随着犀牛在英语国家愈发常见，至1884年，人们已将其简化为“rhino”。此后，二者异形同义，都能用来表示犀牛。尽管“rhino”仍不如“of”简短，但话说回来，即便是对动物园管理员而言，也仍是“of”更为常用。真正鲜为人知的动物并没有常用昵称，比如美西螈（axolotl）或斑马章鱼（Wunderpus photogenicus），但我还是希望，不久之后能从蝾螈和章鱼研究者协会获悉他们由于经常谈及此类动物而简化了名字。

有时，就如同“of”和“rhinoceros”，书写和讲话的效率并无差别：都是单词越长，音节越多。但也有一些情况例外。讲话时，为提高效率，人们会舍弃不必要的音节或采用连读的方式，不必考虑是否符合书写规范。人们简化单词发音时不必考虑其拼写方式，以“usual”或“casual”为例，即便只发第一个音节，听众也可以明白你的意思，但你不会将其拼写成“yooj”，“uzh”，“cash”，“casj”。虽然这样听来难免含混不清，但仍能确保交谈顺利进行。另一个更为极端的例子是“I do not know（我不知道）”在英语中的简化过程。这句话由来已久，经过漫长的岁月逐渐简化为“I don’t know” “I dunno”，甚至是配上“I dunno”的低-高-低旋律的三连音“uh-huh-uh”或“mm-hm-mm”。相比“I do not know”，“I dunno”确实更易于表达，但是书写长度并无太大差别，当然有时放在句首引出说话内容，也会写“I dunno”。富有节奏的三连音很容易就能嘟哝出来，即便嘴里塞满三明治也能

发出这个音，但鉴于这种拼写方式还需加注，其书写效率并不高。此外，我们还需控制信息流的速度，对于可预测的单词，语速放快，不可预测的则放慢。研究表明，人们在说诸如“Mama, you've been on my mind（妈妈，我想你了）”这样的句子时，说“mind”的语速非常快，这是因为它出自鲍勃·迪伦（Bob Dylan）的一首经典歌曲，经多次翻唱，歌词内容可以预测。在无法预测的情况下，比如亚里士多德（Aristotle）的一句晦涩难懂的话：“Paid jobs degrade the mind（有薪工作降低人的心智）”，人们说“mind”的语速则放慢很多。当然，如果你是亚里士多德的忠实粉丝，从未听过鲍勃·迪伦的歌，那情况可能正好相反。

书写时，为了提高效率，人们常常只写几个重要字母或将多个符号压缩成一个新词，即便写下的组合无法读出也并无关系。随着人们想要高效书写的内容不断变化，使用缩略语或缩写的想法也不断改变。罗马人发现，在硬币和雕像上刻写“SPQR”比其全称“Senatus Populusque Romanus（元老院与罗马人民）”容易得多。中世纪的抄写员将常见的单词简化成“&”和“%”等新符号。文艺复兴时期，人们对古典文学和科学的兴趣日渐浓厚，于是学者们缩写拉丁短语，出现了 e. g.（例如）和 ibid.（同上）等。但令人惊讶的是，其实首字母缩略词的使用近来才真正步入黄金时期。1940 年，英语中才出现“acronym（首字母缩略词）”一词，但其在第二次世界大战（简称“二战”）期间便已盛行，尤其是可作为单个单词发音，而非一连串字母的缩略词。当时，士兵们使用的缩写词有 AWOL、snafu、WAAF 和 radar* 等。

* AWOL 全称为 Absent Without Official Leave，擅离职守之意；snafu 全称为 situation normal all fucked up，情况还是一样糟糕之意；WAAF 全称为 Women's Auxiliary Air Force，空军妇女辅助队之意；radar 全称为 radio detection and ranging，雷达之意。

二战后，缩略词的数量不断增加，特别是各种组织、新发现和其他名称的缩写，比如：laser、NASA、NATO、AIDS、NAACP、codec、Eniac、UNESCO、UNICEF、OPEC、FIFA、NASDAQ、FDR、CDROM、MoMA、DNA等。这些缩略词易于书写，但在口语中，其语言效率未必更高。虽然有时谈论专业话题时，会用这些专业缩略词，但相比之下，说“ampersand”或“WWF”比说“and”或“World Wildlife Fund”更费时间。由技术缩略词可以看出，正式的书面写作旨在针对烦琐手续和冗长名称时最大限度地提高效率。

互联网上也将一些较为专业的术语进行缩写，例如“url”、“jpeg”或“html”，但我们在网上写的文字大多仍是非正式的口语化语言。因此，一种新的社交缩写词应运而生，其代表的含义多为常见的会话用语而非专业术语，btw（by the way 顺便一提）、OMG（oh my god 天哪）、lol（laughing out loud 大笑）等词。这些词远比 BAC（blood-alcohol content 血液中酒精含量）、OBE（Order of the British Empire 大英帝国勋章）、LAX（the airport code for Los Angeles 洛杉矶机场代码）更加常用。我认为，一本有关日常用语研究的书，为遵循传统书写习惯，以牺牲日常用语为代价，未免过于虚伪，因此本书的书写风格有所改变。鉴于网络上人们在表达想要大声发泄情绪时才大写 LOL 和 OMG 这两个缩略词，本书中用于社交、网络的缩略词全部小写，而技术类的缩略词则依然沿用整体大写的书写习惯。

网络缩略词是书写与非正式表达相结合的完美例子。写作赋予其形式：虽然缩略词未必可以减少音节，但是可以缩短输入的字符长度，换句话说，“I dunno”适合讲话时使用，“idk”适合写作。对于传达个人感情和信念的短语，比如“I don't know”“What the fuck”“just so you know”“as far as I know”“in my

opinion”“today I learned”“that feeling when”等，非正式表达赋予了其功能。技术缩略词有长短之分，且它们是同时被创造出来的，人们有时候会思考如何把短语中单词的首字母组合成缩略词。社交缩略词来自司空见惯的短语，而拙劣网络语言的一个明显标志是 EIAFUP（Elaborated Invented Acronyms for Uncommon Phrases），即“为不常见的短语精心发明缩略词”。然而，我们并非纯粹追求效率最大化。有时，我们会重复拼写单词，来引出其后的谈话内容，或者讲缩略语从而让讲话激发写作。因此，效率仅反映某一特定缩略词的起源及出现的原因。

另一个体现网络中将书写和非正式风格融为一体的例子，是人们利用视觉画面来表达内含。一般来说，人们不会在伸手不见五指的地方背对对方交谈或双手背后、头上套着纸袋，更不会像机器人一样说话。虽然可以通过这种聊天方式获取某种信息，但难免有所遗漏。通常，人们说话时会伴有动作。你可以在公共场所观察一下，尝试是否能通过观察手势来判断谁在讲话。此外，手势和语气能够强调要表达的信息，或者赋予信息另一层含义，比如竖起大拇指说“干得漂亮”则语意真诚，同一句话若翻着白眼说则多为讽刺。

正式讲话中，人们较少使用手势，即便使用也较为公式化。电视中的天气播报员可能会用手指气象云图或翻动讲稿，但是大多数情况下，他们的手基本保持不动，脸上的表情介于严肃和高兴之间——不会挥手，不会翻白眼，更不会抽泣或捧腹大笑。演讲者常常被建议减少使用下意识的动作：提高公开演讲水平较为经典的方法是观看自己的演讲视频，这样你可以注意并减少重复的手势。不过，上述两种风格的讲话往往受到摄像机或讲台的限制，观众通常只能看到讲话者肩膀以上的部位，所以即使讲话人做了手势，观众也看不到。就正式手势而言，人们对其规定由来已久：罗马演说家昆体良（Quintilian）建议雄辩家们使用指示性手势，以及表示钦佩、好奇、拒绝、确定、恳求等手势，这类手势在讲话时会自然而然地做出；但哑剧和类似代表语言的动作只应该出现在剧院里，而非法庭上。

书写是一种技艺。说话和做手势只需肢体和精力便可实现，从未有哪个社会缺少其一或两者皆不具备。而书写不同，除了人的参与，还需要书写工具：即使用自己的血在自己手臂上写字，也需要先刺破身体，让血流出来。因此，书写系统很大程度上受到书写工具的限制：在木头或石头上刻直线更容易，用墨水可以轻易地画出曲线和圆圈。此外，文本中的配图也可反映出使用的书写工具。中世纪，人们从甲壳虫和石头中提取颜料，然后在牛皮纸上书写，制成泥金装饰手抄本[1]；在木头上刻出图案，然后沾上墨水，拓印到纸上从而获得图案；照相机的拍照原理是小孔成像，光通过小孔投射到带有银色感光材料的胶片上，从而得到照片。不过任何时候，总有某些颜色和形状更易于获得。

正式文体书写和正式讲话一样，不掺杂个人感情。就像新闻主播应该传播新闻而非制造新闻一样，正式写作代表的是内容而非作者。有时正式图像旨在传递信息，比如图表和图例；有时旨在记录，比如地图和肖像；有时旨在引人入胜、娓娓道来，比如绘本和花窗玻璃。

非正式书写的绝妙之处在于，一旦我们掌握了能将图像发送至任何地方的技术，便可将自己重现于所写内容之中，让人们

1. 13 世纪的泥金装饰手抄本是手抄本的一种，其内容通常是关于宗教的，内文由精美的装饰填充，例如经过装饰性处理的首字母和边框。泥金装饰图形则经常取材自中世纪纹章或宗教徽记。在制作泥金装饰手抄本的过程中，通常首先抄写内文，按照一定的尺寸裁好皮纸后，再经过总体的页面规划设计（首字母、边框等），将纸页用尖木棍固定，然后抄写者用蘸水笔或芦苇沾墨水书写。

仿佛能够生动地看到创作者是谁，又是以何种心情写下如此字句。比如表情符号，如此小巧的图像便能够让死板的数字信息变得活泼生动。表情符号数量庞大，多取材于动物、食物、大自然，以及家庭和工作场所中的常见物品。不过，最常用的一组表情符号是面部表情或手势，比如微笑、喜极而泣、竖起大拇指和手指交叉等表情。当然，我们很少用表情符号描述周围的大千世界，而更多是为了能在网络世界中充分表达自己。

动图的使用也是如此。理论上，你可以把任何图像放在一个八帧的循环动画中。20 世纪 90 年代，人们会在未制作完成的网页中插入“在建”的字样，辅以安全帽和安全锥等画质粗糙的动图，以示歉意。实际上，2010 年左右的动图十分写实：图中人物、动物或卡通形象做着富有表现力的特定手势，无声地循环着。动图中的人物便是你彼时的写照，你如图中人物一样或开怀大笑，或欢呼鼓掌，或茫然四顾。早期的网络空间可视化技术认为，人们的主要诉求是操控自己的三维形象，在虚拟空间中顺畅地交流。但事实证明，人们真正想要的，不是给自己的虚拟形象穿上各色花哨的数字外衣，而是利用其表达自己的所思所想。于是，我们诉诸各种工具，从首字母缩略词到表情符号，再到标点符号。

最初的书写系统局限颇多。它们只能输入单词，辅助读者记忆，每每使用时，需要依靠读者自行再现。几个世纪过去，我们逐渐开始增加标点符号、改进排版功能。重要的是，人们开始期望书面文字能够传达更细腻的感情：虽然多数人只阅读而不书写，但是人们依然开始相信，写作可以详尽地承载言语和意识。从中世纪的抄写员到现代派诗人，互联网成为最终改变写作的关键因素，它赋予我们读者和作者的双重角色。我们不再认为书写系统必须死板教条，只能含糊不清地传达情感，也不再认为只有专业人士才能写出细腻的文字。我们为语言风格制定新的规则。这些规则并非出自上位者，而是由数十亿社交达人在集体实践中总结而成，并为我们的社会交往注入源源不断的活力。

无论世事如何变化，或好或坏，不断发展的语言并非万灵药，无法解决我们所面临的一切问题，亦非问题的根源所在。语言即其本身，它始终在不停地变化着。当未来的历史学家回顾我们这个时代，定会为我们的语言演变所着迷，一如现在，我们为从莎士比亚语录、拉丁语或诺曼法语中发现的创新词汇而惊叹不已。那么，让我们从未来历史学家的角度出发，探究语言史的变革时期，在我们所生活的这个令人惊奇的世界中一探究竟。

倘若担心自己会在这场语言变革中落下，或是过于前卫与非网民群体产生隔阂，那么本书将帮你清除这一隔阂。本书旨在帮助读者了解我们的语言如何一步步发展到现在，人们为何对某些流浪时期满怀热情？互联网语言变化又是如何做到与包罗万象的人类语言相契合？读完这本书，你将重新看待自己指尖轻快敲下的简短信息。

第二章　语言与社会

人们为什么这样说话?

人们待过的某个或某些地方、朋友和家人的影响、自己对某类语言的好恶,都会导致不同群体的语言差异。虽然人们对此早有意识,但是作为一项科学活动,对方言的系统研究直到18世纪至19世纪才开始。同时期的科学研究中产生了林奈生物分类法和元素周期表,一些编目员带着网兜着手研究蝴蝶或者利用罐子中燃烧的蜡烛提取气体时,另一些则专心查阅古代典籍、汇编动词列表。

方言地图

什么样的网可以捕获鲜活的语言呢?德国方言学家格奥尔格·文克(Georg Wenker)认为他找到了答案:他给欧洲所有德语区的老师们邮寄一份调查表,请他们把40个英语句子,比如"I will slap your ears with the cooking spoon, you monkey(我要用勺子敲你的耳朵,你这猴孩子)!"等翻译成当地方言。这个办法相当明智，因为老师一定具有读写能力，而且即使文克不知道每个乡村老师的名字，但乡村邮局，比如奎德林堡（Quedlinburg）的邮局，一定可以将他的问卷送到当地的学校。不过为了让老师更容易答卷，文克没有为他们提供任何语音标写方面的培训。这意味着，如果一位老师把 monkey（猴子）翻译成“Affe”，而另一位老师翻译为“Afe”或“Aphe”，那谁也说不准他们是不是想表达同一个发音。

法国语言学家儒勒・吉列龙（Jules Gilliéron）认为自己的方法更胜一筹。不同于文克寄信的方法，吉列龙派一名训练有素的实地工作者为他进行所有的调查。这样等他回到巴黎后，便可以着手分析调查结果了。吉列龙挑选的实地调查者是一位名叫埃德蒙・埃蒙特（Edmond Edmont）的杂货商，据说他的耳朵特别敏锐，不过尚不清楚是指他听觉敏锐还是指注重语音细节。不管怎样，他得到了这份差事。埃蒙特接受了标记语音的训练后，便骑着自行车开始了调查之旅。他带着列有 1 500 个问题的清单，这些问题包括“杯子叫什么”“怎么读数字 50”等。接下来的四年间，埃蒙特骑着自行车跑遍法国 639 个村庄，定期将调查结果发给吉列龙。他将一生都居住在一个地区的上年纪的人当作该地区的代表，每到一个村子，都会采访一位这样的老人。

文克和吉列隆绘制的方言地图皆细致入微、引人入胜且错综复杂，但是如果你懂得如何看这些地图，就可以在法国南北部的村庄之间画出一条界线：1900 年前后，法国北部的村民把 Wednesday（星期三）说成 mercredi，南部的村民将其读作 dimècres*。你也

* 或许有人好奇当前法语中的星期三为何为“mercredi”，原因就在于巴黎位于法国北部。事实上，法语中“di”的意思为“周”，因此原则上“di”位于词前或词尾皆合乎逻辑。法语中的星期日（dimanche），“di”就位于词前。

可以查阅文克手绘的德国地图，地图上标记出德国哪些地区把old（年老的）说成 alt、al，或者 oll* 。对于在学校里学过法语或者德语的人来说，很容易认为两种语言是单一纯粹的语言。其实学校里教的只是标准版，以上方言地图显示出村与村之间略有不同的数百种语言变体如何形成方言体系。

方言地图令人着迷，但也存在一定的局限性。如果埃蒙特在四年苦旅将尽之时，意识到不同地区对自行车的叫法也不同，那他要么得再次骑上车对那 639 个法国乡村重新展开调查，要么记下这一点，期望未来某个学者会开启第二次“环法语言之旅”。格奥尔格·文克的项目大获成功：在 1876 年到 1926 年期间，他获得了 44 000 多份完整的调查问卷，远远超出他能亲自分析的数量。他的同事们在他去世后的几十年里继续分析这些问卷。

随着技术的进步，方言学研究也在发展。20 世纪 60 年代，《美国区域英语词典》（*Dictionary of American Regional English*）派实地工作者开着“采词车”（配有折叠床、冰箱和煤气炉的绿色道奇货车），用公文包大小的卡带录音机记录了 1 000 多个社区的方言。20 世纪 90 年代，《北美英语地图集》（*The Atlas of North American English*）的设计者们用手指开启“自行车之旅”，随机电话采访 762 人，每个主要城区中至少有两名受访者。2002 年，哈佛方言调查制作了一份任何人都可以在网上完成的书面问卷，由于《纽约时报》（*New York Times*）、《今日美国》（*USA Today*）和许多其他媒体的宣传报道，3 万多人填写了问卷。

这些研究调查都得出了一个非常有意思的结果：广播、电视

---

* 联想英语中的 ol，后两个变体就不足为奇了。

和其他大众媒体的兴起不仅没有消除地区间的语言差异，还让许多资源得以在网上免费共享。浏览《北美英语地图集》，你会发现美国中部布满颜色不一的小圆点，这表明美国人对汽水的叫法各式各样，从 pop 到 coke，再到 soda，到了美国和加拿大交界地区又变回 pop。在《美国区域英语辞典》网站，你可以滚动浏览有趣的词条列表，从 Adam's housecat[1] 到 zydeco[2]，词条涵盖的范围十分广泛。10 年后，随着油管（YouTube）口音挑战和一组通过方言测试得到的数据集的出现，可供完整下载的哈佛方言调查结果重获新生。这项口音挑战火遍全网，来自世界各地的用户回答了当年问卷中的问题，并拍成视频。方言测试由《纽约时报》发起，主题为“大伙、你们、各位如何说话（How Y'all, Youse and You Guys Talk）”，向人们介绍了这样一个想法——构想自己在 2013 年的说话方式，受到大家的广泛关注。

如果你曾经挂过电话推销员的电话，或者搪塞应付过“你是迪士尼公主中的哪一个”之类的测验，那你就会知道电话和网络调查也存在一些问题。虽然，打电话时研究人员可以录制音频，但他们仍然需要同每位接受调查的人交谈。虽然对于真正的语言迷来说，运作“采词车”项目或者管理语言电话银行是一份美差，但他们在访谈中投入大量时间和劳力，同样需要获得报酬。网络调查虽然速度更快、成本更低，且可以大规模进行，但是无法确保人们都能准确填写自己的语言使用情况。

“观察者悖论”这一问题贯穿所有调查：你带着磁带录音机

---

1. Adam's housecat 同 Adam's off ox，主要在海湾各州（指美国濒临墨西哥湾的 5 个州：佛罗里达州、亚拉巴马州、密西西比州、路易斯安那州和得克萨斯州）和南太平洋地区流行；比如“don't someone from Adam's housecat”意思为“根本不认识某人”。
2. 科迪舞。

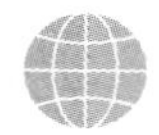

坐在某个人身边，或者给他们一份问题清单让他们勾出答案，此时语言往往是标准正式的面试风格。从语言学上来说，这类语言最为枯燥乏味，相关记录十分详尽。但是，在研究资料稀缺的方言时，研究员苦于找寻问题的答案，但他们可能都不知道问题是什么。此外，研究对象有时意识不到谈话中最有趣的部分，或者羞于启齿，无法或者不会明确地谈论这些内容。

我们也不必心灰意冷：语言学家已经设计出多种方法获取自然语音。一种是问开放式的问题，比如："你能描述一下你的家庭吗"而非"你怎么读'姑妈'这个词"。另一种是让受访者讲述令其兴奋或者引起情绪波动的事情，如此一来，他们的精力就会放在内容而非单词上，比如：可能些许恐怖但颇受欢迎的问题"你能告诉我你觉得自己可能什么时候会死呢"。第三种是担任社团参与者角色：不少语言学家都分析过自己孩子、祖父母或者大家庭中的言语，再或者同当地的搭档一起采访。"采词车"语言学家甚至会随身携带小本子，以记录在杂货店里听到的任何有趣的语言，当他们带着录音机时，就会跟进调查。

有一种方式可以极为有效地捕获自然的语言，那就是利用互联网。从视频到博文，研究人员不仅可以研究无数公开的、非正式的、自然的语言案例，而且多数情况下还可以搜索。不需要只为获得几个案例，花费数小时转录音频。推特（Twitter）的价值尤为突出：即便普通搜索者也可以搜索一个词或短语，了解其用法。他们可能会注意到，2018 年许多说"smol"的人是动漫迷或宠爱动物者，还可能会注意到"bae"最初主要由非裔美国人使用，2014 年前后开始出现在白人的推文中，不久之后才被一些品牌吸纳使用。

研究人员涉足社交网站的伦理问题刚刚开启。从技术上来说，不管谁能获取用户的信息，人们往往会构建一个心理模型，希望特定的人阅读自己的帖子，如果模型之外的人看了帖子，就会觉得信任受到了侵犯。2010 年，美国国会图书馆（Library of Congress）宣布他们计划把推特上的每一条推文都存档。推特用户原有的心理模型只针对昙花一现网站信息，此时不得不做出更新。许多人的反应是揶揄未来历史学家，指手画脚或妄加评论。个别人借机把一些低俗下流词汇录入这个肃穆的空间；还有一些人在推文中问道："怎么了，孙子"或者做出指示："既然保存了我的推文，那么请把我所有的猫咪照片都正确地编入'kittch'和'kitten'的目录之下。"这项活动最后无功而返。2017 年，国会图书馆改变方案，划定归档推文的界限，只有符合更严格的新闻价值标准的推文才能收入其中。2018 年，针对社交媒体数据安全发生了一场激烈的争议，当时英国政治咨询公司剑桥分析公司（Cambridge Analytica）被爆出于 2015 年通过说服人们将性格测验与脸书（Facebook）账户链接，获取数百万脸书用户的个人信息。美国国会图书馆和剑桥分析公司只是两个极端例子，但是未曝出的研究人员依然在社交媒体上挖掘数据，而他们只受服务条款和自认公平竞争观念的约束。

本书引用的大部分都是不涉及个人用户的公共社交媒体数据，或研究论文中做了匿名处理的已有引用。对于书中所引必要的个人案例，作者已明确进行元话语处理，比如国会图书馆档案管理员。在我看来，引用人们关于午餐的寡淡闲聊，或推心置腹的私密谈话，让我觉得自己像个间谍，尴尬不已。但是，我希望在一本关于网络语言的书中，可以借由引用关于网络语言的评论来开启一段对话。毕竟，如果你打算给子孙后代发推文，当他们回复时，也许你不应该感到惊讶。

推特研究取得的成果颇丰，因为在发推文的人中，大约有 1% 到 2% 的人标出了确切的地理位置。一名出色的数据挖掘者

据此便可以绘制出一张县级地图，地图中可以显示出美国人推文中使用 pop 和 soda 的情况，也可以显示出从哪个地区 y'all 变成了 you guys，还可以说明不同州民说脏话的偏好，这些都比埃德蒙·埃蒙特骑自行车从巴黎到马赛花费的时间少得多。例如，语言学家雅各布·艾森斯坦(Jacob Eisenstein)的研究成果发现，在显示地理位置的推文中，含有 hella[1] 的推文，比如"这部电影太长了(That movie was hella long)"最有可能出自北加利福尼亚用户之手；含有 yinz[2] 的推文，比如："一会见(I'll see yinz later)"集中在匹兹堡(Pittsburgh)地区。这两个发现，与先前通过访谈进行的语言研究得到的结果一致，但访谈需要大量人力。此外，艾森斯坦在推特上发现的某些语言特点可能不会出现在访谈中：他和同事在后来的一项研究中发现 ikr(赞同)在底特律尤为流行，表情符号 ^_^ (高兴)是南加州的特色，suttin (某物)是纽约的流行词。

如果没有互联网，推特语言研究根本无从谈起。语言学家杰克·格里夫(Jack Griff)研究了美国南部诸如 might could、may can 和 might should 等之类的语言结构，比如其他地区的人可能会把"We might should close the window(我们或许应该把窗户关上)"这句话说成"Maybe we should close the window (或许我们应该把窗户关上)"。格里夫指出，直到 1973 年，还有著名语言学家断言研究此类结构简直是天方夜谭，因为很难在校对过的文本中找到这类结构。即便有幸找到，它们在自然口语访谈中一小时可能也就出现一次，为了些许数据，需要转录大

1. hella 通常在美国加利福尼亚北部广为使用，是 hell of(a)的缩写，常用来代替 really、a lot、very、totally 等在句子中使用。
2. 第二人称的复数形式。

量音频。但是在推特上，格里夫和他的同伴梳理了近10亿条标注地理位置的推文，挖掘出数千个案例。除了强化这些称作双重情态动词结构中暗含的非正式直觉之外，他们已经能够绘制出详尽的县级地图，该地图显示此类结构的使用情况实际上可分为两种：might could 和 may can 之类的结构主要出现在南部靠北诸州；might can 和 might would 等在南部靠南诸州[1]更常见。

我们甚至还能发现先前未曾留意的不同地区的语言特征。比如，继 might could 调查研究之后，格里夫将注意力转向脏话。他发现，尽管每个州的人都会说脏话，但用词偏好各不相同。美国南部人较为委婉，喜欢说 hell，北部各州的人更多用 asshole，中西部人常说 gosh，而西海岸地区的人则偏爱英国式的 bollocks 和 bloody。此外，《牛津英语词典》（*Oxford English Dictionary*）也开始把推特作为数据源，尤其是那些很少出现在书籍和报纸中的地方词汇。该词典在2017年9月的季度更新说明中，给出了 mafted 这个词的例句。mafted 起源于英国东北部，意为"因炎热、拥挤或劳累而筋疲力尽"。该词的案例引用是一项新旧词典学研究的碰撞：引用的最早的例子出自"1800年前后汇编的词汇表"，最新的则来自2010年某推特用户的推文："天哪，居然有人在贝克鲁地铁站[2]穿皮大衣，肯定要热死了（Dear Lord—a furcoat on the Bakerloo line, she must have been mafted）。"

---

1. 南部靠北诸州指的是美国南部偏北的地区，包括密苏里州、阿肯色州、肯塔基州、田纳西州、特拉华州、马里兰州、弗吉尼亚州、北卡罗来纳州；与之相对的是南部靠南诸州包括得克萨斯州、路易斯安那州、密西西比州、亚拉巴马州、佐治亚州、南卡罗来纳州。
2. 贝克鲁线是伦敦的一条地铁线。

我们甚至可以利用推特上的创造性单词改写，来研究不同的发音特点。相较于搜索单词，研究发音确实难度稍大。但是语言学家蕾切尔・塔特曼(Rachael Tatman)利用英语方言中两个已经充分研究的发音，给我们提供了一个案例。第一个是诸如cot和caught、tock和talk等单词的发音。对于每组中的单词，有些美国人(主要在西部、中西部和新英格兰地区)的读音相同，而其他人(主要是南方人和非洲裔美国人)的读音不同——制作录音的语言学家早已证实该趋势。塔特曼猜测，那些把sod和sawed读成两个截然不同元音的人，有时想要通过将某个特定元音改写为aw，从而引起听者对该元音的注意。果不其然，她发现，在用aw改写诸如on、also、because等常用词，将其写成awn、awlso、becawse的推文中，常常也会改写美国南部英语和非裔美国人英语中其他显而易见的发音特点，例如删除for和year中的r，写成foah和yeah，以及把the和that写成da和dat。

上述现象可能只是巧合。为验证这一点，塔特曼在另外一个地区，研究另外一种完全不同的发音：将to、do这类单词说成tae、dae。这种发音以及特殊拼写与苏格兰英语有关，自罗伯特・彭斯[1](Robbie Burns)时期就一直存在。塔特曼再次发现，推文中含有此类改写单词的人，往往还具有苏格兰人的其他语言特点，比如，推文中常用ye代替you，oan代替on，等等。不过有一点可以肯定，并不是所有的苏格兰人、南方人或非洲裔美国人都会如此改写，改写的人不会一直使用单词的改写形式。

1. 罗伯特・彭斯(1759—1796)，苏格兰农民诗人，在英国文学史上占有特殊重要的地位。他复活并丰富了苏格兰民歌，他的诗歌富有音乐性，可以歌唱。代表作有《友谊地久天长》《两只狗》《一朵红红的玫瑰》。

但是关键在于，如果我们在非正式文体写作中改变单词拼写，那往往带有一定目的：竭力表现说话的语气。虽然我们并不总是清楚地知道某种特殊改写所表达的发音，但是观察人们改写的单词、重读的发音，能够让语言学家处理录音时把握重点。

互联网让语言学家可以通过笔记本电脑轻松获取更多数据，而且这些数据不会因为人们的观察而失真，从而实现我们几百年来的夙愿：绘制方言地图，分析真实语境下的讲话。电话访谈研究表明，人们并非像电视和广播中那样讲话，而是像邻里之间那样自然随意；自行车语言之旅告诉我们，地方方言在印刷术标准化几个世纪后仍然存在；和上述两者一样，互联网研究表明，使用社交媒体时，人们通常会保持当地的说话方式。以特定的方式交谈可以增强人们的人际网、归属感和社区感。原因何在？人们对网络方言测验的热情为我们提供了线索。

人际网络

你是否会觉得你的家人或朋友都有自己的方言？《家庭习惯用语》（*Kitchen Table Lingo*）一书，就是以该问题为前提，收集了语言学家戴维·克里斯特尔（David Crystal）称之为家庭方言（familect）的各种例子。家庭方言指每个家庭和社会群体中的个人词汇创造，但是这些创造词没有收录进字典，也没有显示在方言地图上。这本书征集家庭方言之初，就吸引了来自世界各地的无数投稿，稿件中有误听的歌词、拟声词、儿童造的词，以及不少于57个表示电视遥控器的用词。方言地图只是语言差异的开始：无论是家人、朋友、同学、同事、拥有共同兴趣爱好的人，抑或其他组织中的人，在每一次的交谈中，我们都有可能与

交谈较多的人创造出共同词汇。孩子口中的可爱单词往往就能促进家庭方言的产生。小威廉王子说不好 Granny（祖母）一词时，叫伊丽莎白女王二世 Gary。但是团体语言发展最重要的阶段是青少年时期。

高中校园是人们会注意到社会方方面面的地方，在这里无论是时髦牛仔裤品牌、约会对象，还是元音的发音，都会得到关注。20 世纪 80 年代，语言学家佩内洛普·艾克特（Penelope Eckert）为研究语言和高中小团体之间的关联性，深入底特律郊区的一所高中，她发现这些高中生主要分两派：一是学校运动派，他们通过参加学校运动队和学生会等进入学校的权力结构之中；二是街头赛车派，他们抵制学校权威。在底特律以及五大湖区周边的许多其他城市中，一个元音正悄然变化。这些地区中的一些人说“顶部有天线的车子（the busses with the antennas on top）”时，外地人听起来就像“水龙头上顶着天线的老板（the bosses with the antennas on tap）”。对于艾克特研究的学生来说，bosses 的发音暗含街头智慧之意。因此，抛开学院运动派和街头赛车派同处一个社区、同在一所学校，以及父母所处的阶层不谈，后者说 bosses 的可能性更大。还可以把这些学生进一步细化，划分为更小的团体，比如运动派中的精英、车派中的混混，他们的元音发音也会随之改变。如果类比经典高中生电影《油脂》（*Grease*），那么艾克特研究的高中是电影中的雷德尔高中（Rydell High），我们认为主角桑迪（Sandy）会说 bus，里佐（Rizzo）说 boss，而法朗奇（Frenchy）的发音介于两者之间。

其他对高中生的进一步研究表明，不同群体具有其独特的语言态度。在加利福尼亚州，一群女生被视作书呆子，她们既不属于学院运动派，也不是街头赛车派。从语言上看，她们不讲同龄人中的俚语和个性的元音，比如把 friend 说成 frand，其原因在于她们不想让别人认为自己在乎在学校的受欢迎度。相反，她们讲话带有知性主义特色，比如发音极度清晰、偏爱长单词和双关语。语言学家还研究了加州另一所高中的拉美裔女学生，发现了加州北部和南部的语言差异：北部的人自称美国人或者墨西哥裔美国人，一般说英语；而南部的人则认为自己是墨西哥人，一般说西班牙语。这种例子不胜枚举，但是先停下来思考一下，我们最初是如何产生个性时髦感的。

还记得你是怎么学会说脏话的吗？可能是从同龄人或者哥哥姐姐那里学会的，但绝不会是教育工作者或权威人物。你可能处于青春期早期：这一阶段对语言产生影响的人往往从监护人转变为同龄人。语言创新也遵循着类似的模式，语言学家哈丽雅特·塞德格伦（Henrietta Cedergren）最先注意到这一点。她在巴拿马城做过一项研究，这里的年轻人已经开始把 ch 说成 sh、把 chica（女孩）说成 shica。当塞德格伦绘制出使用新 sh 音的年龄图时，她发现 16 岁的青年比 12 岁的孩子使用新 sh 音的可能性更大。既然最年轻的群体不喜欢这种用法，那这是否意味着 sh 并不是流行的语言创新呢？10 年后，塞德格伦重回巴拿马城一探究竟。当时落伍的 12 岁孩子如今已经成长为极具创新精神的 22 岁青年。相较原先那群 16 岁的时髦青年，他们现在说的新 sh 音更胜一筹。而现在这群 26 岁的青年，他们的发音未曾改变，听起来和 10 年前一样。更重要的是，新一代 16 岁的孩子更加时髦，与之相比，同时期 12 岁的孩子仍显得有些落后。塞德格伦发现，12 岁的孩子在语言方面还有成长的空间。他们十几岁时会不断地模仿和借鉴年龄稍大、更加时髦的同龄人的语言习惯，过了青少年期迈入 20 岁后，他们的发音趋于平稳。

人们似乎总认为 16 岁的孩子比 12 岁的更爱说脏话。说脏

话是非常突出的社会问题，虽然有相关法律法规，但这个问题并未得到改善。人们在青少年时期说的脏话最多，成年后的几十年里逐渐减少。我们在青春期习得的其他时髦的语言特征，比如 bosses 和 shica 这样的新发音，以及 so 和 like 这类词的创新用法，其实是对社会细微的洞察，并非严重的社会禁忌，所以成年后这些语言特征往往会保留下来。

我们在思考年轻人何时开始使用社交媒体时，存在一条重要的年龄曲线：如你相信大多数网站和应用程序的服务条款，这条曲线是 13 岁；如你认为有些用户谎报年龄，这条曲线略微小于 13 岁。13 岁正是同龄人俚语对青少年语言产生极大影响的初期阶段。虽然小孩子会玩游戏、看视频，甚至问语音助手问题，但是其社交生活仍然会受到家庭环境和自身阅读水平的影响。同龄人的影响和社交媒体的使用同时出现，意味着人们很容易将青少年当前的说话方式和他们用来交谈的工具混为一谈。然而，每一代人的说话方式都与其父母略有不同。否则，我们现在都仍像莎士比亚那样说话。问题在于，变化中有几分是受技术的影响，又有几分是不可避免的语言进化呢？

答案似乎是两者兼而有之。佐治亚理工学院、哥伦比亚大学和微软公司的研究人员，通过 2013—2014 年在某城市推特用户中相当流行的一组词，研究人们遇到一个词多少次才能开始使用它。果不其然，研究员发现在推特上互相关注的人很可能会从对方那里学到一些词，只不过人们学习不同类型词汇的方式大不相同。有时会从网友那里学到些口语中出现的词汇，比如 cookout、hella、jawn 和 phony，此时这些词的次数并不重要。但是，对于那些主要出现在书面中的新生词——诸如 tfti（thanks for the information）、ls（laughing like shit）、ctfu（cracking the fuck up）等之类的缩写，以及 inna（in a/in the）和

ard(alright)等语音缩写词——看见的次数至关重要。每多见到一次，使用它们的可能性就会增加一倍。研究表明，无论是线上还是线下，人们都会遇到口头俚语。如果只通过推特来统计它们出现的频率，就会漏算一半甚至更多，如此一来就无法获得清晰准确的语言使用趋势。但人们大多是在网上接触到书面俚语，因此对于推特上的研究来说，这些词的出现绝大多数都可以统计在内的。研究人员还发现，人们从亲密好友比从普通网友那里学会使用新词的可能性更大，原因在于你和亲密好友有许多共同朋友，而和普通网友虽然互相关注，但没有共同朋友。

但是这些人际网络不是孤立形成的：人们倾向于关注和自己志趣相投、特征相似的人。一项研究也已证明该点。通过研究 2009—2012 年风靡推特的几千个单词的传播路径，发现这些词从一个城市传播到另一个城市往往是基于人口特征相似性而非地理相邻性。因此，俚语会在华盛顿和新奥尔良（黑人比例较高），或洛杉矶和迈阿密（西班牙语者比例较高），或波士顿和西雅图（白人比例较高）之间传播，但是不一定会在位于两个城市之间的其他城市传播。例如，as fuck 的缩写 af（“word map are cool af/单词地图酷毙了”），2009 年在洛杉矶和迈阿密的底层民众之间传播开来，随后 2011—2012 年，该表述蔓延到加州、美国南部和芝加哥附近。这表明 af 正从西班牙裔美国人群传向非裔美国人群。虽然研究项目已结束，但我们继续探究发现：2014 年和 2015 年，af 首次出现在嗡嗡喂（BuzzFeed）[1] 的头条新闻中，主流何时开始引用该词，利用其与非裔美国人时尚感之间的联系从中获利，是衡量其流行程度的极佳标准。

我们初次进入一个社会群体时，极有可能学会新词汇。啤

---

1. 嗡嗡喂（BuzzFeed）是一个美国的新闻聚合网站。

酒点评(RateBeer)和爱啤酒(BeerAdvocate)是两个已有十多年历史的线上啤酒社区。语言学家丹·朱拉夫斯基(Dan Jurafsky)与其同事研究了这两个社区成员发布的400多万条帖子。他们想了解,随着加入论坛的时间变长,成员语言使用的改变。丹和他的同事发现,加入论坛时长较长的成员常常会沿用较早的啤酒术语。比如2003年加入论坛的人会使用aroma来表示啤酒的香气;而2005年加入的年轻成员则会更快使用更新的啤酒术语,他们喜欢使用S表示香气。该研究提供了一种有趣的方法来分析年龄和同龄人对语言使用的影响。研究表明,无论是现实生活中80岁老人,还是线上社区3年网龄者,前三分之一阶段更易于接受新词。

青春期的独特之处也许并非是容易受流行语的影响,而在于这是整个群体最后一次成为一个新社会群体。成年人搬到新城市,开始新工作,培养新爱好,这些都会让人们受到新语言的影响。然而,并不是所有人都会在同一年龄阶段找到工作、为人父母或者加入品酒论坛,所以要研究发生在后期的语言变化更不容易。虽然不易,但并非不可能,这取决于我们想从哪里入手研究。研究者是社会的一部分,作为一个社会整体,我们更多地关注青少年的俚语使用情况,较少关注父母为家庭方言创造的新词或者商人使用的新商业流行词。或许我们需要重新思考人口统计的问题,除了出生日期,还要统计人们加入新社群的日期。

从社交媒体上发现网络语言模式实属正常。通常来说,相较于人口普查员死板冰冷的普查信息表,真实生活中的人和朋友之间的相似性更多。只不过,我们以前没有行之有效的测评办法,对朋友和交谈者进行网络分析难于登天,就像四年环法骑行之旅看起来容易,但做起来困难重重,正所谓知易行难。的确

可以从典型的语言调查着手，但这只是开始。还需要让人们列出他们所有的朋友，标明相识时间以及同每个人的交谈频率。接下来，必须通过某种方式找到这些人再开始调查。然而，这仅是一个单层网络。若想建立人与人之间的联系网络，需要多次重复上述步骤。社会科学家偶尔也做过此类研究——在马萨诸塞州的弗雷明汉，研究人员追踪记录数千人的健康情况和社会关系，至今已有三代，但此类研究并不多见。上述研究方法并不适合研究成千上万人使用的日常用语。不过，就算不是每个人都使用推特，就算你的推特社交网无法涵盖与你交谈的每个人，但它仍为我们提供了一种新颖的方法，来回答老生常谈的问题：新词是如何流行起来的？

基于社交网络的语言分析会让另一个传统人口统计变量复杂化：性别。赫尔辛基大学的语言学家泰尔图·内瓦莱宁（Terttu Nevalainen）和海伦娜·劳莫林-布伦贝格（Helena Raumolin-Brunberg）研究了1417—1681年间6000封英文私人信件，得出有关性别的传统发现。和推文一样，私人信件没有经过标准化编辑，是很好的语料。遗憾的是，其语料体量较小，而且过多代表受过教育的闲适阶层。即便如此，这些信件依然是我们所拥有的关于当时日常英语的最好记录。语言学家研究了该时期的14个语言变化，令人相当震惊。比如：去掉ye，mine eyes变成my eyes，-s取代-th，hath、doth、maketh等词变成了has、does、makes。内瓦莱宁和劳莫林-布伦贝格发现，14种变化中的11种，女性做出改变的速度比男性要快。另外三种的情况则恰恰相反，男性比女性做出转变更快。三个特例是由于当时男性比女性受教育的机会更多。换言之，口口相传的语言变化方面，女性绝对遥遥领先。

在不同时期和不同地区，针对其他语言的研究中还发现，女

性在特定城市和地区的数十种语言变化中依然占据主导地位。年轻女性始终处在语言变化的前沿。这些变化定期登上媒体的时尚栏目，范围甚广，从句末明显的上升语调，到使用 like 引出引语，比如 And then I was like，'Innovation'(接下来我们谈一谈：创新)。就这一点而言，年轻女性是语言颠覆者已然是板上钉钉的事了，这使得研究该课题的语言学家感到颇为失望，因为著名的社会语言学家威廉·拉波夫(William Labov)在其 1990 年发表的论文中就已预估有 90%的语言变化为女性主导。笔者多次参加元音和词汇变化的社会语言学会议，但对这种现象几乎没有完整的解释，大多数情况是"果不其然，这里我们可以看到女性在这种变化上比男性更先进，我们来看下一张幻灯片"。男性倾向于跟随上一代的脚步。换句话说，女性倾向于从同龄人那里学习语言，而男性则从母亲那里。

出现上述现象的原因尚不明确，但有不少推测。比如，在所研究的社会中，妇女的主要任务仍为照顾儿童；为弥补经济实力的相对不足或促进社会流动，妇女对语言的关注更多；妇女的社交活动更多等。多数情况下，性别如同年龄一样，似乎成了社交方式相关元素的替身。

一些互联网研究强调区分性别因素和社会环境因素的重要性。语言学家苏珊·赫林(Susan Herring)和约翰·保利洛(John Paolillo)研究了博客。最初，他们发现博客中的语言似乎存在显著的性别差异，但深入调查后发现，实际是体裁差异。男性倾向主题式博客，女性则偏向日记式博客。当然确实也有很多人没有遵循上述规律。对比同题材博文时，研究人员最初发现的性别差异不复存在了。

另一项研究基于 1.4 万名推特用户，研究依照人口普查数据中名字对应的性别来假定用户的性别，结果呈现显著的性别差异。女性名字的用户表情符号使用率高，而男性名字者粗话使用频率高。进一步研究表明，推文中自发形成十余个兴趣小组，比如体育群、嘻哈群、父母群、政治群、影视群、科技群、读书群等。诚然，不少群体都存在性别偏向，但没有一个是绝对的，它们还与年龄、种族等其他人口因素息息相关。有时整个群体会打破性别规范。总体上男性更易讲脏话，但以男性为主的科技人员则很少说，大概是因为他们把推特作为工作场所的延伸。从个人层面上来讲，人们遵循各自的群体规范，而非性别规范——体育群中的女性或者父母群中的男性会像他们的同伴，而非普通女性或普通男性一样发推文。此外，将研究对象限制在人口普查数据中明显表明性别的用户上，恰恰排除了那些把性别二元论复杂化的用户，比如非二元性别者，以及那些故意选择和人口普查性别相反的用户。

线下人种学研究同样表明网络因素的重要性。语言学家莱斯莉·米尔罗伊(Lesley Milroy)在北爱尔兰贝尔法斯特研究了两个工人阶级的语言变化，这是一项相当标准化的研究。同许多社区一样，这两个社区中的年轻女性正在引领一场语言革命。她们改变了单词 car 中的元音[ɑː]，使其听起来更像 care[keə(r)]。[keə(r)]这种发音在北爱尔兰其他地方很常见，但对这两个特定社区来说，它是一个新发音，是年轻女性把它传入社区。令人疑惑的是，这些女性是如何学会这个发音的呢？米尔罗伊询问她们平时和哪些人关系亲密时，她们说出了朋友、家人和同事的名字，这些人和她们同住一个社区，而这里尚未出现这种元音变化。

在随后与詹姆斯·米尔罗伊(James Milroy)合著的一篇论文中，两人通过将语言变化与社会科学中的另一个概念联系起来——强关系和弱关系——找出了其中的原因。强关系是指与

你相处时间长、关系亲密且拥有共同朋友的人；弱关系是指你们之间可能拥有，也可能没有共同朋友的熟人。在贝尔法斯特的研究中，作为早期研究对象的年轻女性都在市中心的同一家商店工作，那里的人已经在讲新元音了。虽然这些年轻女性没有来自市中心的亲密好友，但是她们和顾客之间存在弱关系，如此一来，相较于社区中没有在外工作的男性，她们有更多的机会接触到这种新元音。

两位语言学家发现，你的好朋友知道的事情和你所知道的几近相同。因此就新信息而言，比如八卦消息和就业机会等，弱关系能提供更多的资源。人们之间的关系越弱，语言变化就越多。为了证明这一点，他们比较了英语和冰岛语的历史。英语和冰岛语都源于日耳曼语，1 000 年前的古英语和古挪威语（当时古冰岛语的母体语）或多或少有相通之处。但从那以后，它们便分道扬镳。冰岛语只发生了些许变化，21 世纪冰岛语者仍然可以轻松阅读 13 世纪用古冰岛语写的传奇故事。而英语的变化可谓翻天覆地。虽然我们可以在脚注的帮助下理解 400 年前莎士比亚的作品，但是如果想要阅读理解仅仅 600 年前的《坎特伯雷故事集》（*The Canterbury Tales*），就需要完整的译本或者学习中古英语。这意味着尽管《贝奥武夫》（*Beowulf*）确实是用古英语而不是古冰岛语写成的，但是讲冰岛语的人阅读它要比说现代英语的人更容易。

显然，在同样的时间跨度内，英语的变化远远快于冰岛语。两位语言学家认为其原因就在于弱关系。冰岛的社区关系非常紧密。冰岛人以父亲（有时是母亲）的名字为姓氏[1]，因此在大部

---

1. 冰岛人没有姓或者家族名，使用的是传统的北欧起名系统，把爸爸或妈妈的名字加个后缀；儿子就加 son，女儿就加 dóttir。

分人都已经认识你家人的社会中，这种命名方式十分有意义，而且通过对广泛亲属网络命名的方式来介绍自己一直可以追溯到传奇故事中。如果你认识的每个人都已经互相认识了，那你获取新语言形式的唯一来源就是语言的随机变化，因为你没有任何弱关系可供借鉴。

英国历史上存在形成弱关系的条件——丹麦人和诺曼人的入侵、为寻求财富而迁居伦敦和其他城市以及自身的帝国扩张。不可否认，英语世界也有联系紧密的小社区，这里每个人都认识其他人的亲属。在家庭聚会上，自我介绍时还是会提及父母或祖父母。但是也有不少较大的城市，你在这些城市的人群里默默无闻，或有三五个不同的朋友圈，圈子中的人从未谋面。更重要的是，本章开头的方言地图研究告诉我们，在英语世界中，面积较大、人与人之间的联系较薄弱的城市才能引起更多的语言变化。

弱关系并非唯一因素。毕竟，你我讲话的方式明显和我们社交圈的人相仿。法国的村庄、底特律的学校运动派以及家庭方言都属于强关系的案例。强关系和弱关系如何同时影响人们的说话方式呢？在人口众多的情况下，我们如何才能准确描绘出谁对谁说了什么呢？毕竟几个世纪是个较长的时间段，足使语言经历数次改变。这不仅仅是一场自行车之旅，更是一场时间之旅。

语言学家祖萨娜·法格(Zsuzsanna Fagyal)及其同事利用计算机模拟解决了上述难题。他们设计了一个由 900 个虚拟人组成的网络，并进行 4 万次交互。每个人都与网络中的其他人有一定联系，并在一开始随机赋予一个假设的语言特征。比如你可能把学校里的饮水机叫做 water fountain，但你的邻居称它 drinking fountain。然后，在每一次交互中，每个人的目光都投

向与自己有联系的人，并且可能会采用他们的语言特征。如果有朋友说 drinking fountain，你可能也会开始说这个词。一旦它被你收入囊中，那和你有联系的人可能会在下一轮交互中从你这里学会使用该词。法格和同事在三种不同类型的网络中重复做了 4 万次交互。第一个网络由强关系构成，网络中每个人都与其他人之间有着紧密的联系。这个联系紧密的网络同冰岛语的情况相似。一种语言特征迅速流行起来，并在剩下的交互模拟中完全占据主导地位。第二个网络由弱关系构成，人与人之间的联系并不紧密。这个松散的网络就像游客的世界，所有语言特征都存在，但是没有一个会成为主流。第三个网络最为有趣，他们让一些密切相连的节点成为“领导者”，而让另一些联系松散的节点成为“孤独者”。这种混合型网络呈现出英语的特征：某个语言特征会流行一段时间，但其他特征永远不会完全消失，最终其中一个成为主流——这是一个多次重复的循环。研究人员最终得出结论：强关系和弱关系在语言变化中都发挥着至关重要的作用。弱关系带来新语言形式，强关系则在它们引入之后使其传播开来。

互联网加速语言变化，原因在于它建立更多弱关系：你依然可以关注那些再也见不到的人，也可以结识一些原本一生都不会遇到的人。话题标签和搞笑视频风靡全网就展现了弱关系的力量，然而它们若在强关系中分享时，最终只是圈内的笑谈而已。但是互联网不会导致强关系崩塌。根据不同的计算方式，一般人们常联系的朋友为 4—26 人不等。更重要的是，那些使你和关系亲密的人（包括已经认识的人和朋友的朋友）进行互动的社交网站往往缺乏语言创新。推特鼓励你关注不认识的人，而脸书好友主要是线下认识的人，无怪乎推特会引发多种语言创新，包括表情包和社交活动。

地理、人口分布甚至网络都不是决定因素。除了可以选择居住地点和交往对象之外，在语言学维度上，面对谈话对方是我们希望把自己塑造成为的人时，我们还可以在一定程度上控制自己受其影响的程度。

语 言 态 度

如果你想用一个大标题来概括加拿大，你可能会找到 from Eh to Zed 这条标语。不只你一个人如此！这个标语出现在三本书的书名中、T 恤衫之类的物品上、油管（YouTube）视频中以及涉及体育到语言本身的新闻报道中。但是令包括加拿大人在内的很多人未曾想到的是，加拿大小孩经常把字母表的最后一个字母 z(zed)读作 zee。通常情况下，语言学家发现在父母中很常见，但在孩子中很少见的单词或者结构时，就会轻松得出结论：这个单词或结构正在发生变化——再过一代，它就会成为祖辈们使用的那类单词，最终成为历史。在加拿大，Chesterfield[1] 这一单词正经历着这样的变化：近些年来，它逐步退居二线，慢慢被 couch 取代。

zed 的变化十分奇特。20 世纪 70 年代，语言学家 J. K. 钱伯斯(J. K. Chambers)调查了加拿大一群 12 岁的孩子，发现三分之二的孩子把 zed 读成 zee——但 20 世纪 90 年代，他再次调查同一群人时，发现在这群已经成年的人中，绝大多数现在都将其读作 zed。连续几代人都经历了同样的转变。钱伯斯认为，孩子们从字母歌和《芝麻街》(*Sesame Street*)等美国儿童电视节目中

1. (皮面)长沙发；切斯特菲尔德式沙发。

学会 zee 发音，长大后发现 zed 和加拿大人的身份联系起来，于是转变发音。钱伯斯指出，事实上，zed 是美国人移民到加拿大后较早改变的说话方式之一，“因为‘zee’口音一定会引起交谈者的关注”。

18 岁时我第一次接触到这种语言现象。那时，我在安大略省金斯顿市上有关加拿大英语的语言学课。它从众多方言地图和调查方法中脱颖而出，引起了我的注意，因为我意识到自己曾有过同样的经历。20 世纪 90 年代，还是孩子的我把字母歌中的 z 读作 zee，直到上中学才改说 zed，并一直用到现在。我曾为这段经历感到些许尴尬，努力地想把它从脑海中抹去。因为显然一开始，我就不应该说 zee 这个非加拿大口音。意识到这点时，我跑去问妈妈她怎么读的。我只知道她现在读作 zed。但显然，早在我出生之前，她也曾经历和我一样的转变。口音从 zee 转为 zed 时，我也开始使用加拿大的单词拼写法，比如把 center 和 color 写成 centre 和 colour。我不记得是否有人让我这么做，但我确实记得这是有意识的选择，是受钱伯斯所描述的社会认同感的推动。当时获得语言民族感是为了跟随潮流，效仿父母和老师的主流用法。成年后，尤其是在互联网上，我都是用加拿大的单词拼写发帖子和短信，一方面是出于习惯，另一方面展现我的特立独行。有种观点认为互联网上的所有英语使用者都能归入美式英语和英式英语，我便以这种方式在夹缝中巧妙地开拓自己的属地。

在语言使用上，我们总会面临这样的选择。有时，我们决定像当权者一样说话，这使我们看起来似乎腰缠万贯、知书达理或者有望进入上流社会。又有时，我们决定与权力较小的群体保持一致，以彰显归属感，让自己看起来特立独行、不畏强权或者虚怀若谷。

语言差异中的社会因素，最著名的研究是关于不同社会阶层的人在多大程度上使用典型的纽约口音（New Yawk Accent），这种口音的特点是元音后的 r 不发音。1962 年 11 月，语言学家威廉·拉博弗（William Labov）走进纽约市的多家百货公司，故意向售货员问路——比如说鞋区的位置，其实他知道在四楼。售货员会回答 fourth floor 或 fawth flaw，然后拉博弗假装没听见，让售货员更细致地重复一遍。之后，他朝着那个方向走去，不过不是去买鞋。一离开售货员的视线，他就会拿出笔记本，记下售货员刚才的发音，是否发出 fourth 和 floor 中的 r 音。果不其然，最高档的百货公司萨克斯第五大道百货店（Saks Fifth Avenue）中的售货员，比中档百货公司梅西百货（Macy）的售货员发 r 音的次数多，而中档百货公司的售货员发 r 音的次数又比平价商店——现已倒闭的克莱因百货（Klein）频繁。此外，他请求售货员认真重复时，r 的发音往往比第一次更清晰。销售员的薪资水平不足使其在萨克斯第五大道百货店消费，这三家店的销售人员本身的阶级背景都差不多。尽管拉博弗不厌其烦地强调说，他在这三家商店中都是典型的中产阶级打扮：穿着外套和白衬衫，打着领带，口音是受过高等教育带 r 音的普通新泽西口音。但是由于不同档次商店中的售货员对所服务顾客的认知不同，造成了这一语言差异。有人认为，如果拉博弗盛装打扮或者衣着简单，售货员的发音可能区别更大。

口音划分三六九等的想法到底从何而来呢？在纽约，r 音代表高级、地位。虽然纽约口音是众多美国英语口音之一，还有波士顿英语、非裔美国英语、美国南部英语等，但是它并不受媒体青睐。美国人口中的不带口音往往指发出 fourth floor 等词中的 r 音。

如果跨越大西洋对英国的百货公司做同样的研究，会发现

情况恰恰相反，以哈罗兹百货公司（Harrods）、德本汉姆百货公司（Debenhams）和一镑店（Poundland）为例。哈罗兹是英国最高端的百货公司，此处销售人员基本不发 r 音。然而，如果选择特定的城市，比如布里斯托尔（Bristol）或南安普顿（Southampton）等，会发现几乎所有商品售价一英镑的一镑店工作人员可能会发 r 音。英国有些地区，比如苏格兰和英格兰北部，人们口音中会带 r 音，但这个音在伦敦或英国广播公司中几乎不会出现。正如真正说法语和德语的人不会像课本里的模仿对话那样说话，说英语的人也不会都像书中和媒体中那样讲话。因此，英国人口中的不带口音通常指的是不发 fourth floor 等词中的 r 音。

这显然不是 r 音的错。它只是个无辜的辅音，从未想过卷入人类的争执之中，是我们在不同的语境中赋予它不同的含义。这就好比蓝色可以表示运动队、冷水设备、超链接、毕加索一生中的某个时期等。r 音本身没有优劣之分，它自身的含义以及发这个音与否背后的含义都是社会赋予的。就像钱在你买到午餐之前，只是纸上或屏幕上的涂鸦而已；言语在决定你是否能找到工作，或者是否有人会主动告诉你鞋区在哪里之前，只是肌肉的颤动。要是我们一觉醒来，觉得每个元音后面加个 r 音听起来更好听，那么我们就可以这么做，例如说“天儿哪，那世界儿该多美好儿啊（Ermargerd, whart ar world thart wourld ber）！”

一般来说，我们不会一觉醒来就决定改变对 r 音的看法。相反，我们会从周围的人和权力动力学[1]中获取社会语言信息。詹姆斯·米尔罗伊曾做过相关研究，前文已介绍过他对比研究英国和冰岛的社交网络。众所周知，历史由赢家书写，语言也是

1. 权力动力学是有关权力的学问，已有相当长的历史，因此已经产生了很多有关权力的知识和智慧。其中一个比较大的分支，是人们普遍感兴趣的权术学。

如此。米尔罗伊描述了1927年颇有影响力的英国历史学家H. C. 怀尔德(H. C. Wyld)的典型态度。这位历史学家坚信“标准英语是唯一值得研究的对象……出入‘牛津大学的公共休息室和政府机构餐厅’者的语言适合研究，‘目不识丁的农民’的语言则不行”。读到这儿，你是否想穿越时空揍那些精英主义者一顿！

怀尔德并不是首位语言精英论者。古罗马广场(Roman forum)早在精英阶层的牛津大学公共休息室出现之前就已存在。罗马人不仅擅长修道路、挖水渠、建军队，还创造了辉煌灿烂的语言文字。在罗马帝国灭亡后的一千多年里，受过教育的人一定学习过拉丁文。在正式文体写作从拉丁文转向英文的时代，英文作家通常自怨自艾、自我厌弃，这是因为任何让英文更像拉丁文的举措都会优化英文文字。1762年，罗伯特·劳斯(Robert Lowth)撰写了一本英语语法书，为各界所广泛使用。他从莎士比亚、弥尔顿等著名作家的作品，以及钦定版《圣经》中挑选出所谓的句法错误案例，这并非在暗示英语语法其实已经很好了，而是告诫人们即使是文学大家，其文字也应该更具拉丁文色彩。

这就像一场竞赛，甄别最顽固保守之人。劳斯早就建议人们不要以介词结尾，“这是我们语言中相当普遍的用法，很适合日常交谈中使用，符合非正式文体写作的风格。但若将介词置于关系词之前，语言文字会更优雅明了，和庄严正式的写作相得益彰”。劳斯本人并不是完全反对介词结尾，只是出于审美判断而已，毕竟他自己也使用了“strongly inclined to”这个结构来结尾。但是后来的语法学家全面禁止这种用法，并以似是而非的推理反对拆分不定式以及将they作为单数使用，全然不顾之前的英语用法已使用数百年之久。同样，崇拜拉丁文的传统导致

dete、samoun 和 iland 等单词中增加了多余的无声字母，因为 debt、salmon 和 island 看起来更像拉丁语中的 debitum、salumem 和 insula。完全不在意"island"一词甚至并非出自拉丁语，也不担心一代又一代小学生现在必须为此付出额外的努力。许多语言都无法举办拼写大赛，因为它们的拼写系统逻辑性很强，没有人会淘汰出局，而英语书写者只有羡慕的份儿了！

语法学家们坚决用另一种语言的形式取代自己语言的形式，他们内心深处一定充满了自我厌恶。要不是深受这些形式的影响，我们恐怕会生出恻隐之心。虽然语言学家在口语语法方面并未完全取得成功，更无法说服那些相信自己的耳朵、觉得自己知之甚多足以打破规则的老道作家，但是他们确实让我们对书面语的整个前景感到隐隐不安。受弄巧成拙的语法学家所困，即使经过多年的写作，大多数人依然不敢轻易相信一些听起来合理的英文句子是正确的。

随着现代语言学不断发展，甚至写作手册也试图去拉丁化时，数字设备中出现了新的语言权威形式。诸如拼写检查、语法检查、自动补齐和语音转文字等工具自动将英语规则强加给用户。这种隐形权威你可以拒绝却无法回避。对劳斯、斯特伦克或者怀特等编撰的写作手册，你如果不满意，可以弃之不用，任其蒙灰。但当你想输入预制文本之外的单词，则你输入每一个字母都会被提醒为错误拼写。安妮·科赞（Anne Curzan）在其《英语固定用法》（*Fixing English*）一书中介绍了微软文字处理软件中的语法检查功能，描述了该功能是如何延续不可信的拉丁文风格的语法建议，同时指出，她英语系的同事虽然自认写作技巧娴熟，选择忽略或者关闭该功能，却从未思考过这些语法建议从何而来。英语教授的主要工作之一就是对文本的权威性提出质疑。如果连他们都不曾质疑隐形电子语法学家们的起源，更遑论我们这些非专业人士呢？

语言特性并不像计算器那样客观中立。标准语言和正确拼写是群体约定，而非永恒真理，群体约定可变更。沟通交流工具让我们接触到更多人，可能会加速新词的传播。而那些旨在帮助我们使用语言的工具，也可能会拖慢语言的自然进化，因为它们推动我们向已编入设备的语言版本靠拢。

我确信拼写检查是人们一直拼错我姓氏的罪魁祸首。我姓McCulloch，在默认情况下拼写检查系统中没有，倒是有一个经常出现的相似姓氏 McCullough，因此人们在电脑上经常将我的姓氏错打成该姓氏。我的名字输入情况截然不同，人们手写时偶尔会拼错 Gretchen，但是有拼写检查功能的情况下，从来不会拼错。如此看来，我的姓氏和名字似乎属于两个不同等级的数字公民。名字备受认可，姓氏不为接受。鉴于我的姓名是德国名字和苏格兰姓氏混用，上述情况也似乎没什么严重后果。但如果我们查看在自动更正和自动补齐系统中可以找到的姓名，就会发现典型的英语名字基本都囊括其中，其他语言的名字则相对较少。从社会维度上，这是技术性偏见预制，旨在强化本已有影响力的人物和姓名。

20 世纪 90 年代以来，计算机默认拼写功能已强大到足以改变英式英语的拼写。美式英语喜欢在 organize 和 realize 等之类词中使用字母 z，但传统英式英语中既有-ise 也有-ize 拼写。不过为了保证同一份文档中的单词拼写一致，文字编辑软件中的语言设置为英式英语时，拼写检查程序就会强制执行 organise 和 realise 式拼写，使得广大英国人打字时更多以-ise 结尾，认为-ize 式拼写为美式英语。

写本书过程中，我充分认识到，对传统拉丁语法的盲从是受时代政治环境的影响。正像我要彻底摆脱语法的窠臼，也是时

代环境使然。正视这种关系非常重要，尤其是在这样一个时代，不管是图书还是推特上的内容，日后都可能再翻出来，证明某种语言表达在某个时期很普遍或为人接受。没错，读者们，我为你们而写，但从某种意义上来说，我们都是为数据之眼而写，尽管它不会眨动。倘若未来学者分析这10年的英语用法时，本书会影响线状图中某点发生轻微变化，那么我要慎思我会把这个点转向何处。从编辑和词典编纂者的身上可以看出，我们正陷入这样一个循环：词典和写作手册的编撰者参考编辑过的散文来确定标准英语，而这些散文的创作者又参照同类词典和写作手册进行创作，各自等待对方迈出第一步。我决定略尽绵薄之力，纠正这种偏见。无论什么情况，只要有选择，我都会朝着更具创新性的那个方向，朝着我所认为的21世纪末此类英语散文可能的发展方向，去迎接未来的而不是过去的读者。作为一名读者和数据分析师，每当我拉远镜头观察英语的全貌，意识到我们正处于语言发展的过程之中，而非起始阶段或者末期时，我都会欣喜若狂。我不知道我们在22世纪会如何写作，但我仍觉有责任帮助研究书面语的语言学家走出20世纪，了解21世纪的语言典型特征。

为此，本书中的internet和诸如lol、omg等社交缩写词均为小写，使用email代替e-mail。涉及其他拼写选择时，不再依赖用法手册，而是以全球网络英语语料库（Corpus of Global Web-Based English）和大众的推文中比较常见的形式为准。如此以来许多复合词便被弃之不用。本书编写时，美联社将“互联网”的推荐用词从Internet换成了internet，所以完全可以预见，我所做的任何类似判断都会在10年内显得缺乏新意。本书采用新词“联网计算机（networked computers）”来表示以前由多个网络互联而成的计算机网络（internet）。此外，书中谈及

websites（网站），不再区分 the internet（互联网）和 the worldwide web(万维网)，后者如今在年轻人和非技术用户群体中不再流行。文中还避开如今听起来已经过时的 the Web 或 the Net，但保留了诙谐的历史用法 cyberspace。本书还涉及大量的绝对时间而非相对时间，旨在精确地说明我是否认为发生在 21 世纪初、21 世纪最初 10 年以及某特定年份的事情属实，而不是用“当下”“最近”等词汇含糊带过。这种做法有一个好处就是，读者不必像我在阅读资料一样，多数时候翻到版权页查看时间，然后减去作者 1—2 年的准备时间。此外，书中灵活使用表示单数的 they，拆分需要拆分的不定式，保留所有引语的拼写形式和排版格式。但除此之外的其他内容，皆为标准的书面拼写方式、大写形式以及标点符号，甚至为迎合美国读者，还改变了我的加拿大拼写方式。不过，我并没采用常见网络方式，小写 Facebook、Twitter、YouTube 等互联网公司和网络平台的名字。

虽然对拼写检查程序和输入法，我有诸多不满，但仍使用。多数情况下，它们相当有用！我不需要记住 necessary 中有几个 c、几个 s，也不需要记住不符合 i 前 e 后规则的特例。这无疑会节省大脑容量，只需在手机词典上添加小写 internet 等单词即可。我也很好奇，如果我们从一开始就不关心这些事情，世界会变成什么样子呢？从语言学的角度来看，所有的语言都具有同等的价值。每一种语言和方言都体现了人类惊人的语言能力，这是我们作为一种物种与生俱来的能力。你不会因为一些鸟在群体中的地位较低，就认为它们不会唱歌。没有哪种说话方式天生就低人一等。除了固守 18 世纪贵族的语言偏见，难道我们不能将人类和机器强大的计算能力用在更佳之处吗？

语言技术工具一直致力于此，尽管效果不尽相同。维基百

科自称为所有人均可编辑的免费百科全书，招募专门的志愿者编辑，在打击恶意破坏行为方面颇有成效。但是，由于它所吸引的志愿者编辑中富裕、讲英语的男性占比较大，这些人倾向于编辑自己感兴趣的话题，因此维基百科在其涵盖的内容上面临更为隐性的偏见问题。本书在谷歌文档上写成，该软件自带基于互联网数据的拼写检查功能，有时会带来意想不到的结果。有次，它居然提供了 Ronbledore 更为常见的拼写方式，这令我相当开心，Ronbledore 是哈利·波特迷提出的新理论，即罗恩·韦斯莱(Ron Weasley)实际上是穿越的邓布利多(Dumbledore)。其他情况下，这个程序仍然建议使用不正式但常见的 alot，而不是 a lot。我认为拼写检查默认的语言形式应是较为正式的。或许最有希望弱化偏见而非强化它的计算机工具是文字通(Textio)[1]。这是一家初创公司，主要业务是评估招聘信息中单词和短语是否会影响求职者的申请意愿，从而导致职位长时间空缺。文字通会识别带有性别歧视的词语或企业行话，标记像“大数据”和“摇滚明星”等流行语，鼓励企业在招聘信息中使用“看护假期”和“新技能获取”等。

语言可以帮助人们成为精英，也可以团结人心。例如，政客们在竞选活动中话风突变，改用平易近人的说话方式。在某些情况下，改变语言风格实际上很常见。没有人会用和同事说话的方式和狗狗说话：“谁是好老板？你要不要去散步，再给我加加薪？”换言之，人们的语言风格受特定身份的限制。威廉·拉博弗(William Labov)研究了马撒葡萄园岛的居民，发现与不认同传统岛屿文化的岛民相比，具有强烈认同感的岛民带有更浓重的当地口音。最新研究表明语调与社会身份密切相关。华盛

1. Textio 是一家专门提供帮助提高商业写作能力工具的人工智能公司。

顿特区，对于父母一方是黑人另一方为白人的年轻男性而言，他们的说话方式取决于对自己身份的认识，是黑人还是混血。在阿巴拉契亚(Appalachia)地区，居民的说话模式和对当地社区的归属感直接相关。在俄亥俄州和新泽西州，犹太妇女的言谈因其对犹太身份的认同情况而有所不同。

还有一种情形，就是你用哪个群体的方式说话，不是为了显示你是群体中的一员，而是借用该群体来炫酷。某些国家对青年语言的研究也发现了类似趋势。从美国的市中心到巴黎的市郊，再到里约热内卢的贫民窟，各自都流行着一种独特的语言形式。这种语言形式与在经济和种族上处于边缘地位的青少年息息相关。他们语言中的某些元素后来被中产阶级白人青年吸收采用。虽然白人青年吸纳的语言不足以让他们挣脱富裕的中产阶级身份，但足以表明他们想要从父母、老师和其他权威人士那里获得自主权。当 lit 或 bae 这样的词与主流文化产生密切关联时，尤其是当它们被引领潮流的品牌采用后，就会失去对时髦人士的吸引力，然后开始新一轮的循环。

早在互联网出现之前，非裔美国人英语中彰显个性的词汇就已开始被借用了。与非裔美国人音乐相关的词汇，比如布鲁斯、爵士、摇滚和说唱，已广泛融入西方文化之中，但是这些词汇的创造者仍然因其说话方式而遭受歧视。随着网络媒体的去中心化，有一点会发生变化，那就是最初的说话人的身影更显眼。虽然 20 世纪 60 年代听猫王歌曲的白人可能不知道他的演唱风格深受 B. B. 金(B. B. King)和摇滚乐教母罗塞塔·撒普(Sister Rosetta Tharpe)等黑人演唱者的影响，但是不难看出美国主流社会使用的“on fleek(完美至极)”来自用户 Peaches Monroee 在现已停用的短视频社交平台微音(Vine)上发的帖子。尽管如此，人们还是容易将目前大众流行文化中许多从非裔美国人英

语中借用的词汇，贴上社交媒体词汇的标签，仅仅因为它们被热衷社交媒体的年轻人所使用，但他们并不知道这些词汇的真正来源。因而，网络上出现了新词“哥伦布大发现(columbusing)”，白人声称发现在另一个社区早已存在的事物，就好比虽然哥伦布发现美洲时那里就已经生活着数百万人，但是他仍然将功劳归于自己。

对于其他语言，英语往往是新流行语言影响的主要来源。这缘于人们感兴趣的更广泛的全球文化，而不是较小的地方文化。这种现象在阿拉伯语中尤为突出，因为阿拉伯语涉及多种语言、方言和书写形式。大多数阿拉伯语使用者都会两种阿拉伯语。一种是现代标准阿拉伯语，这是国际通用的标准版本，以古典阿拉伯语为基础，人们在学校中虽然学习书写这种阿拉伯语，但是说得很少。另一种是地方方言，属于日常用语，没有正式书面形式，比如埃及或摩洛哥阿拉伯语。阿拉伯语使用者像世界上其他地方的多数人一样，将书面语与正式文体联系在一起，把口语与非正式文体联系在一起。新闻主播说标准阿拉伯语，而广告为增加地方色彩使用地方语言。但是大多数情况下，阿拉伯语是语言学家所说的双言现象[1]的理想案例：一个社会出现两种几乎每个人都在使用的语言或方言时，每种都有不同的社会功能。

个人电脑和互联网出现后，情况随之变得错综复杂、瞬息万变。早期的电脑和网站使用的都是英文，通常是大学里说英语的人用以与世界其他地方的人沟通交流。更重要的是这些新设备的配套键盘和显示器一般也使用英文而非阿拉伯文。为解决

1. 双言现象指一种语言存在两种变体的现象，一种为高等的或有社交声望的变体，一种为粗俗的或日常形式变体。

这个问题，人们想出用拉丁字母书写阿拉伯拼音的办法，这种书写体系有各种名称，包括 ASCII Arabic、the Arabic chat alphabet、Franco-Arabic、Araby、Arabizi 和 Arabish 等。

Arabizi 体系具有显著优势。大多数官方阿拉伯语罗马字表记法都使用“kh”表示阿拉伯字母“خ”，英语使用者可能熟悉该发音，它就像苏格兰英语“loch”中“ch”的发音，或“Mexico”西班牙读音中“x”的发音*。但用“kh”表示这个发音实际上会引起困惑，原因在于它看起来像[k]后面跟着[h]，这种组合很少出现在英语中，除“cookhouse”等合成词之外，但是在阿拉伯语中很常见。所以，从事非正式文体写作的作家采用另一套标记法。基于形状上的相似性，他们用数字 5 或 7 加上一撇 7′来表示خ，类似镜子中的خ。没有用正常数字 7，是因为 7 已经用来表示少一点的خ——ح。ح也是一个很难转化的音，许多标音体系使用“h”来表示，因为这个音听起来类似英文中的喉音[h]，但是问题在于阿拉伯语中也有一个英语中比较常见的[h]音。字母 7 反而解决了一个字母代表两个发音的问题。

以此类推，数字 9′和 9 可以用来表示字母 ض 和 ص，6′和 6 表示 ظ 和 ط，3′和 3 表示 غ 和 ع ——这些都代表在拉丁字母表中找不到对等的发音。Arabizi 体系的前提是人们已经熟悉阿拉伯语，这点很重要。它是一个基本单元体系，优先考虑有读写能力的母语人士。该体系中每个不同的发音都应该用不同的符号表示，然而，其他罗马字表记法恰恰相反。它们基于非阿拉伯语使用者所听到的发音，将相同的字母表示为 d 和 s、dh 和 t、

---

* 注意：通常情况下，北美说英语的人说苏格兰语中的“loch”或德语中的“Bach”时，“ch”的发音更加靠后，而说西班牙语中的“Mexico”时，“x”的发音类似[h]。英语为母语的人对三者的发音都是相同的，皆为国际音标中的[x]。

gh 的变体以及反向省略符号，或者干脆完全省略，正如理论上讲，Arabic 一词可以写成 3arabi。有时候，语言带来国际交流这点颇为重要，比如为一家英文报纸撰写阿拉伯语国家的名称和地名。但是有时候更需要关注当地的语言使用情况。对阿拉伯语使用者来说，它们之间的区别至关重要，省略它们就像试图说服说英语的人用同样的方式拼写 sing 和 thing 一样，然而法语中没有这个奇怪的英语发音 th。

虽然 Arabizi 最初的重要性源自计算机不支持阿拉伯字母，但现在它已经具备社交意义。戴维·帕尔弗里曼（David Palfreyman）和穆罕默德·阿勒哈利勒（Muhamed Al Khalil）共同发表的论文，分析了阿拉伯联合酋长国一所英语语言教学的大学中学生间的聊天。文中以一名学生的漫画为例，阐释了 Arabizi 的社交意义。漫画中一名学生被标注为 Sheikha，而且画中的校名为罗马字正式书写形式。但是该漫画还呈现出一个名字未获得官方认可的非正式写法 shwee5，Arabizi 体系中的“5”来代替正式写法中的 kh。这是一幅手绘漫画，用拉丁字母书写这两个名字不可能是出于技术考量。但至少对某些人来说，这种做法十分个性。参与这项研究的人表示：“我们觉得只有我们这个年龄的人才能看懂这些符号，而且这种写法让单词看起来更像‘阿拉伯语’，而非英语，就如我们会将名字 Khawla 写成 ′7awla。”

键盘技术的进步让阿拉伯字母比 20 世纪 90 年代更容易键入。官方字母表通常用于输入既定书写系统的标准阿拉伯语，如今任何一种基本字母表都可以用于键入地方阿拉伯语。一项调查埃及知名人士在推特上语言选择的研究，为我们提供了人们如何选择语言的案例。政治家的推文中主要使用现代标准阿拉伯语，这不仅表明他较为年长，也反映出政治家讲标准语的传统。如果一位当红歌手的推文以埃及阿拉伯语为主，夹杂着现代标准阿拉伯语，且两种语言都是用阿拉伯语书写，这表明他较为年轻，人们从而可以推断其粉丝群体和他所唱歌曲的语言。一家高级餐厅如果用英文和 Arabizi 字母书写的埃及阿拉伯语发推文，其目的是吸引可能受过国外教育的富有食客。文化中心用英语和现代标准阿拉伯语发推特，以吸引受过教育的本地和国际观众。因此，埃及的推特用户有可能在一个网络节目中看到四种不同的语言使用习惯：英语、不同书写形式的现代标准阿拉伯语、阿拉伯文书写的埃及阿拉伯语和参照 Arabizi 字母表书写的埃及阿拉伯语。他们可以根据自己的身份和想要交谈的对象，在这几种语言中做出选择。

虽然并不是所有人都有多种字母表可供选择，但人们都会根据受众选择语言。雅各布・艾森斯坦，这位在推特上研究 yinz 和 hella 地理分布的语言学家，和他在佐治亚理工学院(Georgia Tech)的合作者乌马萨蒂・帕瓦拉那桑(Umashanthi Pavalanathan)决定以一种不同的方式对英语推文分类。他们抛开地点、语言或书写方式，将目光投向特定主题推文，比如以奥斯卡颁奖典礼为主题的推文和聊天推文之间的差别。推特恰好自带自动分类功能，可以轻易将两种推文分组。如果你在自己的推文中添加标签，比如＃oscars(＃奥斯卡)，那么其他也对奥斯卡感兴趣的人可以点击或搜索该标签，找到其他同样包含＃oscars 的推文。如果在@符号后面加上某人的推特用户名，比如：@碧昂丝(@Beyonce)，那么该用户就会收到你的消息通知，并可能以同样的方式回复。

符号＃和@的功能截然不同，因此轻而易举就可以对大量推文自动分类，筛除那些同时包含这两个符号或都不包含的推文。这种做法确实不够严谨——人们可能不会通过＃sorrynotsorry

(＃抱歉我不抱歉)这种具有讽刺性的标签来搜索热门信息,碧昂斯也可能不会回你(呃,＃抱歉)——不过在规模较大的情况下,这种方法却是行之有效的。艾森斯坦和帕瓦拉那桑发现,人们在推文中艾特@其他用户时,往往喜欢使用 hella 类的地域性词汇、nah 和 cuz 类的俚语、:) 这样的表情符号以及其他不正式的语言。但是,同一批人发带有标签的推文时,语言风格趋于标准化、正式化。他们推断,带标签的推文直接面向一大群人,因此语言更加正式,这就好比相较一对一的聊天,人们面对一屋子人讲话时语言一般会更加正式。另一方面,只有少数人会注意到的@推文则不那么正式。由此可见,人们改变网络书面语风格的方式和调整讲话风格的方式是一样的。

研究使用其他语言发推文的用户也发现类似的模式。研究调查同时使用当地主流语言荷兰语和当地少数民族语言弗里西亚语或林堡语发推文的荷兰人,发现他们发带有标签的推文时往往使用荷兰语,以扩大读者范围。但是回复别人时,往往会切换到少数民族语言。反之则比较少见,很少有人一开始就采用少数民族语言发带有标签的推文,而在一对一回复中切换成主流语言。

另一项研究调查了印度尼西亚人如何使用非正式语言,研究对比了他们在一对一的私人短信和公开推文中的写作方式。例如,印尼语 sip 的意思是“好的,是的,很好”,出于强调可以重复当中的字母,将其写成 siiippp。“谢谢”在印尼语中是 terima kasih。如果想向流行的雅加达口音靠拢,可以写成 makasi。倘若对@推文的回复比标签推文中信息略显随意,那么短信无疑更显关系亲密。果不其然,印尼人在短信中使用类似上述非正式措辞的频率约为推文中的四倍。此外,推文的平均长度约为短信的两倍,而且推文中的句子更复杂,词汇种类更多。

从网络语言学的角度来看，网上的语言变体之所以重要，并不是因为它是新兴语言（语言一直都在变化），而是在于它很少被记录下来。尽管世界上大约有7000种语言，而且至少有一半的人会说一种以上语言，但是文学作品青睐少数精英语言和方言。因此，这种光鲜亮丽的语言掩盖了数字鸿沟：对于那些在两种语言之间转换或者较少使用书面语的人，网民所依赖的许多自动化语言工具，比如搜索工具、语音识别、自动语言检测和机器翻译的工具，都给他们造成困扰。因为这些语言工具以大型语料库为基础，而这类语料库偏重记录在册的语言形式，通常从书籍、报纸和广播等正式资源中获取语料。弥合这一数字差距的方法之一是把公共社交媒体写作本身作为语料基础——鉴于网上非正式文体写作的数量是正式文体写作的好几倍，这必将是一条康庄大道。

同时会说阿拉伯语、弗里西亚语、印度尼西亚语和英语这四种语言的人不多，因而我并不寄希望于很快看到有针对来回切换四种语言发推文的研究。网络作为一种文化背景，会对人们的语言形式产生影响。不管我们属于网上的哪个语言圈，我们都是网络语言的使用者。网络上的每一种语言都日渐多元化，越来越多的非正式语体得以记录下来。无论是通过变换字母、转换语言还是改写单词，所有说话者都在学习精雕细琢自己的措辞，以在社交中呈现微妙差别，而这种差别曾是口语表达所特有。

短信和推文提高了人们的文字表达能力。研究员伊万·斯米尔诺夫（Ivan Smirnov）分析了圣彼得堡近100万用户2008年到2016年在俄罗斯社交媒体网站VK上发布的帖子。他发现，用以衡量帖子复杂程度的指标——平均词长，果然随着用户年龄的增长和受教育程度的提高而增加。但斯米尔诺夫也发现，

随着时间的推移，帖子内容整体趋向复杂。他所言认为 2016 年 15 岁的用户写的帖子，比 2008 年任何年龄段用户的都要复杂。

所有写 u 的人都知道它代替 you。米歇尔·德劳因(Michelle Drouin)和克莱尔·戴维斯(Claire Davis)进行的读写能力研究指出，文本主义可能会影响人们制定正式标准的能力这一观点，与人们对记忆工作原理的认知不相符。俚语和缩写针对的是十分常见的词语，比如 u 代表 you，ur 代表 your，idk 或 dunno 代表 I don't know 等。重点在于，使用俚语或缩写发信息可以节省精力。而且由于这些词使用频繁，接受信息的人完全可以理解。较长、较少见的单词，比如 pterodactyl(翼手龙)或"do you wanna start a band(你想组建乐队吗)?"等，很难在网上找到其缩写。从心理学的角度讲，缩写是应对于那些烂熟于心的概念。你也许无法找到一家不常去的高级餐厅，但是即使在半梦半醒间，你也可以准确地从床上走到浴室。如果语言中要忘记一部分，那一定是为了应付考试，用卡片帮助记忆的、罕见的多音节单词，比如 grandiloquent 或 sedulous 等，而不是那些在孩童时就已经掌握，且每天都能接触到其缩写或全称的单词。

正如对话和公开讲话在人类历史上共存一样，非正式文体网络写作也可以与较为正式的写作共享空间。电子书、新闻网站和公司网站等正式文体写作，不同于匆匆编写的短信，就如同纸质书籍、报纸和公司宣传册不同于厨房餐桌上草草写就的便条。研究表明，使用大量网络缩写的人，在拼写测试、正式论文和其他读写能力测验中，他们的表现至少和从不使用缩写的人一样好，有时甚至更优异。

人们对网络俚语的使用反而更加隐晦巧妙。语言学家萨利·塔利亚蒙特(Sali Tagliamonte)和德里克·丹尼斯(Derek

Denis)说服 71 名青少年捐出自己即时通信中的聊天记录，以了解他们实际的聊天内容。萨利和德里克发现，这些青少年实际并没有使用太多网络俚语。与通篇几乎都是俚语的夸张文章不同，比如将“Are you gonna be on the internet later(你一会儿上网吗)?”写成“r u gna b on teh interwebz 18r?”青少年使用的俚语只占 2. 4%。这让我想起对青少年其他行为的主观看法与现实情况的调查，每个人都觉得别人酗酒且性生活更频繁。恰恰相反的是，青少年语言使用的做法更加复杂：他们融合非正式文体写作和正式文体写作的特征，既使用笑脸和缩略语，也使用 must、shall 等很少出现在口语中的词。以下是不同对话中的几个片段：

> 啊啊啊啊啊，今晚的演出应该搞摇滚即兴创作(aaaaaaaaagh the show tonight shall rock some serious jam)
>
> 杰夫说：“你知道，我的天哪!!!!!!!!!!!!!!!!!!!!!!!”(Jeff says “lyk omgod omgod omgodzzzzzZZZzzzzz!!! 11one”)
>
> 嘿嘿嘿，好嘞！现在必须搞完，一会儿聊(heheh okieee! must finish it now ill ttyl)
>
> 哈哈哈..如你所见，我现在很难受(lol.. as u can tell im very bitter right now.)

从正式书面语的角度来看，上述句子中非正式的语言最明显。感情充沛的延长 aaaaaaaagh，意味深长的标点符号!! 11one，以及缩写 ttyl 和 lol。塔利亚蒙特和丹尼斯同时也指出，从非正式口头语的角度来看，这些句子很奇怪：如果记录在 21 世纪早期青少年的闲聊内容，会发现他们很少说 shall、says、must、very 等词，他们更喜欢新形式，比如 going to、is like、

have to、so。试想以下两种对话方式之间的不同，“And then he said，‘Shall you go?’ And I said，‘I must，I'm very tired.’(然后他说：‘你走吗？’我说：‘我必须走，我好累。’)”和“And then he's like，‘Are you gonna go?’ And I'm like，‘I have to，I'm so tired.’”。前者是书面体，或者说是上一代人的说话风格，而后者属于我们这一代人的风格。

新版非正式书面语中，只有一个写法比原先的版本短，基本都是用双音节词取代单音节词，这立即否定了任何认为新书写形式可能昭示着惰性的看法。进一步来说，青少年在写作中混合使用正式和非正式书面语，表明他们的所作所为既不是不通文墨的即兴演讲稿，也不是正式文体写作的失败尝试。网络写作是一种独特的文体，有其自身的写作目的，而要达到目的，需要有细节意识，对语言的方方面面进行微妙调整。如果媒体仅仅借用网络写作独特的外衣，比如 lol、ttyl 等，描述聊天用语，没有认识到驾驭整个系统需要专业的语言知识时(lol 和 heheh 或 shall 和 i'll 的共存)，其观点言论不过是满纸空言。

重复拼写和其他网络用语不仅可以代表非正式性，还可以拉近距离。网络幽默作家@jonnysun 的推文别具一格，推文内容不仅使用小写，还有创造性的重写，从他的用户名 jomny sun 和自我描述“外星人不懂人类语言(aliebn confuesed abot humamn lamgauge)”中就可略窥一二。jomny 推文中独具匠心的语言，让人觉得他平易近人、脚踏实地，除了 jomny 是一个外星人(aliebn)这件小事之外。尽管他有几十万粉丝，还是个全日制研究生，但你会感觉到他不是那种因为你打错字就对你评头论足的人。粉丝甚至用外星语回帖，这是语言的友谊赛精神，这种语言更像是一种家庭方言，而不是沉闷牛津公共休息室中的标准用语。

我开始将这种语言游戏当成写作练习，尤其是刚看完大量学术论文，脑子充斥着各种名词，很难把思想从中解放出来的时候。我会用最时髦的网络风格写初稿，没有大写也没有标点符号，各种缩略语和创造性改写词信手拈来，即使不知道如何表达也不停笔，也不试图梳理文章形式和内容，就这么随心所欲地写下去。只有一个小小的聊天窗口可供输入，而且不能撤回重新编辑的时候，很难让自己听起来古板乏味或者自命不凡——不抠字眼时，删除必要的单词也没有那么纠结了。最终清楚要表达的内容后，我就在初稿中加入大写和句号，删掉“啊～我不知道我在干啥(ugh idk what I'm doing hereee)”之类的句子。初稿虽为传统格式，但结构紧凑，所以保留基本清晰明了的同时，将外观元素格式化要比优化其清晰度更加容易。一篇分析拼写检查功能对写作影响的论文指出，瞬间出现的红色波浪线似乎有助于写作，但对于复杂的文档来说，这些波浪会让作家脱离整体，过早关注细节。我不是唯一注意到社交媒体对我的写作风格产生积极影响的人。推特用户尤其明显，推特格式的字符限制和即时的语句反馈，迫使用户学会如何用简洁精辟的语言表达自己的想法。

早在埃德蒙·埃蒙特开始自行车之旅之前，人们就已经开始汇集信息，探索人类的经历是如何影响交流方式的，比如地理环境、人际网络以及社会环境。虽然总有事物等待人们去探索，但我们已经对在交谈时如何使用语言彰显身份有了相当深刻的认识。而且初步迹象表明，我们也可以通过网络表达真实的自我：诸如语言游戏、切换语言与风格等由来已久的语言实践，正在书面化和电子化。新语言形式、方言和数字语言还很容易被忽视，若是对它们予以重视，能得出什么结论呢？

第三章　网　民

网络上能交到朋友吗?

这个老生常谈的问题早已无人问津。早在1984年,就有研究人员质疑互联网不具有诸如交友一类的语言社交功能。到了2008年,依然有研究员质疑互联网的作用:“它或许本质上代表疏离感和不称心。打字不代表真人,网络空间也并非真实生活。总之,一切都是疏离和虚假,是真实事物的拙劣替代品。因此,网络空间不可能孕育真正的友谊。”

话题讨论愈演愈烈,但人们的大部分社交活动最终仍是在互联网上进行。密友之间来回发送有趣的链接,祖孙之间视频聊天,伙伴们时常通过短信讨论日常活动,我们点赞或评论家人老友发布的照片,因兴趣爱好加入网络社区,彼此相互关联。

网友和网络社区也会渗入现实生活当中。2014年,我去看了热门播客节目《欢迎来到夜谷》(*Welcome to Night Vale*)的早期现场演出,梅格·巴什维纳(Meg Bashwiner)在节目预告中说道:“你们是了解互联网的,对吧?你们当中很多人甚至在网络上扎根了。”观众们笑着默认。这档节目之所以广受欢迎是因为人们在网络上互相分享，尤其是在汤博乐（Tumblr）[1]上，这让它迅速蹿升至iTunes[2]下载排行榜榜首，并引起主流媒体的关注。早期的现场演出始于网络社区在现实中的首次展现。

据估计，在2005年至2012年间结婚的夫妇中，有三分之一以上是通过互联网认识的。另一项调查显示，15%的美国成年人有过网恋的经历，41%的人认识网恋的人。1995年，媒体首次广泛报道通过网恋步入婚姻殿堂的案例。这意味着，由互联网“做媒”的第一代夫妻所生的孩子——至少假设上——如今已经长大成人，可以再网恋，甚至为人父母。互联网三代！这无疑是对上文“疏离感和不称心”观点的有力反击。

互联网人口比任何一个国家都要多，其居民不限于技术用户，他们共同组成一个社区，成员被称为网民。不可否认，非网民的全部社交生活依然依靠线下见面、信件和固话。其中，有些是出于自愿不上网，亲朋好友都在本地或依然愿意接听固话的老人；有些是决定远离互联网、不使用社交媒体，追求隐士般生活的人；另一些则是限于条件无法上网，如居住在偏远地区的人，他们不会使用网络语言，买不起设备、装不起宽带。从技术层面来说，世界上只有一半的人口能够使用互联网。但据最新统计，全球共有40亿网民。因而从某种意义上来讲，对网络交友持怀疑态度的人是正确的。网络语言需要回炉重造，方能适合社交。幸运的是，网民一直在做这件事。

---

1. 汤博乐（Tumblr）成立于2007年，是目前全球最大的轻博客网站，也是轻博客网站的始祖。它是一种介于传统博客和微博之间的全新媒体形态，既注重表达，又注重社交，而且注重个性化设置。
2. iTunes是苹果公司最热门的音乐软件。

第一波上网潮

虽然人们在世界各地迁徙，但是通常只需一两代人的时间，移居者的孩子就可以像邻居家的孩子一样，学会说当地的语言。语言学家称这种现象为奠基者效应。该术语是语言学家萨利库·穆夫芬(Salikoko Mufwene)从生态学中借来的，语言学中指语言社区中最早的成员会对该社区未来的发展产生不成比例的影响，尤其是当地的语言规范受到权威认可的情况下，比如受到出版社、学校和制作标志牌的机构的认可。移民到美国的多数家庭都不会说英语——他们初到时讲波兰语、中文、西班牙语或塞内加尔语等。而在得克萨斯州或加利福尼亚州长大的孩子，不管其父母说哪种语言，他们都会像朋友和同学一样说美式英语。波士顿和弗吉尼亚等地区的独特口音可以追溯到这里的开疆群体——来自英国某地的殖民者。

但是，如果数量足够庞大的群体同时迁入同一个地区，他们就会改变当地的方言。20 世纪 60 年代，美国北方各州的众多科技工作者涌入北卡罗来纳州的罗利市(Raleigh，North Carolina)，淡化了该地区元音发音中的南方特色。在工人阶级聚集的伦敦市中心，伦敦口音被文化多元的伦敦英语取代。该英语吸收融合伦敦英语、加勒比黑人英语、印度英语、尼日利亚英语和孟加拉英语，尤其是第二次世界大战之后，许多伦敦人搬到了郊区。

据此，从初创人口和移民浪潮的角度分析网络语言完全可行。各大社交平台经常统计其用户数量和客户群体，但我所感兴趣的关键变量是：其用户还会使用哪些社交平台。上一章介绍了童年经历和青春期的同龄人会奠定人们的语言基础，而加入新社群是使用该群体说话方式的黄金时期。那么你是在哪里度过互联网成长期，建立第一个由网络为媒介的关系呢？互联网虽可视作一个国度，但其人口的移动轨迹并未得以记录，也没有网络爱丽丝岛[1]。网络虽带来交流信息的便利，但给研究带来些许麻烦。

基于上述难题，我做了一项调查。出于对互联网使用的兴趣，基于前人研究和互联网周期的观察，我建立了一套用户分类理论。最初的研究问题并不十分有趣，但事实证明，调查所得的分组结果令人满意。我让人们按照年龄段对号入座：13—17岁、18—23岁、24—29岁，之后以10岁为单位，划分为30—39岁、40—49岁、50—59岁、60—69岁以及70岁以上。然后，让他们在四组社交平台中选择最能代表自己初次网络社交的一组。四组社交平台分别为：

- 新闻组（Usenet）、论坛、因特网中继聊天（IRC）、电子布告栏（BBS）、电子邮件讨论组（listservs）或其他类似平台；
- AIM即时通（AIM）、微软即时通信软件（MSN Messenger）、博客、生活日志（LiveJournal）、聚友网（MySpace）或其他类似平台；
- 脸书、推特、谷歌环聊（Gchat）、油管（YouTube）或其他类似平台；
- 照片墙（Instagram）、色拉布（Snapchat）、苹果即时通（iMessage）、瓦次普（WhatsApp）或其他类似平台。

1. 爱丽丝岛位于美国上纽约湾，是一个人工岛。曾是纽约州堡垒和火药库、美国主要的移民检查站。爱丽丝岛被视为美国移民的象征，岛上建有移民历史博物馆。

上述两个问题属于选答式题目，且附有填写其他答案的文本框。在3 000多名受访者中，只有150人没有做出选择或者填写了其他内容。这意味着，95%的人认为这四组选项足以涵盖其使用的社交平台。我故意将通用电子邮件和短信排除在外，因为邮箱地址或手机号码是注册其他平台的前提，而且具有独特的跨年龄风格，此点将在第六章详细论述。虽然这项调查不能代表网民的随机分布特征，但是在十几岁到五十多岁之间的每个年龄段中，至少有100多个人做出回复。如果出现多计现象，那多计的可能是花费大量时间上网的人，但是无论如何这部分人是我曾寻找的。

这项调查于2017年进行，这意味着只需减去20年便可得到人们1997年时的年龄，即20世纪90年代末至21世纪初互联网逐渐发展成主流之初的这段时间。在那个时候，现在十几岁的少年尚未出生，二十几岁的青年还是儿童，三十几岁的中年只是少年，以此类推。还可以减去10年，得到人们2007年的年龄，这一年脸书不再只对学生开放，凡有电子邮箱的人都可以注册其账号。如今二十多岁的青年当时只有十几岁，十几岁的少年还是儿童，以此类推。

网民的身份和加入这个大家庭时周围的人决定其互联网体验和使用的网络语言。要懂多少专业技术才可以参与网络聊天呢？你上网是因为朋友已经加入网络世界，还是为结识新朋友呢？你是加入已有既定规范的社区，还是依旧在变化发展中的社区呢？你是早已在潜移默化中全面掌握网络规范，还是仍需借助罗列清晰的规范手册呢？对此类问题的回答，很大程度上影响人们所使用的网络语言。如技术专家珍妮·松登(Jenny Sundén)所言，在网络世界中，你的人生由你自己写就，你的形象由你的文字塑造。

到目前为止，网民大体可分为五种。

老　网　民

先从首批网民谈起。我将其称作老网民，因为他们记得以前的网络，这是他们给自己取得最接近统一的名字。在网页中搜索老网民，便弹出一个手工编码[1]的超文本标记语言（HTML）网站。该网站初创于 1998 年，最后一次更新于 2006 年。据老网民解释，这类网站代表着不使用图形或模板建立自己网站的理念。此外，还有一篇发布于 2011 年，主题为“我们这些老网民需要适应社交网站”的讨论帖以及一条推文，其内容为“看来这的确道出我们‘老网民’的心酸”的推文，其观点与 2018 年《纽约》（*New York*）杂志上的一篇文章不谋而合。文章指出，越来越多的人通过搜索引擎或社交媒体访问网站，而不再像以往那样直接输入熟记的网页地址。推文中刻意使用的引号表明，作者往往觉得是自己无意中创造了这个词，但是一些人已经使用该词。老网民可谓互联网时代的老人，但这不是说他们已到垂暮之年，而是指在互联网流行开来之前他们就已接触网络计算机。不过，那些在打孔卡[2]时代使用计算机的人现在倒是真正的老年人了。

首批网民通常先于其朋友和同龄人进入互联网世界，因而他们更多的是与陌生人交流互动。为找到聊天对象，他们会使

1. 手工编码是一种编程和编码技术，用户手工输入所有代码。
2. 打孔卡又称穿孔卡、霍列瑞斯式卡或 IBM 卡，是一块纸板，在预先知道的位置利用打洞与不打洞来表示数字信息。主要在 19 世纪中后期使用，现在几乎是一个过时的存储器。

用一些具有特定主题的网络工具，比如新闻组、因特网中继聊天、电子布告栏、多用户网络游戏（MUD）、电子邮件讨论组和各类论坛等。如果其中一些平台你闻所未闻，恰恰体现了这些老一辈网民使用网络有多么早。即便在互联网流行开来之后，不少平台依然鲜为人知。其中，新闻组的名气最大，它是一个集中式“用户网络”，按照不同的讨论主题划分为不同的讨论组，讨论组规模不一，涉及的主题广泛，比如 rec. humor. oracle、talk. politics 和 alt. tv. simpsons[1] 等。用户可以发起主题帖，并互相跟帖。后来，新闻组中的帖子被大量收入谷歌群组（Google Groups）中，其中最早的可以追溯到 1981 年。谷歌群组便是后来诸如红迪网（Reddit）等网络论坛的前身。

首批网民可能不喜欢人们将其称为互联网用户，原因在于他们还记得人们拥有多种不同网络的日子，此处尤指万维网。历史上确实出现许多种网络，但是习惯用法已经发生改变，因而我也需要与时俱进。10 年或 20 年前，根据当时背景细分首批网民，可将其分为：使用体型巨大的计算机与开始使用小型私人电脑的用户、早期 LISP[2] 黑客和后期 UNIX[3] 操作系统黑客、20 世纪六七十年代的阿帕网（ARPANET）用户与 20 世纪八九十年代的新闻组用户、阿帕网和新闻组用户与 1989 年万维网出现之后的互联网用户。但如今，与后来的网民相比，这些历史上的竞争对手之间的共同点反而更多。他们都走在时代的前沿，都对可能

1. 这些是不同讨论组的名字，名字反应讨论内容，rec 是关于休闲、娱乐的主题；talk 是一些辩论或人们长期争论的主题；alt 涉及的主题比较杂乱，任何言论在这里都可以发表。
2. LISP 是一种通用高级计算机程序语言。
3. UNIX 是 20 世纪 70 年代初出现的一个操作系统，除作为网络操作系统之外，还可作为单机操作系统使用。

出现的新技术感到兴奋好奇，而且积极学习如何使用这项技术。

即使到了21世纪初期，计算机用户依然需要熟练掌握相关技术。在后来被称作web1.0[1]的技术时代之前及期间，上网依然相当困难。事实上，网络社交需要计算机用户掌握更多的专业技术。虽说手动编写自己的HTML主页或弄明白因特网中继聊天的指令并非难事，但无论是在新闻组群组里发帖，还是安装即时通信客户端，抑或是设置电子邮件服务器，都是费心劳神的事情。在1998年上映的一部讲述电子邮件传情的喜剧电影《电子情书》（*You've Got Mail*）中，一个人问另一个人"你在网上吗"时，"在"和"网"之间出现停顿。结合语境可知，此问题明显不是在问"你现在在电脑前面吗"，而是"你用过互联网吗"。无论是拨号上网[2]还是接入式上网，都只是种爱好选择，并非那个时期的必经之事。而且这爱好几乎没有年龄限制，从儿童到各年龄段的成人都可上网。早期的网络访问通常是通过大学计算机科学系或大型科技公司实现的，因此这一时期网民的核心成员初次上网时，多在读大学或者已经参加工作。我的调查对象之中，约三分之二40多岁的人将新闻组作为第一个社交平台，三分之一30多岁的人和近一半50多岁、60多岁以及以上年龄的人也是如此。这并非指在新闻组时代有一半的老人上网，而是说在21世纪前10年，我通过公共互联网调查所接触到的一小部分老年人中，有许多人网龄比我大。

---

1. web1.0是万维网发展的第一代模式，是互联网应用发展的初期，网络用户获取信息和服务由生产者制定，利益归生产者所有。
2. 20世纪90年代，刚有互联网时，拨号上网是最为普遍的上网方式。用户只需拥有一台私人电脑、一个外置或内置的调制解调器（Modem）和一根电话线，再向本地ISP供应商申请账号或购买上网卡；拥有用户名和密码后，通过拨打ISP的接入号连接网络。

作为一个群体，老网民的技术水平最高。他们通常熟练掌握键盘中的快捷键，基本掌握一到两种编程语言，知晓如何观察图形用户界面背后的计算机内部工作原理。通常情况下，他们也具备其他特定领域内的专业技能，比如电脑硬件组装、浏览器加密、维基百科编辑或网络论坛管理等。此外，他们还给自己的电脑安装浏览器扩展应用或其他自定义配置工具，他们无法想象没有这些工具将如何生活。虽然之后上网的人有些也掌握了上述技能，但已不是必备技能。普通网民不需要学会编码，也无须了解如何更换硬盘。

老网民的日常技术用语与程序员使用的术语有大量重叠。最初，懂得编程是上网的唯一途径，因而掌握编程技术是当时计算机用户的共同点。大部分编程语言被其使用者按照时间顺序记录在一份名为"术语档案"的文件中。"术语档案"最初只是一个记录"黑客术语"的文本文件。1975 年后，由一些学校计算机科学系的志愿者共同编辑维护。这些学校包括麻省理工学院、斯坦福大学和其他几个接入阿帕网的大学。1983 年，其中一位创始编辑将其以《黑客词典》（*The Hacker's Dictionary*）之名出版。之后，"术语档案"停止更新，直到几年后一位新编辑接手这一工程，经修订更新，在 1991 年和 1996 年再次印刷出版，即《新黑客词典》（*The New Hacker's Dictionary*）。网页版的"术语档案"一直更新至 2003 年。

"术语档案"是专业术语的实时索引，默认用最新的术语替代旧的版本。在储存成本很高的年代，此举意义重大，但也为回溯性历史研究带来挑战。2018 年，人们从 1976 年的备份磁带中复原了一份档案文件，筛选不同版本的术语就好像乘坐互联网时间旅行机穿梭时空一般。在所发现的"术语档案"中，最老的一版可追溯至 1976 年 8 月 12 日的一份纯文本文件。该文件约有6页，涵盖49个单词及其定义。其中一些词是当时的俚语，win（赢）意为succeed（成功），以及后来被广泛使用的计算机专业术语：feature（特点）、bug（故障）、glitch（小故障）等。还有一些词为黑客文化术语，比如占位符[1] foo和bar。此外，其中对于“用户（user）”一词的定义带有明显贬义色彩。“用户”指对别人的话深信不疑且会问问题的程序员。该文本中的其他术语现已发展成为技术编程术语里不太常用的扩展词汇，比如：JFCL出自能快速结束正在运行程序的命令，意为“取消”。不过，这份年代最久远的“术语档案”最有趣之处或许是那些没有记录在册的内容，找不到现在认为经典的网络俚语的踪影：没有lol或者omg等缩写，也没有表情符号，甚至都没有通过将单词字母全部大写表达情绪的记录。

次年，即1977年的3、4月间，用于社交的首字母缩写词进入公众视野。这一版的“术语档案”将其描述为在早期聊天工具Talk mode中聊天时，能提高打字效率的特殊术语。这类缩写词不仅包含现在比较常见的R U THERE（在吗），也包括如今较少使用的BCNU（回见），还涵盖代表“是”“否”的T和NIL以及CUL（回头见）。本节遵循“术语档案”中的书写格式，所有缩写词均为大写。但是，此类缩写词到底代表当时人们的打字方式，还是“术语档案”维护者编辑时添加的内容，目前尚不清楚，我倾向后者。1977年12月发行的“术语档案”中收录了两个目前仍在使用的社交缩略词，BTW（顺便说一下）和FYI（仅供参

1. 占位符就是先占住一个固定的位置，然后再往里面添加内容的符号，广泛用于计算机中各类文档的编辑。foo和bar是源自“二战”时的俚语FUBAR（Fucked Up Beyond All Repair），指坏到无法修缮的意思。国外的程序员用这些词很大程度上是为了幽默，其本身没有任何意义，通常被当作占位符来使用，可以代表任何东西。

考）。除此之外，在 1983 年《黑客词典》出版前，“术语档案”中再未出现其他社交俚语。此后 10 年间，其发展停滞不前。

1990 年《新黑客词典》恢复更新时，其收录的词条开始带有社交色彩。同一年收录了诸如:-)、:-/类的表情符号、表达情绪的全大写形式以及其他首字母缩写词。其中主要的缩写词有 LOL、BRB、b4、CUL8TR、AFK[1] 等。毫无疑问，这些社交用语中有些已经过时，如将 CUL8TR 定义为一个老土的网络用词，比俚语更贴切。有些已被淘汰，如 HHOJ 和 HHOS[2]。但不可否认，它们为后来的网络用语奠定了用户基础，与前期编程术语不为人知相比，21 世纪初期的主流互联网用户可以识别出首字母缩写词、大写字母表达方式以及表情符号。1990 年版本的《新黑客词典》反映出这一变化。词典中指出时下很多俚语来自新闻组，而首字母缩写词则源于常见的在线实时聊天平台。网络用语在大学校园中难觅踪影，反之亦然，熟悉这些用语的人并不了解 FOO?、BCNU、NIL、T 等。然而技术人群是最早采用这些新惯例的群体之一。1991 年的更新版本则表明 IMHO、ROTF 和 TTFN[3] 已经在大学和 UNIX 操作系统的世界中流传开来。由于新闻组用户分散在不同的讨论群组之中，无法编写自己的语言指南，因此我们需要从局外人的视角看待网络俚语。但其最后影响不大，早期的技术人员、精通技术的新闻组用户以

1. BRB 全称为 be right back，意为“立刻回来”；b4 全称为 before，意为“之前”；CUL8TR 全称为 see you later，意为“等会儿见”；AFK 全称为 away from the keyboard，意为“暂离”。
2. HHOJ 全称为 haha only joking，意为“哈哈，开玩笑而已”；HHOS 全称为 haha only serious，意为“哈哈，我是认真的”。
3. IMHO 全称为 in my humble opinion，意为“恕我直言”；ROTF 全称为 rolling on the floor，意为“笑到打滚”；TTFN 全称为 Ta Ta for now 首字母缩写，意为“回头见”。

及网络聊天室的常客共同构成创始人群体。

从最早的互联网俚语可以推断出当时的网民不仅了解一定的编程知识，而且还需知道特定语言中的特定命令，这种技术技能获得与群体内部参考信息资源相关。你知道的首字母缩略语越多，可能意味着你上网的时间越长，或至少你通过反复阅读帮助文档，比如《新黑客词典》语言指南、开放源码项目的自述文件，或是论坛和讨论组中的 FAQ（常见问题）等，获取信息。

部分老网民成为博客、推特的早期用户。他们通过互联网媒介进行社交互动，提高其知名度和影响力。他们中部分成为第一批互联网研究者，撰写自己在网络社区中的实践经历。部分停留在自己熟悉的网络小圈子里，如今却不得不向年轻人解释，自己年龄虽大，但并不代表对技术一窍不通。早在自负的年轻人出生之前，他们就已编程和拨号上网。老网民的共同之处在于，他们可能依然在网上实现大部分的社交生活，通常有一个在任何社交平台不变的网名，而且与网上好友相识的时间比现实中的朋友还要久。他们可能从未或几乎未曾用过脸书。因为于他们而言，互联网是一个融入全球而非强化本地社区联系的地方。在 2015—2020 年间，老网民一度开始考虑转向 Mastodon（长毛象）——一个主题式去中心社交网络，缺乏用户友好度，这让人不由得想起早期的互联网。

随着互联网在日常生活中日益普及，若不特意询问，很难辨别出老网民。如果只看他们的年龄以及其网络社交对象，部分老网民会被误认为是两个临近群体，即下一波网民。老网民使用的大部分网络用语通常有两种归宿：一是融入主流世界，如 btw（顺便说一句）、crash（我的电脑死机了）；二是淘汰，比如 UTSL，其全称为“use the source, Luke”，出自电影《星球大战》，意为建议人们在提问之前先阅读源代码。部分特别学术的词汇

虽仍在技术、黑客或其他古老的网络社区中使用，但在整个网络世界中难觅其身影。

老网民最大的语言贡献不在于创造具体单词，而是他们所呈现的一种精神状态。还记得那些对网络社交持反对态度的人吗？他们认为互联网不能充分发挥语言的社交用途。新兴互联网的语言社区[1]曾努力解决如何在非正式文体写作中传达情感。20世纪90年代末，针对德国一款聊天式在线角色扮演游戏玩家的研究发现，诸多因素密切关联。较多使用笑脸符号和其他网络俚语，并且相信互联网社交潜力的玩家，通过网聊交友更多。

首字母缩写词lol全拼为laugh out loudly（放声大笑），是说明情感跳出网络进入现实世界的很好案例。关于lol的来源，人们普遍认为是，加拿大艾伯塔省卡尔加里（Calgary，Alberta）一个叫韦恩·皮尔逊（Wayne Pearson）的人创造了它。以下是他追忆20世纪80年代在聊天室中创造该词的情景：

> 网名为Sprout（我相信他还在上网）的网友在聊天室里说了些特别搞笑的话，我听后开怀大笑。lol就在厨房里回荡的笑声里诞生了。
>
> 在＞grin＜、＞laugh＜、*smile*等表示笑脸出现之前，聊天室中确有其他表达开心的方式，但我认为这些都没能表现出自己一个人在房间里傻乎乎大笑的感觉。也许另一个房间的家人会觉得你笑得莫名其妙！

lol出现的确切时间可能永远是网络空间中的谜，但是皮尔逊的账号确实可以查到。语言学家本·齐默（Ben Zimmer）研

1. 语言社区是由所有说特殊语言或方言的人组成的社区。

究发现，lol 首次被一家名为 FidoNews 的新闻网站索引，出现在 1989 年 5 月公布的常见网络首字母缩写词列表之中。无论如何，皮尔逊的故事让人想起老网民的网络时光：拥有网友、不变的网名、对着电脑捧腹大笑、让技术一窍不通的家人满脸困惑。直至下代网民浪潮到来，人们才对网友、网上趣事见惯不惊。

第二波上网潮

对于英语国家，第二次上网潮的规模最大。从 20 世纪 90 年代末到 21 世纪初，短短几年时间互联网就成为主流。网络接入不再是科技公司、大学和少数极客[1]的专属。普通人开始在家、学校、工作场所上网。皮尤研究中心（Pew Research Center）的数据表明，2000 年美国使用互联网的人数首次超过人口的一半，而且在受过高等教育或年龄在 18 岁到 29 岁的人中，互联网的使用率已经超过 70%。1995 年，只有三成的美国人访问过网页，其中只有三分之一的人拥有私人电脑。1998 年上映的电影《电子情书》展现的正是这种主流化早期阶段的情况：电影中只有为数不多的人可以上网，这些人在聊天室中结识陌生人，不过他们是书店老板而非技术迷。1999 年，一位名叫罗伯·斯皮格尔（Rob Spiegel）的记者写道："过去一年里，可谓天翻地覆。一年前，我绝对想不到 1999 年 11 月互联网将完全成为主流……不得不说，一时还难以适应，一夜之间大家都能理解我口中的

1. 极客是美国俚语 Geek 的音译。随着互联网文化的兴起，这个词含有智力超群和努力的意思，又被用于形容对计算机和网络技术有狂热兴趣并投入大量时间钻研的人。

‘线上’或‘网络’等词汇。”

互联网主要的写客从黑客变成数字移民[1]和数字原住民[2]：老一辈人接触过互联网之后，常惊叹网络一代适应数字化的能力，他们使用电脑如同呼吸一样自由。这种说法刚被提出，研究人员就对此产生质疑。21 世纪初，一项针对大学生的研究表明，在编辑电子表格、制作数码照片等能力方面，20 岁的年轻学生和 40 岁以上的大龄学生之间并没有显著差异。一个有关支持和反对“数字原住民”的批评性述评，称其为神话，一种学术上的“道德恐慌”。换言之，如果一个群体或活动被视为社会威胁时，哗众取宠的媒体报道远比任何实际证据产生的影响更大。更不用说，并非所有人都适合使用父母/孩子的二分法进行分类。即使最笨拙的“数字新手”也能通过 10 年或 20 年的日常实践在网络世界中游刃有余。

这个阶段不同线上群体之间真正的区别是其社交选择，而非技术能力。我把完全接受互联网作为自己社交生活媒介的人群称为资深网民（Full Internet People）。仅将互联网作为工具，大部分社交生活依旧和以前一样，后来才开始逐渐结交网友的人群，我称其为半网民（Semi Internet People）。这两类群体的划分与年龄紧密相关，但并不完全由年龄决定。资深网民往往是年轻的学生，容易受到新潮流和同龄人眼中个性事物的影响。半网民多为年龄较大的工作者，他们有稳定的社交生活。但是，二者之间重要的区别在于他们在网络中的行为，而不是其年龄。1999 年时，如果第一个网络新手通过搜索话题式的留言板来寻找新的朋友，这表明他身上将保留着许多老互联网的文化印记；

1. 数字移民是已经习惯使用信息技术的青少年。
2. 数字原住民是自幼就熟悉信息技术的人。

如果第二个新手每天开始与现有的朋友发送即时短信，那他将成为资深网民；若第三个开始转发搞笑邮件，那他将成为半网民。这三位新手可能年龄相仿，但他们未来加入的语言社区将大相径庭。与任何总结一样，用清晰明了的术语表述上述三种群体十分必要，但网民会发现自己处于一个群体和另一个群体的边界。

资深网民

20世纪90年代末到21世纪10年代，随着社交网络的兴起，资深网民步入成年。他们加入已存在交流规范的互联网社区之中，而且他们并不是通过“术语档案”或常见问题（FAQ）直接习得这些规范。文化的魔力使得同一时期加入互联网的网络同龄人相互影响，传播个性的音乐和流行的牛仔裤等。对该群体来说，互联网就是他们的全部，他们对互联网的社交潜力深信不疑。既然他们起初是利用互联网增进与熟人之间的交流，那么他们又怎会如此信任互联网呢？如果一对情侣前一天晚上通过即时通信工具（IM）分手了，第二天午餐时所有人便都在谈论此事，那么认为互联网缺乏社交性的断言以及认为网民是不真实的看法，就不攻自破了。

AIM即时通、微软即时通信软件等即时通信工具曾风靡一时，在资深网民的首次网络社交经历中占据核心地位。如同地球城（Geo Cities）、天使之火（Angelfire）、赞架（Xanga）、尼奥宠物网（Neopets）、生活日志和聚友网等社交平台中的个性化主页和个人资料页面曾经也是新鲜事物，在这些页面上，用户可以添加霓虹灯色的背景和闪烁的GIF小动图。我于2017年的调

查显示，该群体的年龄集中在24岁到29岁之间，其中超过四分之三的人使用AIM即时通、微软即时通信软件、博客、生活日志、聚友网或类似平台作为他们的首个社交平台。18岁到23岁，以及30多岁的网民中约占一半、40多岁的网民中有四分之一也开始使用这些平台。20世纪90年代末至21世纪初，网民多是青少年、12岁以下的儿童和20多岁的年轻人。

资深网民和老网民不一样，他们不在"术语档案"中记录自己使用的网络俚语。其原因在于，资深网民本质上是非常庞大且去中心化的社区，视语言实践为理所当然的事情。但是如果我有一台时光机，我一定会告诉14岁的自己，要记录所使用的网络俚语！然而，随着年龄的增长，这个群体会接触到更多社交媒体平台，而且每过一段时间就会怀念最初上网的那段时光。妮娜·弗里曼(Nina Freeman)依照自己青春期的自拍照和记忆中2004年的互联网，制作了一款名为"遗失的记忆(Lost Memories Dot Net)"的视频游戏。在游戏里，玩家可以扮演一个14岁的女孩，为她设计博客标签，比如动漫迷等，也可以在游戏标签界面(类似那个时代的IE浏览器主题)与她的闺密畅聊那个二人都迷恋的男孩。一篇回忆21世纪初期青少年上网情况的文章，着重描述了当时的互联网是如何复制现实社会的结构。朋友们会把自己的主页链接到环网[1]或小圈子当中，并用色彩鲜艳的HTML表格和可爱小巧的卡通动物动图来装饰自己的主页。这群人通常是在尼奥宠物网和Petz.com等虚拟宠物网站上和陌生人交流。记者妮科尔·卡彭特(Nicole Carpenter)亲切地称这两个宠物网站为"电子宠物鸡与神奇宝

1. 环网指封闭的网络循环，区别于一般的以太网交换机，一旦形成环形，会形成广播风暴，环网上的某一路链路断开，不会影响网络上数据的转发。

贝的结合体”，为女孩们在普遍不友好的网络世界中提供了一个相对安全的游戏场所。2009 年雅虎关闭地球城网站后，档案管理员争先恐后地保存其网站，由此引发了一波互联网怀旧浪潮。2017 年，美国在线公司（AOL）永久关闭 AIM 即时通，再次引发怀旧浪潮。AIM 即时通关闭时，一位科技文化记者追忆到，中学时她曾和朋友分析打印出来的自己和男生在 AIM 即时通上的聊天记录。

加入社交互联网几年后，资深网民也成为第一批脸书和推特用户。我的调查对象虽与脸书首批用户不尽相同，但同样值得研究。众所周知，2004 年脸书成立时，第一批用户只对哈佛大学的学生开放，之后逐步拓展到普通大学、高中，2006 年才将普通大众纳入其中。但问题在于，这个年龄段只有不到 10%的网民是在脸书上开始他们的网络社交之旅的。新闻组和即时通信工具的首批用户均为新网民。相比之下，脸书的首批用户则是从旧平台转移到新平台的网民。

脸书创立之初，是社交平台中的异类，因为它将用户线上身份与线下姓名和社交网络联系在一起。在老网民眼里，上网就是去认识新朋友，重塑新身份，脸书似乎与这一印象格格不入。但事实上，脸书只是显性呈现了网络早期用户从中学就开始做的事情。即时通信工具上的朋友们经常有一些奇特的网名，表面上看这些网名像老网民在新闻组和聊天室中所使用的一样，但它们实际的功能截然不同。韦恩・皮尔逊，那个自称在 20 世纪 80 年代创造缩略词 lol 的人，只知道其网友名为 Sprout，但是妮娜・弗里曼在 2004 年的“遗失的记忆”游戏中非常清楚自己所扮演的角色，而且知道游戏人物 TarnishedDreamZ 就是她同班同学凯拉。

那些为认识新朋友而上网的人，多年来甚至数十年来在各

个平台上都会使用相同的网名，以便网友找到他们。但对于那些为和已相识之人联系的网民来说，网名可能是为了纪念最喜欢的乐队或是出自电影中的台词，几个月后可能又随着人们对流行文化态度的转变而变化。无论如何更改，你的朋友始终能找到你。也许其他人因此同你失去联系，这样也没什么不好。如果多年来在主要社交网络中，网络和现实中的自己早已有机地联系在一起，那么在脸书中使用真名不过是水到渠成的事情。事实上，不依赖网名识别身份可视为成熟的标志，尽管这种成熟类似于人们发布用红色塑料杯喝不加冰啤酒的照片。

老网民和资深网民的这种态度差异可以从技术专家达娜·博伊德(danah boyd)所撰写的《青少年错综复杂的网络社交生活》(*It's Complicated*: *the Social Lives of Networked Teens*)一书中找到答案。该书采用人类志[1]研究方法，描写了2005年至2012年美国青少年的上网情况，内容相当详细且可读性强。以下是书中内容节选：

> 我是第一代在网上度过青春期的青少年。但这是一个与众不同的时代，20世纪90年代初，我的朋友几乎没有人对电脑感兴趣。而我对互联网感兴趣是因为对本地社区不满。互联网给我带来了一个更广阔的世界，这个世界里有很多和我志趣相投的人。无论白天还是晚上，我们随时都可以展开讨论。在我成长的这个时代中，上网或者说连网是一种逃避机制，而我迫切地想要逃离现实世界。
>
> 在我遇到的青少年中，喜欢诸如脸书和推特等社交媒体，以及诸如应用程序、短信应用等移动技术的原因千差外

1. 人类志：对人类特定社会的描述性研究项目或研究过程。

别。我和其他早期网民往往浏览聊天室和公告板以避开本地社区的人，但是现在大多数青少年上网是为了与当地社区中的人联系。他们在线互动完全是正常行为，一点都不奇怪，甚至还令人期待。

在我们看来，出现这种态度差异是因为博伊德是老网民，而她的调查对象是资深网民和较年轻的青年。她书中涉及的网站类型广泛，如聚友网、照片墙等。博伊德将年轻人的上网动机与诸如反闲逛游荡法规等限制，以及将汽车作为主要交通工具的社区联系在一起。这类限制和社区减少了人们在商场和公园等公共场所线下社交的机会。同样，2000 年对加州公立学校学生的一项调查显示，绝大多数青少年更喜欢给认识的朋友发私信，而不是在公共聊天室和留言板上同陌生人聊天。

但是有一点可以肯定，一些资深网民无论是缘于约会、职业社交，或是谋求共同利益，他们最终的确通过网络交友，就如同不少早期网民最终将其线上和线下的身份融为一体。第一代网民有些许自命清高，他们推崇互联网例外论，坚信网民优于普通人，并且确信若能在网络中抛弃此前种种社交规范，不失为一件好事。他们认为如果使用模棱两可、容易引起误解的语言将圈外人拒之门外，再好不过。但是，第一代集体加入社交网络的人有着不同的动机，其目的是维持当地社区友谊，而非加入全球社区结识新朋友。他们并不想重新设计沟通方式，只是利用现有的沟通工具丰富生活，实现常见的调情、分手、制造危机。但是，他们是通过书写展现生活中的点点滴滴，因而开始重塑非正式文体写作，使之能够更深刻地表达人类的各种情感。

资深网民是第一代集体利用网络让父母一头雾水的孩子，也是最后一代琢磨不透自己孩子的父母，这颇具讽刺意味。虽

然资深网民可以凭借年轻时就有的强大学习能力，理解和即时通信结构相似的聊天应用，或者和地球城结构相似的汤博乐，但是他们的童年并没有充斥着数字化。他们最先遇到并需要解决互联网带来的问题：蹒跚学步的孩子玩多久平板电脑较为合适？孩子误打误撞看到不良盗版儿童漫画时，该怎么办？是否应该将孩子的照片和轶事发布到社交媒体上？虽然远方的亲朋好友看到会十分欣喜，但孩子长大后可能会因此尴尬不已。

就互联网技术而言，资深网民既怀念早期的网络技术，又有些不安，担心自己跟不上年轻人的步伐。不过，他们很好地适应了社交网站并且能够使用专业电子通信工具。他们拥有一个或多个社交媒体账户，且能够从脸书、推特、照片墙、红迪网、网飞(Netflix)或播客上获取大量新闻和娱乐资讯。青春期开始，资深网民就充当家庭技术员的角色，也是新技术逐渐进入主流的主要媒介之一。他们游刃有余地使用各种手机、电脑以及其他电子设备，也能自如地使用电子邮件、即时消息软件、常规浏览器、文字处理工具以及诸如电子表格和演示文稿等办公软件。无论资深网民是否记得连网前的日子，他们绝对不记得没有基本网络俚语的互联网。他们上网之时，诸如 lol 和 wtf 的缩写，:-) 和＜3 表情符号以及使用全大写表达情绪之类的表达惯例早已存在。他们曾根据上下文，或者同伴那里学习诸多网络俚语，并能将其与语调联系起来。

就其他技术而言，资深网民的水平参差不齐。2004 年，一项针对美国大学生科技认知理想和现实水平的研究发现，尽管几乎所有人都具备上述技能，但只有少数人真正懂得如何制作图形、编辑音频视频或创建网站。后来在英国、澳大利亚和南非等国家或地区的调查，也得出同样结果。在 20 世纪 80 年代之后出生的人群中，几乎所有人都掌握用于网络社交的计算机技能，但是只有 2%—30%的人掌握更专业的技术，如编码、编辑维基百科、创建博客，或使用 RSS 订阅功能[1]。与早期的网络时代不同，该比例并不仅仅代表数量稀少的技术大神和数量众多的技术小白，还代表人们对技术知识的掌握深浅不一，即需求决定所学习的技术。此外，这些调查的对象皆为大学生，与非大学生群体相比，他们成为技术能手的可能性更大。

上文关于数字原住民的推测并不完全准确。技术人员和非技术人员之间已经没有明显的界线，但这并不是通过把所有人都变成技术人员而实现的。21 世纪初期的技术技能调查发现，ICT（information and communications technologies 信息和通信技术）是流行词，但是不能将信息和通信混为一谈。毫无疑问，出生在互联网时代能够对网络社交应付自如，就如同出生在电话时代的人不会因为只能听到由电话线传来的声音但看不到人，而感到疏离，同样出生在汽车时代的人不会因为时速超过 60 英里就感到惊慌。但是，与老网民不同的是，资深网民的网络社交能力与他们的计算机技术水平之间几乎没有任何关系。最初的汽车驾驶员都是熟练的机械师，这是因为当时的汽车经常抛锚。随着汽车成为主流，即使不了解化油器和油泵的人也能够开车。计算机领域亦是如此，随着计算机的普及，不了解互联网运作原理的人也可使用，技术与网络之间的联系渐渐弱化。下文将探讨这一转变。

1. RSS（Really Simple Syndication）是一种描述和同步网站内容的格式，在互联网上被广泛采用的内容包装和投递协议。RSS 广泛用于网上新闻频道、博客和维基百科。使用 RSS 订阅能更快地获取信息，网站提供 RSS 输出，有利于让用户获取网站内容的最新更新。

半　网　民

半网民和资深网民在同一时期接触网络，即 20 世纪 90 年代后期到 21 世纪前 10 年社交网络开始走向大众之时。但是对于资深网民的大部分文化精粹，他们知之甚少，原因在于二者上网的原因截然不同。通常来说，半网民上网是出于工作原因，不久之后开始探索网络的其他功能，比如看新闻、查资料、购物和制定旅行计划等。网络社交是他们后来才逐渐涉足的领域。之所以称其为“半”而非“资深”，原因在于他们的社交生活并非全部发生在网络之中。在他们的人际关系中，一部分通过网络维持，尤其是家庭成员中的年轻人；另一部分如老友交往则使用其他方式，他们对网络交友仍心存警惕。信件和电话交流深深地印在了他们脑海之中。

2007 年对英国网民和非网民的调查发现，就网络使用而言，最大的差距并非年轻人和中年人，而是以 55 岁为分水岭。后文将探讨 55 岁以上的用户。年龄低于 55 岁的用户在使用互联网方面仍可细分其差异：25 岁以下的网民中，三分之二至少使用过一个社交网站；25 岁至 44 岁的网民中，约一半的人使用过社交网站；45 岁及以上的网民中，三分之一使用过社交网站。2007 年之后的几年间，很多年纪较大的人开始使用社交网站，或者像媒体所言“我父母刚接触脸书”。2017 年，皮尤研究中心估计，50 岁到 64 岁的美国成年人中，超过 60%是脸书用户，这其中并不包括其他社交网络。该数据同我的有关第一个社交平台研究的调查结果相同。脸书、推特、油管、谷歌环聊的第一批用户是从其他社交网站转过来的，因此其用户中基本没有中年人。但是，上述平台有两个开启网络社交之旅的用户峰值：50 岁以上和 23 岁以下群体。毫无疑问，即使 45 岁的中年人和 13 岁的青少年都于 2008 年同时在脸书上开户自己的网络社交之旅，但是他们的体验大相径庭。将脸书作为首个社交网站的用户中，年龄较小的用户数量占其一半之多。因此本章将于后文讨论较为年轻的脸书用户的社交状况。

20 世纪 90 年代末和 21 世纪前 10 年，资深网民不知不觉中学习网络语言时，网络中真正的成年人正寻求社交指南——一份对他们只迈入一只脚的网络社交世界的解释说明。毕竟，如若他们选择自主联网或以计算机为媒介的社交圈，那他们可能提前进入网络世界成为老网民。此类指南最全面的当属《连线排版体例》（*Wired Style*）。

《连线排版体例》最初是 1993 年创刊的科技杂志《连线》（*Wired*）的风格指南。通常情况下，《美联社风格手册》（*The Associated Press Stylebook*）或《芝加哥风格手册》（*The Chicago Manual of Style*）在内的各大杂志和报社会遵循该指南，从而确保出版物的体例一致，包括牛津逗号的使用[1]、缩略词中是否应该包含句号以及有多种写法的单词拼写方式。但这一指南并没有同《连线》杂志报道中的技术创新并驾齐驱。即使经典的风格指南确实曾提供有益建议，但对于一个自认为走在科技前沿的出版社来说，这些建议仍过于保守。对于一家语言向来保守古板的报纸而言，即使在其大多数读者已经开始使用 website 和 email 这类表达方式之后的几年间，其仍然可以使用 Web site

1. 牛津逗号指用英文列举时，紧跟在并列连词（通常是 and 和 or）之前的那个逗号。比如：Mary likes apple，banana，and strawberry。这个例子里面，and 之前的逗号，即所谓的牛津逗号。之所以叫牛津逗号，是因为牛津大学出版社要求作者必须在列举的并列连词之前加上一个逗号。

或者 E-mail 这种写法。《纽约客》(*The New Yorker*)杂志刻意使用某些传统的分音符[1],比如 coöperate,这一定程度上影响了其身份定位。但若《连线》杂志,包括本书在内,使用落后的网络格式会对其可信度造成不良影响。

《连线》的文字编辑康斯坦斯·黑尔(Constance Hale)和杰西·斯坎伦(Jessie Scanlon)为此联手设计了内部风格指南,为一系列和网络有关的格式问题提供统一标准:如 email 是大写还是加连字符、网络缩略词的大写和加标点形式、LOL 大写不加点形式不能写成 L.O.L. 或 lol。出版商们发现这种形式能吸引更多读者,于是在 1996 年修改扩充了黑尔和斯坎伦的风格指南,以《连线排版体例》之名出版,并于 1998 年再版。

此时虽有针对网络语言的学术论文发表出版,但是《连线排版体例》和"术语档案"这类文件尤为重要,因其读者是普通大众,网络实践会影响到其他用户。《连线》最初的内部风格指南是为专业撰稿者提供写作规范,他们本身熟知网络技术,其读者亦精通网络技术,而《连线排版体例》则是在互联网成为主流之时,为新网民提供语言上的网络礼仪指导。半网民上网之初不一定会读《连线排版体例》,但是在当时通过影印本或印在报纸杂志边栏进行传播的众多指南中,该指南涵盖的内容最为全面。它告诉人们使用大写字母表达情绪,B、4、2、U 和 LOL 分别指 be、for、to、you 和 laughing out loud,商务邮件无需像商务信函那样正式等。但是,由于半网民主要和同一代网民发邮件,因而这些知识有时还停留于构想之中,缺乏实用性。

如同假设的数字原住民一样,我们需避免将上网的功能性和社交性混为一谈。半网民被称作数字移民,表明他们曾不能

1. 法语中元音音符,"coöperate"中第三个字母 o 上的两点。

游刃有余地使用网络技术，倾向于打印出电子邮件。但经过几十年的网络实践，半网民大体适应了自己的社交网络和职业网络。和老网民一样，他们对网络俚语的适应程度与对其他网络工具的适应程度息息相关。两者都可反映在上网时长和网络归属感上。在上网难如登天的时代，有一群精通技术的网民，虽然就其平均水平而言，没有哪代网民能够与之媲美，但是相较于资深网民和年轻网民使用网络时注重广度，半网民注重深度。对于长期使用的软件工具，如 Photoshop（图像处理）、微软 Office（办公软件），或者其他在工作中已经使用数十年的办公软件，他们通常早已运用自如。

尽管他们使用起熟悉的工具得心应手，可以为上年纪的父母或年长的朋友提供技术支持，同时也接受年轻人的技术支持，但是他们仍然认为自己“不属于真正的电脑一族”。遇到新技术难题时，他们的第一反应是线下向尚未成年的子女或年轻同事、熟人求助，有时也会向现实中离自己最近的人求助。我曾在咖啡馆遇到一对中年夫妇，他们请我帮忙修复某个手机应用，理由仅仅是我正拿着笔记本电脑坐在他们旁边。我不能说这种方法没用，毕竟我成功修好了他们的手机。但是，在那之前我并从未遇到过类似问题，是参考一份名为技术支持手册的科学漫画才得以解决。该漫画描述了操作流程：找到与您问题相关的菜单项或按钮→点击→已解决？→否？→重复上述步骤→全部试过→谷歌搜索程序名称并简要描述问题。我也曾在咖啡馆里向人们询问 wifi 密码或索要菜单，但对于技术问题，我从来都是求助技术人员。我在谷歌中搜索，希望能找到一篇出自专家之手、内容全面的参考文章。结果是并非专家，而是五年前在论坛中提出同样问题的陌生网友给出解决办法，我勉强接受。

老网民从两个方面定义自己：所掌握的技术知识和网络交

友所带来的兴奋度。同代的半网民亦是如此，他们从对技术的矛盾心理和对线下关系的偏好两个方面来定义自身。脸书在半网民群体中可谓大获成功，因为它不鼓励该群体结交网友，而是在线上重现其线下人际关系。2017 年下半年，我采用同样的用户分类方法进行后续调查，但这次我先在推特上发布调查链接，几天后才在脸书上发布。通过推特填写调查问卷的人中不乏四五十岁左右的，但是他们都是新闻组或者更早的社交平台用户，即老网民。链接在脸书上发布数小时后，填写问卷的四十多岁的人与第一次调查持平，其中有很多将脸书作为首个社交网络平台，尽管我将推特和脸书归为同一类社交平台。脸书向非大学生开放 10 年之后，其拥护者对网络关系的态度仍然大相径庭，甚至将其与同时期的其他社交平台相比较。

但半网民的社交网络之旅并非始于脸书，而是电子邮件。我在调查中故意将其略过，因为在互联网成为主流之前及期间，电子邮件就已流行开来。1995 年，皮尤研究中心发现，在美国成年人中经常使用电子邮件的人是经常访问网站的三倍之多。从 2002 年到 2011 年，在 90%的互联网用户中，电子邮件的使用仍然处于饱和状态。电子邮件向来是半网民的强项，他们遵循早期电子邮件一级书写规范，该规范涉及庞大而复杂的文件夹系统，在一封长篇电子邮件被回复后要使用穿插回复，有时邮件标题甚至会随着主题的变化而变化。一些老网民也会这么做，资深网民唯恐避之不及，因为这种行为会打乱后续谷歌邮箱(Gmail)风格。谷歌邮箱会自动按照主题将电子邮件整理分类，并隐藏重复的文本块。半网民早期的网络文化精粹更多的是由搞笑的连锁邮件组成，而非资深网民粗糙简单的动画视频。

虽然半网民的发展时间较长，但如今他们一般利用网络技术维持关系，尤其是电子邮件、短信、聊天应用、脸书、讯佳普

(Skype)、苹果视频通话(FaceTime)或其他视频通话软件。他们常常会注意到网络俚语，尤其是在20世纪90年代末他们初次上网之时，流行开来的网络俚语。同其他网络群体不同的是，他们没有过多接触诸如 :-) 一类的表情符号，而是直接跃进emoji(表情符号)时代。对于半网民来说，网络语言没有深层含义，仅代表一条通过网络发送的信息。信息仅传递字面意思，若想传达更微妙的社交意义，则需通过语音对话。与资深网民的观点恰好相反，他们认为文字根本无法呈现出完整的社交情景。

深入研究LOL和lol，会发现这两类网民之间的差异。半网民从网络俚语列表中学会使用大写形式的LOL。从年轻网民和网络手册中得知，该词不再指小老太太(Little Old Lady)或无限爱意(Lots Of Love)，而是指哈哈大笑(laughing out loud)。但文字就好比滑溜溜的小泥鳅，难以捉摸，在网上更是如此。资深网民则是从同龄人那里学会使用lol，在网络社交世界中，所有单词尤其是省时的缩略语，除非出于强调，否则皆为小写。lol起初表示大笑，但很快就成为一种社交方式，用以表达你喜欢某个笑话，或者在实际没有大笑时使用该词化解尴尬局面。早在2001年，语言学家戴维·克里斯特尔(David Crystal)曾怀疑到底有多少lol真正表示大笑，正如红迪网上一篇被广泛分享的帖子所言："我们应该将lol改成ne(鼻子呼气发出的声音)，因为这才是人们在网上看到有趣东西时的真实反应。"

2017年，我调查了网民使用lol的情况，发现这个词正在发生转变。它不仅在逐步褪去大写形式的外衣，且内在含义也在不断演变。超过一半的半网民用该词表示大笑，但有相当一部分人表示，他们也会使用该词表示尚未达到大笑程度的开心。lol一般不用来表示讽刺、滑稽等含义。对于老网民和资深网民而言，上述三种含义都会使用，但是如果必须为该词选择一个主

要含义的话，他们更偏向开心之意。但也可以将其丰富，引申出讽刺虚假的开心和发自内心的开心两种含义，将 lol 写为 LOLOLOL 或 actual lol 时，一定表示后者。最年轻的网民断然拒绝将 lol 大写或用它表示发自内心的开心，即便将其写成 LOLOLOL，他们更倾向讽刺甚至消极对抗而非开心之意。lol 这种微妙的新社交功能引发了更多的问题，比如人们口中的讽刺到底是什么意思。该问题将于本章有关后网民部分展开具体讨论。

第三波上网潮

第三波网民是在互联网大行其道、全民普及网络之后，才陆续上网。这次浪潮中，有一半网民年龄太小，对互联网出现之前的情况一无所知，学习阅读和打字之时就开始上网，我们称其为后网民（Post Internet People）；另一半网民年龄较大，本以为可以不受网络影响，但是最终迈出迟来的一步，走进网络世界，我们称其为准网民（Pre Internet People）；那些仍然不上网的人可称之非网民。

老网民、半网民和准网民的特征体现了网络进入社会的过程。不同年龄段的技术派上网时间较早，多数互联网怀疑论者曾等到互联网普及才开始上网，而技术恐惧者曾尽可能推迟上网。这种现象不会再出现。人们的确可以选择成为强烈反对技术进步的勒德分子，就如同选择住没有电的林中小屋一样，但是在富裕的国家，甚至逐渐发展至全球范围内，每个人都能接触到互联网。孩子们开始上网的时间相同，十几岁就开始网络社交生活，此时同龄人在其现实生活中占据举足轻重的地位。因此与上网之初相比，对未来几代人而言，相同的人口特征因素，如年龄、性别、种族、阶级、网络等，对语言的影响更加重要。

通过观察第三波网民使用邮件的情况可以轻松辨别出准网民和后网民，或准确来说，观察他们是否使用电子邮件。“老一辈网民”“资深网民”和“半网民”上网之初，社交媒体还处于萌芽阶段，电子邮件是个人和职业交流的重要手段之一，对他们中的许多人来说，现在依然如此。有些人在21世纪之初到10年代间进入网络世界，于他们而言，此时社交媒体平台已遍地开花。这些网民要么已经退休，要么还十分年轻，不会出于工作原因使用电子邮件，因此他们往往直接转向社交媒体和聊天应用。

准网民

我们当中年龄最大的人群零星上网，但他们不属于互联网世界。准网民经历过前两次上网浪潮，但是当时他们认为即使没有互联网，生活也不会受到过多影响。到了21世纪10年代，许多信息交流和社交活动已经由线下转至线上，他们中的许多人逐渐开始上网。皮尤研究报告称，2000年65岁以上的美国人中只有14%的人上网（同年普通成年人中的上网人数首次过半）。但到2012年，这一数字上升至50%，且还在以每年一到两个百分点的速度增长。皮尤研究中心还发现，2017年有三分之一的老年人使用社交媒体，而2010年这一比例仅为十分之一。

虽然并非所有准网民都在65岁以上，但所有65岁以上的人都是准网民。2015年65岁的人在1980年还是个精神抖擞的30岁中年人，他们很可能是早期网民。最早的网民统计资料可以清楚证明他们推迟使用网络和社交媒体的情况。奇怪的是，

准网民与后网民大约在同一时间上网，且拥有某些共同特点，比如这两类人群都不曾真正了解没有脸书、油管、wifi 和触摸屏的网络世界，而且他们或多或少都有可能使用家庭成员淘汰的电子产品。

准网民通常会拥有熟悉网络之人为其申请设置的社交平台账号，如电子邮件、脸书、类似瓦次普的文字聊天应用或者类似讯佳普和苹果视频通话的视频聊天软件。这些准网民能够进行收发消息等基本操作。但是如果账户被注销，或者应用程序界面发生改变，他们不得不再次寻求帮助。他们可能只通过智能手机或平板电脑等触屏设备上网，若使用电脑，他们可能会在桌面上创建带有实用标签的快捷方式，如 E-mail 等。如果出现意外情况，则只能自认倒霉。准网民肯定不会编码，甚至可能不会使用复制粘贴功能，但是有些确实懂得盲打，因为他们曾在打字机上学习盲打。

相比技术迷和早期网民，对新网民的研究和关注程度并不高。老网民图书馆员萨米·韦斯特(Jessamyn West)为我们提供了一个了解这个群体的信息来源。自 2007 年开始，韦斯特每周都会在佛蒙特州(Vermont)的农村地区举办一次互联网技术帮助会议，并定期将这些会议的内容发布到网上，使得广大网友更好地了解此类群体。与韦斯特打交道的人，大多在 55 岁到 85 岁之间。虽然不上网的人口比例一直在下降，但在 2015 年到 2018 年之间，美国的这比例一直稳定在 11%左右。在特殊地区和人群中，比如网速较慢的农村地区、偏向使用非英语语言上网的地区以及视力下降或听力不好的人群中，这一比例更高，而这正是老年人的特征。韦斯特强调在 21 世纪 10 年代，非网民的存在绝非偶然。与她共事的人曾接触过一些电脑，他们认为电脑不适合自己，但现在他们面临一些只能通过上网才能解决的问题，例如：申请政府服务、获取孙辈的照片等。因此，韦斯特不仅要指导他们完成手头的具体任务，还要帮助他们克服对技术以及令人困惑的用户界面的焦虑。

半网民会通过技术将网络俚语与各种形式的非正式沟通联系在一起，年轻的网民使用网络俚语来传达语气，而准网民则根本不使用甚至不能识别 LOL 和其他网络缩写词，更不用说更时髦的小写体。正如上一章所言，使用特定社区的语言，不仅仅是因为轻易便可接触到这些语言，更在于人们认为成为该社区的成员是一件有意义的事情。相较之下，尽管准网民使用互联网，但并不认为互联网是影响社交的合理来源——他们是加入互联网之后又离开的主要人群，因为对他们来说修复设备不一定是当务之急。假如他们使用任何书面俚语，那很可能是在互联网出现之前就存在的字谜一样的形式，例如：B、U 和 2 分别代表 be、you 和 too，或者是由自动预测键盘自动生成的、似乎可以理解为小图片的表情符号*。于他们而言，网络俚语的首字母缩略词和表情符号，不仅如同陌生人一般，还意味着他们不愿意成为某个群体的成员。一位使用脸书一年左右的老人曾问我："我一直有看到人们写一个冒号和半个圆括号……这是什么意思呢？"但是即使我解释之后，他说："真不错！"但我也从未见他使用这个笑脸符号。

这群人使用网络语言规范可能与严格意义上的网民不同，但这并不意味着他们在网上使用出版标准的正式英语比别人多。从本质上来说，大规模网络调查无法涵盖这群人，但是对于他们最常见的语言趣事，我亲眼所见以及从别的网民那里所听到的是其使用分隔符的情况。这个群体中的许多人使用连字符

---

* 尽管表情符号的表面之意清晰明了，但可能暗含其他意思，此点将在第五章详述。

或一串句号或逗号来划分句意,比如“我刚刚在乒乓球比赛中打败了两个丹麦人……并且……他们很厉害……我成功削球[1]”“谢谢大家的生日祝福——很高兴收到这么多老朋友的祝福——希望大家一切都好——用餐愉快”或“周年快乐……祝你们一直幸福”。

尚无确切的统计数字说明这类分隔符的流行程度,但破折号或省略号作为通用分隔符似乎至少在英语世界中随处可见。我在推特上搜寻更多语言轶事时,有人评论道:“所以你给我亲家发过短信了?”既然这群人上网的目的是为了和家庭中的年轻成员联系,那为什么他们讲话的风格更像自己而非谈话者呢?第一条线索来自一位老人。他参加了韦斯特组织的一场免费提供技术支持的会议,并发送了人生中的第一封电子邮件,这一幕被韦斯特用视频记录了下来。这位名为唐的老人对镜头外的韦斯特说:“这是我这辈子第一次打字。”然后他停顿了一下,问道:“我手写时通常不使用常规标点符号,写完一句话时,我会写三个点‘…’。”他手指着电脑问道:“这个表示点吗?”韦斯特给出肯定回答后,唐转身回到键盘上,得意扬扬地敲着“…”。

唐胜利的表情与我从年轻网民口中关于分隔符的困惑形成鲜明对比,因此我继续寻找更多的手写稿。最终我选择将明信片作为研究对象。其中,收获最多的是一本由披头士乐队其他三位成员寄给林戈·斯塔尔(Ringo Starr)的扫描明信片构成的书。约翰·列侬(John Lennon)和保罗·麦卡特尼(Paul McCartney)所写的明信片内容较长,使用相对标准的标点符号,乔治·哈里森(George Harrison)的则较短,准网民的文字风格几乎一样。下面这封信是1978年哈里森寄给斯塔尔的,信中

1. 削球是乒乓球运动技术名词,是一种利用球拍的摩擦力切削击球的一种技术。

整整有5个点：

> 来自夏威夷的爱……(Lots of love from Hawaii.....)
> 乔治和奥利维亚(George + Olivia)

该书的其他明信片中还出现类似表情符号的简笔画，一只带着对话框的小熊和签名下方的一个笑脸符号。我在拍卖网站中发现更多哈里森写的明信片，其中一张给他父亲的明信片中出现许多破折号，以及英国短信中常见的亲吻标志××：

> 嗨，老爸——艾琳——
> 希望你一切都好，路上顺利吗？我们在瑞典待了一个星期——那可真冷啊。但风景非常好——行程有变——下周回家——到时候再和你聊天。
> 爱你的乔治和奥利维亚××

这种书写风格并非是披头士，甚至英语所独有的。一项针对20世纪50年代至21世纪10年代500多张瑞士明信片的研究表明，这种类型的明信片有两个共同特点，重复使用标点符号，如……、???、!!!，以及使用笑脸、爱心和其他类似表情符号的涂鸦。事实上，这种影响是双向的。2003年，一项对比分析芬兰青少年的明信片和短信的研究指出，他们已经开始在明信片中使用横向的如:)表情符号。

其他类型的非正式文体写作也使用破折号或省略号作为通用分隔符，特别是在书写空间有限的情况下。下面这张BONNIE DOON OATIES曲奇饼干扫描打印版食谱片，出自乔伊斯·维尔(Joyce Viele)之手。这份打印版食谱中重复使用小

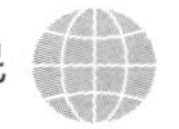

圆点，且每个点之间空一格，而手写版食谱则使用破折号分隔每个步骤。

> 混合酥油、糖、鸡蛋、盐和香草并搅拌均匀・・・混合面粉和苏打粉并过筛；将椰子肉和燕麦加入第一次的混合物中并搅拌均匀・・・・将一大汤匙生面团放到抹油的烤盘中・・・放入温度适中(350 华氏度)的烤箱烘烤。10—15 分钟即可。此为 3 打饼干的分量。

与社交媒体中的帖子一样，明信片和食谱卡片也有共同点。首先，它们都出自一人之手，没有经过编辑，不像出版的烹饪书或书信体小说。其次，书写空间都有限，这促使人们采用轻松随意的写作风格。最后，这两者通常都是半公开的。虽然其目标读者只是一两个特定的人，但其特性暗示出其他较大的群体也可以查看阅读。因为拿起并阅读桌上的明信片或菜谱，如同打开写给别人的信那样，不属于侵犯隐私。这些相似之处既解释了这类群体对通用分隔字符的使用情况，也说明了与 lol 这样的网络缩略词相比，为何年长群体接受表情符号的速度如此之快，令人瞠目结舌。

部分半网民和老网民也使用“…”，但人数不多。准网民忠实再现其熟悉体裁的书写惯例，但他们茫然的年轻读者已迷失在这个数字时代。这种体裁中已经出现表达心情的小涂鸦，因而 emoji 正好与之相配。这个群体在数字和类似的非正式文体写作之间架起了一座迷人的桥梁，通过这座桥梁，即使技术小白也能正确识别社交群体，并将其应用到熟悉的语言实践中。

在很多方面，这群年长的网民比年轻一代更有趣。我们已知道作为拥有网友的年轻人意味着什么。20 世纪 90 年代末常通过美国在线发送单调但重要的更新信息，并在聚友网上制造关于谁是他们前 8 名好友的社交剧的青少年，同 21 世纪早期经常通过色拉布发送单调但重要的更新信息，并在照片墙上制造关于谁喜欢谁的自拍的青少年之间没有太大区别。但是老一辈人已经很久没有集中大规模使用通信技术了，可能自电话发明以来就再没出现这种情况。到目前为止，我们只初步了解到老年群体的长期上网情况，但小范围内教老年人使用互联网的经验确实表明，这可能会让他们感觉与社会的联系更加紧密。笔者期待能有一项研究，将不同年代和不同媒介的非正式文体写作结合起来，比较分析年轻人和老年人所写的明信片和文章，能带来哪些新发现。

后　网　民

儿时我家没有电视，这让我在小伙伴间显得有些奇怪。不过，通过文化潜移默化的影响以及在别人家凑热闹看到的为数不多的电视节目，我还是领悟到了电视文化的精髓：如怎么用遥控器？《危险边缘！》(*Jeopardy*!)主题曲怎么唱？《芝麻街》是如何从最好的电视节目逐渐变为婴儿专属的节目，之后又是如何发展成最具怀旧意义的一档节目？不管是否收看或少看电视，我确实是在后电视时代中长大的。准网民也使用互联网，但他们并不觉得自己和互联网之存在着社会联系，而后网民却恰恰相反：不管对互联网的使用水平如何，都不可避免会受互联网的社会影响。后网民通常不记得自己初次使用电脑时的场景以及用它做了什么，这就像准网民想不起自己第一次看电视或打电话的情景一样。后网民也许并没有注册某个社交平台的账号，

甚至根本不用社交媒体，但他们依然可以针对社交媒体以及类似事物的社会影响浅谈一二。这只是社会映射全景的一角。

实际上，资深网民和后网民的划分标准就在于使用脸书的时间比其父母早还是晚。简单来讲就是，你是在互联网社交普及之后，还是当它尚未普及，只流行于年轻人之间时就已经开始使用？笔者在 2017 年做的一份调查显示，13 岁到 17 岁的年轻人接触的首个社交平台在比例分配上相当平均，要么是脸书、推特、油管、谷歌环聊等软件，要么是照片墙、色拉布、苹果即时通、瓦次普等软件。在 18 岁到 23 岁的人中，大约有三分之一都选择了脸书等软件。另一部分人选择了苹果即时通等软件，因此可以和上文提到的资深网民归为一类。

人们一般在 9—14 岁前后开始接触网络。小孩儿一般用触屏设备打游戏和看视频，但如果要用网络交流，依然受监护人的管控，这就和他们在线下的关系一样。父母会安排孩子同祖父母通视频电话，或者与其他家长共同组织双方孩子进行视频聊天，小孩儿只负责聊天，就像在现实生活中他们只负责玩耍或去公园一样。这在某种程度上源于某些现实原因。网络交流通常需要具备阅读和打字能力，人们也担忧网络上会有不适合孩子观看的内容。所以，大多数社交网站对年龄要求都设为 13 岁*。但是，即使是像短信这样的开放式平台，假设某些用户谎报年龄，要从一个阶段转换到独立、高频率使用设备，自主交流活动通常发生在 12—13 岁或者 13—15 岁之间。在这一阶段，父母希望能直接和自己的孩子互动，而不是和其他成年人一起，但孩子们却开始向父母索要手机，因为他们觉得，和同龄人的社交互

* 《儿童在线隐私保护法案》(*Children's Online Privacy Protection Act*)对迎合 12 岁及以下人群的网站设有各种规定，为便于执行，许多网站要求用户年满 13 岁。

动远比和父母出去玩更诱人。

孩子是最年轻的一代网民，所以我们很容易将其视作水晶球，试图透过他们的社交媒体行为预测我们在未来10年或20年的生活。不过，我们需要谨慎对待这种占卜行为，需要将该阶段孩子的语言和社交特性同他们长大后的语言和社交特性区分开。

每几个月都会涌现出一批新的文章，作者会在文中阐述当代青少年使用社交媒体的方式：有时是通过采访青少年亲属，有时是介绍几位具有代表性的青少年，有时是站在上一代人的角度回忆自己的朋友在青少年时期对社交媒体的使用情况。通过这些研究难免会发现，现在的青少年都在通过短信、照片或者其他形式的信息来保持联系，似乎找不到任何原因来解释短信来往的频率高到足以让作家们震惊这一现象。一个月几千条短信！通信费飞涨！继续深度研究就会发现，性格内向、易害羞或者有些书呆子气的青少年发短信的数量要少很多。

但是，这些现象不单单出现在互联网领域。语言学家和互联网研究者苏珊·赫林表示，她那一代出生在婴儿潮时期的青少年总是在商场、汽车影院、短袜舞会、学校运动会或者公园里漫无目的地游荡玩耍。他们会创造某种代码，然后写在纸条上传给其他同学，这就如同互联网时代的孩子们创造个性的语言来发短信一样。他们用心打扮自己的储物柜或卧室，就像年轻一代精心完善自己的社交资料一样。不管他们是将大把的时间花在打电话和频繁发短信上，还是沉迷于脸书、聚友网或照片墙之中，每一代人追求的都是花大量时间和同龄人一起闲逛、开玩笑以及攀比竞争。

赫林还指出，1981年的一项法国社会学研究发现，青少年和年轻人的社交能力最强，而随着年龄的增长，他们的社交能力会

逐步下降。赫林写道:“在其他条件相同的情况下,人们应该把观察到的年轻用户和年长用户在数字社交上的差异和不同的人生阶段相关联,而不是认为所有数字媒体用户的社交能力都在不断提高。”在对各种社交媒体的使用频率上,青少年比 20 多岁年轻人的要高,尽管如此,这并不意味着青少年更喜欢网络社交。不断有研究表明,大多数青少年更喜欢与朋友出去玩。原因是青少年更喜欢线下活动,线下交流更有意思,并且更容易听懂对方的话。但在偏远郊区,无业青少年群体在购物中心和其他公共场所不受欢迎。再加上繁重的课外活动安排,线下聚会变得困难,因此青少年选择有朋友而不是父母在的社交网站或应用。正如达娜·博伊德说的那样大多数青少年并不会沉迷于社交媒体。如果有人沉迷,那他们沉迷的是同对方的联系。

青少年将大把时间消磨在美食广场或者固定电话上,成年后又把时间花费在购物和打电话上,以此类推,当代青少年耗费大把时间在社交媒体或者手机上,这未必就能预测出他们或我们在 10 年后的生活。毕竟,成年人有更好的社交选项。他们可以不受宵禁的限制,去各种酒吧、客栈、音乐厅、饭店、俱乐部和聚会场所玩耍,或者选择与朋友、室友或另一半同住。为什么成年人在未经父母允许的情况下请朋友到家里玩,甚至可以紧闭卧室房门。

后网民对互联网社交的真正影响不在于创建了新的流行社交网站,而是更加微妙、重要的影响。在父母之后接触社交网站的人面临着尤其严重的“语境崩溃”现象。“语境崩溃”是由达娜·博伊德创造的术语,指的是不同交际圈的人,能够从生活的各个角度窥探到他人分享的所有帖子。对于那些只是偶尔看看同事发的照片或是政治动态的成年人来说,“语境崩溃”无关紧要。然而对于年轻人而言,“语境崩溃”是大家的共性问题:年轻

人需要空间来找到真实的自己，在那里不会有所谓的权威人士对自己不间断监督。

资深网民利用父母未曾使用的社交工具来解决这一问题，每隔几年就更换新的社交平台，重新构建自己的社交网络，把自己最不堪回首的秘密埋藏在被人遗忘的平台上。从交友网站(Friendster)换到聚友网，再换到脸书。为防止平台遭到用户弃用，社交平台努力寻求解决问题的方案：比如允许设置隐私权限、特殊朋友列表，以及帖子仅设置特定列表的人可见。然而，每隔几年就换社交平台，然后一遍遍地将所有朋友分类到不同列表中，让人筋疲力尽。但是，后网民却想出了一个更为持久的策略，总结为以下三个原则。

首先，让信息尽可能消失，就像发生在以前的对话不会留下记录一样。看后即删的私信、网络视频直播、手动删除的旧帖、仅 24 小时可见的帖子，这些都降低了信息在预期之外被阅读的可能性。其次，并非所有的社交网络都需要满足所有人的一切要求。与其使用单一的社交平台，或者在每个平台上都注册账号，不如通过平台遴选管理自己的社交环境：比如在照片墙上和校友互动，在推特上和影迷朋友互动，或者在实名的公共账号上投递简历，将更多私人信息放入加锁或匿名账户中。最后，细致管理社交群组，群组的划分要比系统默认的更为清晰流畅，既要设置大的、开放的选项，如添加标签和公共群组，也要设置小的、封闭的选项，如组建群聊或秘密群组。

后网民也在继续进行 lol 的语义变革。在 21 世纪开始的几年，小写的 lol 不一定表示大笑，但当脸书和照片墙上的年轻人用户用 lol 表示软弱、讽刺和被动攻击的意义时，这意味着什么呢？语言学家米歇尔·麦克斯威尼(Michelle McSweeney)决定一探究竟。她建立了一个包含 45 597 条短信的语料库，语料来

源于纽约市15位18—21岁之间的西班牙和英语双语人士，然后她和这些年轻人共同分析lol的使用情况。

最先引起麦克斯威尼和其他人注意的是，lol在每个短语中只会出现一次：人们说“感觉有点不舒服，哈哈（feeling a bit sick lol）”，但他们不会把“lol”放在句子的两边“哈哈，听起来不错，哈哈（lol sounds good lol）”，也不会将其穿插在句子中间“听起来哈哈不错（sounds lol good）”。如果一条信息中出现一个以上lol，那么这条信息会被分成多个独立部分，每个部分都含有lol，比如“是啊，哈哈/我说起它时我妈妈很生气，哈哈（Yeah lol/my mom was annoyed when I said it lol）”。另一点值得注意的是lol可以用来表达某种情感，比如调情、表示请求或同情、暗示隐藏信息、纠正之前的信息或缓解对抗情绪等，但不会在向他人表达爱意、交流信息或者寒暄时使用lol，人们会说“作业好多啊，哈哈（got a lot of homework lol）”或者“你穿红衣服很好看啊，哈哈（you look good in red lol）”，但不会说“我爱你，哈哈（i love you lol）”或者“早上好，哈哈（good morning lol）”。年轻人对此的解释是，下午时可以说“早上好，哈哈”来调侃对方，其间暗含隐藏信息，而非单纯闲聊。但不应该说“我爱你，哈哈”，因为这样代表你在用一种相当刻薄的方式取笑别人。

麦克斯威尼推断lol一定是在传达和整句话相关的信息，与调情、妥协、同情相契合，但与爱、直率、确定性无关。调情和说“我爱你”不同在于调情可以矢口否认。同样地，使用lol可以缓解那些看似有冲突的话“这么晚了你还在做什么哈哈哈”，但这会破坏严肃的声明气氛（“在我们这段感情中，你太伤我的心了”）。lol可以微妙地博取同情心（“哈哈哈，我在写一篇文章”），但在直接询问问题时就没必要加了（“你能告诉我你的日程安排吗？这样我就知道什么时候给你发短信合适”）。

有些话需要直截了当表达，有一些话则要含蓄托出。lol 可以用来表示这句话含有第二层含义，暗示读信息的人不要只看字面意思。第二层含义要根据表面意义来揣测。你的话语可能会具有粗鲁、讽刺或对抗的意义，使用 lol 就会中和这种情感。但“我爱你”这种表达已经温柔至极了，如果再添加另一层意义，反而会适得其反。

某种程度上讲，lol 并没有改变它本身“微笑”的含义。当然，有时候我们会因为一个笑话而大笑，指着笑话说：“真有趣。”但也有缓解紧张的笑、社交性的笑和表示礼貌的笑。看喜剧表演时，如果有其他人一起笑，我们会笑得更开心。即使是演播室里观众的笑声或是笑声音轨，也会催动我们的笑。一项关于自然谈话的研究发现，实际上只有 10%—20% 的笑出于对幽默的自然反应，调情时的笑通常不含有特殊的含义。但当某人第一次说“我爱你”时，你会希望对方是以一种严肃的态度说出来。在互联网上，真正的笑声不应该因为过度使用而变成陈词滥调。2017 年那次调查中发现，人们喜欢反复使用“哈哈哈”，或者加长的其他特定语句，如“我笑得差点一口水吐在键盘上”。但是根据需要的不同，我们表达真诚笑声的方式一直在改变。

第三波上网浪潮中的老一代，在不懂得技术的情况下成功地参与了线上社交活动。年轻一代的互联网用户具有一定的社交常识，但他们也不一定都懂技术。人们可能对最新、最酷的应用程序有所了解，能够从误用的逗号或句号中推测出语调，但他们对技术知识的掌握水平参差不齐。有些人在初入职场时，并没有掌握对老手来说的基本技能。比如在整理文档或在电子表格中添加一列数字，而另一些人却会编写应用程序或网站。有些人精通互联网文化和社交媒体策略，并制作出数百万人使用的表情包或账号。还有一些不清楚如何编辑一封信息量大的邮

件主题。有些人在某个领域称得上专家，但是在另一个领域却一窍不通，甚至不知道自己不懂的东西是什么。正如社会中的诸多两极分化现象，有些父母能给孩子买得起最新的电子设备，送他们去编程训练营，并且对孩子的职业礼仪进行培训，而有些孩子只能在学校和图书馆里使用二手手机或者二手电脑。毋庸置疑，有资源的孩子通常比缺乏资源的孩子表现得更出色。

同样后网民也存在较大差异，对这种差异老师和父母表示困惑。对于老网民来说，网络社交和网络知识技能在本质上是一致的。对于半网民和资深网民来说，这两者间联系并不紧密，而对于后网民来说，网络社交和网络知识技能已经完全脱节了。有人曾预测数字原生代不费吹灰之力便能习得新技术，但事实并非如此。计算机技术和电气技术一样，都被归为了毫无意义的技能。就像现实中移民的孩子一样，互联网二代的孩子们在成长过程中确实能使用同龄人的交流方式进行沟通。但不管在哪里，没有哪一代人能够在未经指导的情况下掌握成年后的技能。后互联网时代面临的挑战在于：识别哪些技术是在社交时不经意习得的，以及哪些技能在 10 年或 20 年前很容易学会而如今却难以掌握的技能，以及哪些是需要指导才可以学会的技能。

可以从另一个角度分析这种时代差异，后互联网时代的网民通常会认为周围比自己年长的人更熟悉如何使用脸书和短信，因此，他们和大人间对 lol 和标点等字符的含义会达成某种共识。但是要慎重使用“…”符号。正如上文所示，在线下的非正式写作中，“…”通常会被作为分隔符来使用。但对于在网络上写作的人来说，他们一般会通过换行或新信息来表示分隔，因此，“…”符号就有了第二层含义，通常指未说出口的话。后网络时代的人在同上一代人打交道时，往往会过度解读对方的表达，例如，他们会从字里行间推测隐含的情感意义，上一代人可能做梦都想不到有些话还可以这么仔细地解读。标点符号的不同以及字母大小写都表达着不同的含义，这种细微的差别耐人寻味，值得另起一章细细品读，我们会在下文中继续讨论这一话题。

然而，对于时代和群体的讨论中，有一个问题巧妙地将网络上写作的人进行分类：编辑短信时，大脑以什么为依据进行标点符号的选择？是线下的权威规则，例如过去英语老师的教导和字典的规范？还是会受网络世界里同龄人的表达所影响，在心底思考对方会对自己的语调作何反应？互联网时代，人们在交流方式上的差异归根结底是态度的不同。进行非正式写作时，内心的天平会偏向网络规范还是线下规范呢？

第四章 网络文字语气系统

“无法识别。”“您的来电已转接至自动语音信箱。”“对不起，我没听清楚。”这些词句的发音通常十分标准，但机器人式的语音呆板而平淡：声音语调毫无抑扬顿挫之分、高声低音之别、轻重缓急之感；更没有宣泄情绪的低吼或嗤笑，其所思所感无以判别。

人们并不想让网友觉得自己像个机器人，更不用说机器人本身听起来也不会如此呆板。历来都是小说家和诗人在文字与情感之间架起一座桥梁，塑造出能够打动人心而非令人生厌的角色，或是其文字能够让读者如醍醐灌顶一般，完美诠释出那些长久以来难以言表的感受。虽然采用艺术手法抒发内心情感并非易事，但是从某种程度上讲，这种表达方式相对稳妥。如果不擅长写诗，或文字表述生硬，那么你可以打磨写作技巧，也可以另起炉灶成为一名语言学家（欢迎加入我们）。但在如今这个时代，如果不擅长文字社交，可能会觉得自己像一张被遗弃在抽屉里的手稿，形单影只，孤苦伶仃。

普通网民该如何利用非正式网络写作表达那些细微却至关重要的差别呢？在正式文体写作过程中，人们可以花费时间修改文字，也可以向他人求助。但是非正式文体写作近乎发生在顷刻之间，不仅无法多次修改，而且还需将当时的情绪付诸笔端。在别人能看到你“对方正在输入”的情况下，即使最专业的作家此时也无法运用所有写作方式和技巧。换言之，网络诗人等文学擅长者，日常网络写作时也只能像普通人一样，使用非正式的表达方式。

首先人们需要制定一个标准，即一种常规的沟通方式。一旦文本表达偏离了该标准，就会带来情绪波动。讲话时，标准就是话语(utterance)——由停顿或沉默隔开的一串语符。有时一则话语对应一个完整句子，有时则不然。大多数情况下，一则语句就是一串文字，但有时我们会在某个单词处突然停顿(比如……)。除非是极为正式的备稿演讲，否则在整个讲话过程中，如果只说完整的句子，听起来将会相当呆板生硬。残缺句具有实用价值！人们在非正式文体写作中也会使用这种表达方式。对那些偏向网络语言规范的人来说，最中性的表达方式是换行或拆分信息。聊天对话中的每条文本或聊天消息都会自动显示成独立话语。例如：

> 嗨
> 近况如何
> 这周有时间聊聊吗
> 周二怎么样？

上述表达方式在数字媒体中效率更高。像素不同于纸张，即便过度使用也不会造成浪费，因而人们可以轻松且不受限制地上下滚动页面。人们可以随意免费使用换行符，而且其所占用的字节数和句号、空格键所占的完全相同，轻轻一敲便可以提

高文本的可读性。“换行”和“发送”功能往往都只需轻敲一下回车键，这有助于形成肌肉记忆。此外，相较于输入所有内容后统一发送，输入完一句就“发送”一句的做法，有助于增强对话的流畅度，因为对方可以早早开始思考如何回复。在网上，即使是诸如新闻等较为正式的文体，其段落也变得更加简短。此外在纸上书写时，为节省空间书写排版通常较为紧凑，而在网上，人们会用空行将段落分隔开来。

但是对于习惯线下语言规范的人来说，最平淡的话语分隔方式是使用破折号或一串点（省略号）。毕竟没有人想将上文中的每条短语都作为一封邮件单独发送，更不可能在发信息按条收费的时代，如此铺张浪费。写明信片时，如果每句话都另起一行，会多占用三倍空间！下文是线下标点式分隔书写格式：

> 嗨...近况如何.....这周有时间聊聊吗......周二怎么样....？

即便是这种格式，也自有其遵循的逻辑：虽然通常来讲，有些标点符号仅能连接主句，比如句号；另一些则连接从句，比如逗号。但是即便遵循最为传统的格式规范，省略号和破折号也可以用来连接主句和从句。因此，在非正式文体写作中，若不想费心思考完整主句、从句问题，那么在使用标点符号上，使用省略号和破折号做模糊处理不失为一种良策。在传统意义上，省略号的确用于表示意犹未尽之意或渐弱的语气，但这不影响上述用法，因为人们讲话时偶尔也会拖长句子以彰显随意之感。通常情况下，省略号出现句子中间时是 3 个点，在结尾处为 4 个点[1]，

1. 此处特指英文符号标准，中文省略号为 6 个点。

且不同于 3 个句号之间的间隔。不过这些是文字编辑需要注意的规范，写非正式邮件时无需过多考虑，毕竟键盘上并没有专门的省略号按键。就遵循线下规范的非正式文体文本而言，正如上一章中提到的 20 世纪 70 年代甲壳虫乐队所写的明信片，其书写者们灵活使用点与破折号，避开正式标点符号，以表明他们并非做表面文章。年轻人使用换行符或分次发送的方式切分话语的动机也是如此。事实上，出于同样原因的案例还有：简·奥斯丁在原始手稿大量使用逗号，其数量之多令现代读者为之震惊；艾米莉·狄金森的诗歌中包含不计其数的破折号。从古至今，人们一直凭直觉使用停顿标记符号。

这种书写格式的问题源于多种规范结合使用。比如下文这种格式，从年长的亲属到十几岁的青少年，抑或是从婴儿潮一代的老板[1]到千禧一代的员工，不同的人所处立场不同，对其解读亦不尽相同。

> 嗨.
> 近况如何....
> 这周有时间
> 聊聊吗......周二怎么样....

对于某些人而言，上述格式糅合了文字消息换行式风格和点式风格的特点。但固执的换行派一眼便能识别出多余的点，甚至是使用换行符或分解信息即可的句点，他们认为任何看似花费过多不必要精力的事情，实际都可能隐含其他信息。这些

1. 在美国，“婴儿潮”一代是指“二战”结束后，1946 年初至 1964 年底出生的人，约有 7800 万人。

多余的小圆点一定表示言犹未尽："怎么了[有些事情我不会告诉你](how's it going[there's something I'm not telling you]。"对于同龄人来说，未说之言意味着些许暧昧。但若是年长的亲属如此发送消息，则有些奇怪。还有其他类型的隐藏信息吗？两种最常见的猜想是消极对抗型和全然困惑型。

2013年，《纽约》杂志的一篇内幕新闻报道首次提及单个句号暗含消极对抗的可能性。同年，《新共和》(*New Republic*)杂志刊登的一篇文章通篇详述该问题。随后几年，其他出版物也就此开始报道。早在2006年一连串点号就开始活跃在评论帖中，但直到2018年才出现在新闻报道之中；但相较之下，其"堂兄"——连字符和一连串逗号——在新闻报道中的身影更加少见，但是博客和论坛中与其相关的评论帖屡见不鲜。尽管新闻报道引发了人们对句号的恐慌，但并不代表其暗含的消极对抗之意完全抹杀了它的其他用法。语言学家泰勒·施内贝伦(Tyler Schnoebelen)比生活在"点式"风格最盛行时期的一代人还要年轻，他研究了自己发送和接收的157 305条短信中的句号，发现在简短的非正式消息中，若句长少于17个单词或包含lol、u、haha、yup、ok、gonna等词的短信中，句号确实很少出现。但是在超过72个单词或包含诸如told、feels、feel、felt、feelings、date、sad、seems以及talk等词的短信中，句号出现的频率依然很高。讨论重要事情时，增加句号在文中的比重是再自然不过的方法。

如何判断特定的句号是表示消极对抗，还是伤心难过，或者仅仅代表正式格式呢？当我将句号理解为书面语气中的一种标记时，我逐渐理解了与其相关的各种含义。正如问号即便在没有疑问词的句子中也可以表示升调一样，比如：如此？(Like so?)。句号不表示句子结束时可以表示降调，比如：如此。

(Like. So.)。我用播音腔说话时，每句话都是降调，以示庄重、严肃。但在日常对话中，人们几乎不会说完整的句子，更不会每句句末都使用明显的降调。比如："现在关注一下：天气(And now over to: The Weather)。"相反，我们以话语为单位，语调保持平稳，默认为平调或拖音，类似英文中的省略号或没有标点的换行。

一连串点号和换行符让人们本能地联想到创造各种标点符号的初衷。第一类标点符号表示话语之间的间断，中世纪的抄写员是最早使用此标点的人。点号是中世纪一个重要的标点符号，其在文本中的高度不同，含义也不同。下点号(.)表示短停顿，中点号(·)表示中停顿，上点号(˙)表示长停顿。在此之前，古希腊人和古罗马人的文字如同字谜，所有字母都写在一起，中间没有字间隔，没有标点符号，不分段落，甚至没有任何大小写区分，要么全大写(雕刻时)要么全小写(墨水书写时)。读者阅读时常常喃喃自语，好像在玩找词游戏[1]，需要仔细分辨每个单词的开头和结尾。万幸的是，与找词游戏不同，这些单词不会呈对角排列，也没有其他干扰字母。

随着 16 世纪至 17 世纪印刷机和词典的兴起，单词拼写和标点符号变得更加复杂且规范。虽然抄写员都有自己惯用的拼写方式和标点符号，但是印刷机在排版时为配合其他打印文字，可以改变某些内容，事实也确实如此。然而人们在写私人信件时，可能并未完全遵循这些精心设计的指南。至少奥斯丁、狄金森和甲壳虫乐队并未如此，而这些著名作家等人的手记也正是人们研究最为频繁的。但是，当印刷机成为接触大量读者最简单的方式时，那些经过编辑的正式标点符号就成了人们所见到

1. 从排在格子里的字母中找出隐藏的单词。

的主要标点。互联网将人们使用标点符号的偏好公之于众，并创造了不同的侧重点。书面文字需让读者一目了然，需易于创作，还需同思考或讲话一样迅速完成。综合上述要求，书面语气系统应运而生。

强 烈 情 感

全大写书写方式暗含宣泄情绪之感。

使用全大写的表达方式传递强烈的感情可能是书面语气中最典型的案例。这种感情可以分为若干种。语言学家玛丽亚·希思(Maria Heath)曾做过一项调查，让不同领域的网民，对同一信息的全大写书写版和正常书写版中所传达的情感进行评级。她发现，对于表达愉悦之情的信息来说，人们认为全部大写所传递的情感更加强烈。IT'S MY BIRTHDAY!!（今天我生日耶!!）比“It's my birthday!!”(今天我生日!!)更能彰显笔者的愉悦之情。但是，忧伤的信息并未因此深化，比如 i miss u(我想你)和 I MISS U(我想你)中暗含忧伤程度一样。涉及愤怒之情时，情感强度视情况而定。有时全大写会火上浇油，有时则不会。希思将其中的差异归结为怒火中烧和闷闷不乐之间的差异。另一方面，单个字母大写仅仅是强调。希思研究了通篇大写的推文，发现最常大写的单词是在口头对话或商业广告中常被强调的词，比如 NOT、ALL、YOU、SO 以及 WIN、FREE 等多用于广告中的词。人们说话时若想强调某事，通常会提高音量、加快语速、提高音调或者三者同时使用。而大写格式则以印刷的方式来传达同样的情绪。

明显的大写字母似乎是网络语气的典型例子，毫无疑问，它们在互联网早期就已经存在。语言学家本·齐默（Ben Zimmer）发现，早在1984年新闻组中就有人声称全大写格式意味着宣泄感情。更有趣的是，在互联网出现之前，大写形式就已经具有强调作用。语言学家约翰·麦克沃特（John McWhorter）认为大写书写方式来自20世纪40年代的钢琴家兼作家菲利帕·舒勒（Philippa Schuyler），而在作家L.M.蒙哥马利（L.M. Montgomery）20世纪20年代所著的小说中，设定了一个同时使用大写和斜体来强调自己情绪的人物，书中另一个角色批评其来自早期维多利亚时代，意思是即便在当时，这种夸张做法也过于老派。继续往前追溯，1856年的一份报纸曾这样描述一段对话："这次，他吼出了大写的气势。"

私人信件鼎盛时期，书面情感表达体系涵盖的内容十分广泛。大写书写方式只是其中一种，其中还包括使用斜体和下画线、加大字体、用红笔书写以及其他花式书写方式。表达情感甚至不是大写书写方式最显著的作用。人们大多用大写字母避免连笔现象，例如漫画、表格中"姓名请大写"，或者律师、建筑师和工程师等撰写的正式文件中。上一章提及的明信片也是如此，特别是当中的地址栏。打字机和早期的电脑终端机解决了手写字迹难以辨认的问题，但也带来一个新问题：无法使用斜体、下画线，也不能调整字体大小。许多社交媒体也存在这个问题。这就为早已闲置已久的大写书写方式创造了发展空间。

与此同时，我们也面临一个难题。人们认为，早期的互联网指南，如"术语档案"、《连线排版体例》、网站中大写但不包含感情的FAQs板块，以及 * **粗体加星号** * 或*斜体加下画线*等表达方式，最好作为其他表达强调方式的替补，人们还建议用笑脸暗示讽刺以及开玩笑。但是早期网民往往较为排斥该做法，原因在于这种做法意味着有相当一部分八九十年代的网民日常沟通

中全部使用大写*。这种想法从何而来？毕竟，小写书写方式已经有一千多年的历史了，甚至浮夸的早期维多利亚风格也没有将所有的字母都大写。为什么网络写作时有人突然转变风格采用全大写格式呢？

一定程度上可能要归咎于莫尔斯电码，这是发送电报的常用点号系统。莫尔斯电码将每个字母都用点号和长划组合表示，适合沿线路传输长短信号，比如 A 是一点一画组合“·—”，B 是一画三点“—···”，其余 26 个字母都可以用这种组合来表示，其中点和画的数量不能超过 4 个。若涉及小写字母，则需增加第五个和第六个点或画，原因在于要表示 52 个符号，电报员需要多记一倍的代码。自然，人们认为这种做法价值不大，如果大写适合罗马人，那么也同样适合电报员。

早期的电脑和莫尔斯电码非常相似。一些人使用电传打字机——电报员的机械后代——传输或打印信息。初学编码时，你掌握的第一条经典命令类似于 PRINT(“HELLO WORLD”“你好　世界”)，命令电脑在屏幕上显示 HELLO WORLD。这无法让电脑直接在纸上打印出 HELLO WORLD，但在某种程度上它做到了——早在屏幕出现之前，我们通过在电传打字机中键入单词向计算机发送命令，并且在纸卷上接收到电脑的反馈信息。即使电脑配有显示屏，但其存储空间仍然十分昂贵，如同电报员的脑细胞一样珍贵。因此许多电脑，比如苹果二代(Apple II)，只用大写这一种格式显示所有内容。某些商业电脑系统中仍然可以发现这种设置的踪影。虽然电传打字机并不常见，但是杂货店的收据、银行账单或机票很可能以大写方式印在

* “天哪，我老板不知道句号代表着被动攻击”这句话在 20 世纪 90 年代应写成“天哪，我老板不知道所有字母都大写代表宣泄情绪”。

一卷亮闪闪的纸上。

自电脑开始支持小写字母起，有两种标准可供选择。一些人认为大写格式只是电脑中的书写方式，而另一些人则坚持认为这种格式暗含宣泄感情之意。最终后者胜出，其功能和名称同时发生改变。从谷歌图书(Google Books)收藏的数百万本扫描版书籍得知，20 世纪 90 年代初，术语 all caps 和 all uppercase(都指大写形式)出现的频率急剧上升。相比之下，在 21 世纪初人们更喜欢使用 block letters 或 block capitals 表示大写格式。总体而言，术语 all caps 常用来说明大写格式的情感性功能，而 block capitals 则侧重其正式性功能，常出现在签字的文件、表格等之中。但是大写格式的情感功能并没有取代其正式性功能，后者常用于出口标志、警示胶带以及文章标题(如 CHAPTER ONE/第一章)之中。它们可能有强调之意，但不带有感情色彩。相反，解读大写格式的暗含之意取决于文本的正式性。网站菜单栏中的 HOME 仅仅是一种平面设计，而在诸如"ugh I want to go HOME(我想**回家**)"等类文本中，大写 HOME 则属于书面语气。

网上另一种表示强调的书写方式是重复字母，特别是 yayyyy 或 nooo 这类表达情感的拼写方式。同宣泄情感的大写格式一样，这种书写格式早在网络出现之前就已经存在！我在美国英语历史语料库(Corpus of Historical American English)中搜索至少包含 3 个相同字母的单词，如此便可排除 book、keep 等包含两个连续相同字母的常见单词。该语料库涵盖 1810 年至 2009 年的文本。但令我惊讶的是，在语料库的前半部分几乎没有任何相关搜索结果。早期的几个例子大多是诸如"Commmittee"(正确拼写为 committee)等拼写错误，或诸如 XXXIII(数字 32)等数字符号。下面这段话出自 1848 年出版的

一本小说，描绘了书中某人物冒充糖果小贩的场景，这是我所能找到有关重复拼写格式最早的实例：

> "糖果点心"他突然扯开嗓子喊起来，声音像钟声一样响亮清晰而沉稳。"糖果点心咯！"然后又用奇怪的语调喊道，"糖果～～～心～～～！"
>
> "我的天哪！这让我想起伦敦街头的那个小家伙。我还是去糖果铺吧。"
>
> "好吃的糖嘞，润喉糖、苹果糖、橘子糖，还有蛋糕和馅饼！走过路过不要错过～～～！"

19世纪40年代，这个糖果小贩的"怪诞变调"在当时过于前卫，实属异类。就拉长单词 confectionary（糖果）而言，这位作者同现代作家保留单词中原有字母的做法不同，他用字母 u 代替单词中的 io，将其写为 confecctunarry。即使是现在常见 ahhhh、ooh、hmmm、sshh、brrr 等之类的发音延长词，也是出现在语料库收录的1900年前后10年的文本之中，然后频繁出现在往后100年的语料中，并取代 ahem、hush[1] 等类单词。几十年之后，像 confecctunarrry、evvveryone、damnnn 等少见的实词延长大量出现，于20世纪50年代和60年代开始兴起，20世纪90年代和21世纪流行开来。"延长词"与诸如留声机、唱片、磁带、激光唱片等录音同时兴起。这可能是巧合，但也可能是当人们能够播放和重放录音时，注意力便开始转向提高语言表达的精确性。无论如何，重复字母的目的是为了在写作中表现语调语气，这一点不言而喻，因为早期重复字母的案例均为虚

1. ahem：清嗓子以引起注意或表示疑问等之意；hush：嘘；别作声。

拟的人物对话，尤其出现在戏剧剧本和小说中。

重复字母作为一种语言表达方式不只用于网络写作。早在一百多年前，非正式文体写作就已经使用了该表达方式，而且是有意为之。一项研究调查了推特中最常被延长的单词，发现感情词居多。前20个被延长次数最多的词都具有浓厚的感情色彩，比如nice（太好了）、ugh（啊，呀/表示恐惧）、lmao（笑死我了）、lmfao（真是笑死我了）、ah（啊/表示惊讶）、love（爱了爱了）、crazy（太疯狂了）、yeah（是，对）、sheesh（难以置信）、damn（该死）、shit（呸）、really（真的吗）、oh（哦，哎呀）、yay（哇）、wow（哇，呀/极大的惊奇或钦佩）、good（棒）、ow（哦，哎哟/表示疼痛）、mad（狂怒）、hey（嗨，你好）以及please（请）等。语言学家泰勒·施内贝伦称其为表达性延长。多项研究表明表达性延长具有社交敏感性。人们更倾向在私人短信或聊天中使用这种延长方式。

人们还能敏锐地察觉语言中的暗含之意。一项我和语言学家杰弗里·拉蒙塔涅(Jeffrey Lamontagne)共同进行的研究发现，虽然人们习惯延长单词中最后的一个字母，但也会延长较短元音字母组合中最后一个字母。以单词dream为例，其字母组合为ea，因此该词的延长版本有两种：dreaaam或dreammm。但是单词both的字母t和h组合，ot不属于元音字母组合，因此其延长版本为bothhhh，也可能是boooth，但绝不会是botttth。不过人们并不完全拘泥于语音学。stahppp或omgggg的形式也十分常见，但是就实际发音而言，pppp或gggg干脆利落，发生在刹那间。更不可思议的是，人们有时会延长不发音字母，比如dumbbb或sameee（最后一个字母b和e不发音）。表达性延长的出彩之处在于，虽然它起初只是拖音的书面表现，但最终发展成一种情感表达方式。在口语中目前尚没有对应的表

达方式，这让它的功能更接近其“书面表亲”——大写格式和斜体格式。

总体而言，自互联网早期以及在过去几百年的大部分时间里，强烈情感的表达符号并未再发生改变。面对现代短信的暗含之意，卡图卢斯（Catullus）或乔叟（Chaucer）可能会困惑不解，但是生活在 20 世纪 20 年代的 L. M. 蒙哥马利则毫不费力。这类表达符号之所以日月经天，也许是因为当人们处于强烈情感之中时，丧失了创造力，也可能是因为这种情感过于重要，必须将其表达出来。

日益友好的网络环境

网络研究人员发现，早期电子交流中存在网络口水战、情绪宣泄、对网络讽刺误读等乱象，因而有理由怀疑网络是否注定是一个充满喧嚣或彼此疏离之境，不存在温和的中间地带。但是这种冷漠疏离只是一种暂时状态。1999 年，苏珊 · 布伦娜（Susan Brenna）和贾斯蒂娜 · 奥海瑞（Justina Ohaeri）研究分析了一群人合作重述故事的行为。他们可以面对面交谈，也可以通过即时通信工具。面对面交谈的情况下，每个人的讲话数量大致相同，且陈述观点时彬彬有礼，措辞委婉，都使用“有点”和“什么”之类的词语。通过聊天软件打字交流的情况下，上述委婉的词减少，人们的语言看似较为直白坦率，口水战一触即发！但深入研究后，研究人员发现情况截然相反，无论是字数还是打字者礼貌的程度都存在较大差异，然而输入字数最多的人态度却更加温和礼貌。

换言之，对打字熟练的人来说，其良好的打字技能可以让他像现实生活中一样彬彬有礼。这种在实验室里进行的、支付报酬的讲故事确实能够限制讲述人的粗鲁行为，但我从这项研究中看到了某种可能。即使没有意识到这一点，人们也旨在掌握打字技术从而提高网聊中的礼貌程度。虽然打字和说话时表达语气情感的方式不同，但是网络不一定就是喧闹不堪的粗鄙之地。

1999 年之后，全民进入打字时代。20 年的实践经验足以将边看键盘边打字的人，训练成打字飞快的个性“二指禅”，尤其在聊天而不是写无聊报告的情况下。对于资深网民而言，我的打字经验不值一提。为打论文，我曾专门练习盲打，但是我打字最快的时候仍是与朋友在即时通信软件上聊天。

随着人们的打字技术越来越熟练，人们创造和领悟非正式书面语言中细微差别的能力也随之提高，这些语言有助于提高人们在网络中的礼貌度、友好性和幽默感。根据有关礼貌行为的书籍，人们可以使用以下几个策略展示礼貌：一是“费力劳心”，使用模糊委婉的字眼、尊称敬语，或者干脆多说几句，如“医生，我可以麻烦你开一下窗户吗”而不是“打开窗户”。二是“拉帮结派”，多使用亲密的或圈内词汇来表明你们属于一个群体，无需拘泥于礼节，比如“honey/mate/dude/luv/bro，d’you wanna open that window（亲爱的，你可以开一下窗户吗）?”这两种方式都已应用到网络写作之中。此外，由于网络缩略词的存在，打字慢的人也能使用委婉温和之语，比如 btw、iirc（if I recall correctly/如果我没记错的话）、imo（in my opinion/在我看来）和 afik（as far as I know/据我所知）。虽然这些是缩写，但属于圈内词，实际上暗指：“都是网民，我相信你能明白。”

对网络社区中礼貌程度的研究发现，其中不少元素都是现实生活中礼貌的真实写照。众所周知，人的礼貌程度与拥有的

权力成反比——人们更尊重老板而不是下属。一组人员研究诸如 thanks（谢谢）或 nice job（干得不错）等直接礼貌用语，以及 sorry（对不起）或 by the way…（顺便问一下……）等间接礼貌用语的使用情况，这些礼貌用语来自维基百科志愿者编辑的交流信息以及问答网站 Stack Exchange 中发起的问题。如同现实中的权力关系一样，相较于普通编辑和用户，维基百科权力较大的管理员和 Stack Exchange 中信用等级较高的用户使用礼貌用语较少。此外，线下和线上的礼貌行为都具有情境性。Stack Exchange 控制用户“信用”等级后，问题中的礼貌用词比回应中的更多[1]。线上礼貌也能造成实质影响：维基百科的管理员在被选为管理员之前只是一名普通编辑时，比其他落选管理员更加彬彬有礼。

感叹号除暗含兴奋之意外，还经常用来表示温暖或真诚。毕竟因遇到或帮助某人而感到兴奋也是一种真诚。人们正处于这种变化之中。2006 年卡萝尔·沃塞莱斯基（Carol Waseleski）进行的一项研究发现，感叹号在电子邮件中很少用来表示兴奋，只有 9.5%措辞强硬的语言中会出现感叹号，比如“这该死的程序根本就是在胡扯！”，或者用感叹号来表达溢于言表的感谢之情时，比如“谢谢你宝贵的意见——它们太有用了，资源清单棒极了！”相比之下，32%的感叹号用来表示友好，如“再见！”“希望这对你有用！”另外 29.5%用来强调事实陈述，比如“还有时间注册！”

幽默讽刺杂志《洋葱》（*The Onion*）中的一篇文章，曾过度夸大感叹号天生暗含真诚之意的作用。

---

1. Stack Exchange 实行声誉值管理制度，若提出质量高的问题，会增加用户信誉分数，若所提问题水平过低或遭到反对，则会扣除用户信誉分数。

> 周一，消息人士证实，冷漠苛刻、铁石心肠的冰女巫莱斯利·席勒给她的朋友写了一封冷酷无情的感谢信，信中一个感叹号都没有。“嘿，我昨晚玩得很开心。”这个冷血的丑老太婆如此写道，这封标点匮乏的信件散发出千年寒冰的彻骨寒意。

这位铁石心肠的冰雪女巫可以考虑安装 Gmail 插件“情绪助手(Emotional Labor)”来解决这个问题。该插件声称可以丰富任何邮件中的语气，主要是在每句话的末尾加上感叹号。最近我回复文中没有感叹号的邮件时，没有遵循回复工作邮件的惯例，每隔一句话使用一个感叹号，而是刻意同样不使用感叹号，这种做法给我带来了极大的乐趣。起初邮件读起来很生硬。难道我现在是个冷血的老巫婆？但是一段时间后，我喜欢上了这种做法，它似乎让我看起来更加严谨。毕竟我为何要为书面情感花费额外精力呢？

多个感叹号并用的现象并非一直存在。过度夸大形容词会让其失去本来的作用。以 awesome 和 awe-inspiring 为例，虽都有令人敬畏之意，但略有区别，awe-inspiring 侧重令人叹服，而 awesome 则有惊惧之意，夸张的标点符号似乎也是如此。人们认为多个感叹号并用属于早期网络俚语中的一部分。早期网络俚语被称作“黑客语”，其特点是用数字和其他特殊字符代替相似的英文字母，比如用 l337 代表 leet，或者“14m l33t h4x0r!”代表“我是一名黑客精英(I am an elite hacker)!”[1]。除此之外，

1. Leet(L337，3L337，31337，leetspeak，eleet，Leetors，L3370rz 或 1337)，又称黑客语，是指一种发源于欧美地区的电子布告栏、线上游戏和黑客社群所使用的文字书写方式。通常是把拉丁字母转变成数字或是特殊符号，例如 E 写成 3、A 写成@等；或是将单字写成同音的字母或数字，如 to 写成 2、for 写成 4 等等。

黑客语中还掺杂常见的错别字，比如 the 写成 teh，owner 写成 pwn。数字 1 常用来代替感叹号，因为英文键盘中这两个符号通常是同一个按键。因此，仿照错误拼写!!! 1!! 11!，人们将 1 和 11 写成完整的单词，即：!!! one!! eleventy!! 在 20 世纪 80 年代和 90 年代的网络用语中，黑客语和多个感叹号分别代表网民的电脑熟练度和兴奋度，但随着使用频率的增加，它们逐渐具有讽刺意味。2005 年一篇关于黑客语和网游玩家俚语的论文指出，只有新手和模仿者才使用诸如“OMG，D@T is teh Rox0rz!!! 111oneeleven”这类表述。但随后 2018 年的趋势报道指出，感叹号在沉寂一段时间之后以“真诚热情标识”的身份重现江湖（“听起来不错”）。历史经验表明，它们不会永远表示真诚。

另一种表现礼貌的方式是使用笑脸符号直入主题，以免收件人认为你说话时愤愤不已。正如上一章提及的缩略词 lol，它除了具有幽默的含义之外，还可以作为社交润滑剂，发挥礼貌功能。语言学家艾丽卡·达里克（Erika Darics）研究人们在工作交流中使用的表情符号，发现笑脸也可以达到 lol 在社交中的效果。达里克从同事们之间的交流中发掘出一个案例：老板夸张的截止日期提醒邮件：

其他人的报告都已经交了，你是最后一个！ :)

但是达里克指出：“即使你和老板的关系不错，但是邮件中表情符号显然不应理解为开心或开玩笑，大写字母‘LAST’（最后一个）也不意味着老板‘怒气冲冲’。”相反，它“可以解读为友好的催促或嘲讽……当中的表情符号并不代表老板心情好，而是缓和该信息中不愉快的语气”。后文将详细探讨表情符号。

虽然书面中的礼貌不是网络聊天所特有的，但在互联网出现之前，就愉悦、非正式的普通请求而言，人们主要通过口头交流或随意写在纸上，比如“这是你要的书！——总经理”“已经喂过狗了”等。能让你留便签的人，通常和你的关系融洽，更别提与你共享一处之人，关系更是亲密无间。但是即便如此，观察留给家人或室友的几十张便签扫描件后，我们发现便签上常常画有爱心、笑脸或 xo（吻 + 拥抱）。当需要同看不见的他人建立近乎实时的关系时，我们提高了其用以彰显书面礼貌的写作技巧，这绝非巧合。

另一种共筑网络团结的方法是创造圈内人才懂的笑料。圈内笑料虽然不是网络的专属特性，但具有网络特征。人们可以将超媒体文本的功能和技术工具用于社交，这表明我们非常了解某一特定工具，能游刃有余地使用它。

计算机语言有助于创造圈内笑料，以编程语言的风格写出幽默的伪代码。以 HTML 超文本标记语言为例，如果想使用该语言将一串特定的文本设置为斜体，你可以在第一个斜体单词前写上<i>，在最后一个后面写上</i>。这自然就赋予网络语言创造性。比如仿照上述格式稍作改变：<sarcasm>我觉得这没什么问题</sarcasm>，或者简写：这太可怕了吧/rant。电脑本身不具有幽默感，无法识别不属于计算机语言的/sarcasm 或/rant 命令。但是你的同伴是长期和电脑打交道的人，他们可能会认为此举甚好，尤其是你创新计算机语言使用时。一个十分经典的例子是关于编程语言 LISP 的。就 LISP 语言而言，编写是非问句的格式是在语句末尾加-P，如 TRUE-P（真的吗）。几个 LISP 程序员在一家餐馆吃饭时，其中一个程序员想问是否有人拼双人套餐，于是他说道：“Split_p soup（拼汤吗）？”

正如上一章所讲，普通网民无需学习编码，因此基于代码的

网络俚语使用人群只是老网民和后几代中追捧亚文化的技术迷。在不支持粗体或斜体格式的情况下，人们常使用＊星号＊和下画线进行强调。但是早期的网民利用星号看起来像是小星星的特点，充分开发其装饰功能，尤其是和一些奇特的～波浪符号～组合。根据 20 世纪 90 年代和 21 世纪 00 年代即时通信状态信息的纯文本，可知花式标点的格式十分广泛。比如一个星号和波浪线组合＊～、多个星号和多个波浪组合～～～～～～＊＊＊＊＊＊～～～～～～～，交替排列组合～＊～＊～＊～，以及不同数量的交替组合～＊＊～～＊～～；还包括大小写混合格式 wOrDs iN mIxEd cAPiTaLiZaTiOn、字母与字母之间空格，或加上星星符号 ✧･ﾟ: ☆＊ ✧･ﾟ: ＊★。随着科技的进步，为提高文本的艺术性*，人们将文字设置为彩色、闁阘，或使用表情符号、内置字体格式、给文字加圈或者其他个性符号。因此，青少年热衷于在即时通信工具、聚友网、汤博乐等社交媒体中使用这种艺术格式，在课堂中互传精心制作的电子版本涂鸦和复杂精细的折纸笔记。虽然花式标点的鼎盛时期可能是在 20 世纪 90 年代和 21 世纪初，但在某些情况下人们偶尔还会使用它们。2017 年，一位推特用户偶然间在一个下拉注册菜单发现，当中的称呼除了先生/女士之外，还包含队长、阁下、女爵士等众多其他称呼。于是他借用如下的花式标点表达内心的激动之情：

英国登记会议出席人员的系统

，－～＊，¯ ・・、＊・～－太赞了－～＊，¯ ・・、＊～－

一组共享的标识也可以集中体现在社交网络，而非编程或

---

* zalgo 或 glitch 文本是一种独特的互联网风格，它利用统一的字符编码标准，允许人们在字母上面和下面无限添加标记。

格式上。最显著的例子是符号＃。＃最初是实用性很强的标签符号，其作用是查找相似主题的社交媒体话题，并将其分组。如果我在推文中写道"刚刚到达＃表情包大会（＃EmojiCon）现场"，那么点击或搜索＃表情包大会（＃EmojiCon），便可找到所有和这场表情包大会相关的帖子，还会出现一些将其误写成"＃表情符号（＃emoticon）"的帖子。如果想参与某一足球赛的话题讨论，或引起他人对我收集的猫头鹰照片的关注，我便发起话题标签"看＃超级杯！"。同＜sarcasm＞或＜/rant＞指令一样，在文中添加＃嘲讽（＃sarcasm）、＃尴尬（＃rant）、＃妙趣横生（＃NovelWittyHashtag）或其他元评论标签，此时这些标签的功能是增添讽刺意味，而非分类。

＃本身也称为数字符号、井号或散列符号，其发展历史可以追溯至几百年前。它最初是拉丁文 libra pondo 的缩写 lb 的简写版本，指一磅重，例如：3＃土豆@10￠/＃（3 磅土豆，1 磅 10 分钱）。在互联网发展的早期，作为 QWERTY 键盘中一个相对没有被充分利用的符号，＃被赋予各种技术功能。分类功能便是其中一项。在聊天室里，你可以输入"加入＃加拿大"或"加入＃业余无线电"，来与加拿大人或业余无线电爱好者交流。早期的社交书签网站 del. icio. us 和照片分享网站 Flickr，支持用户使用＃对链接或图片分类，比如：＃有趣或者＃日落，这一灵感来自衬衫标签中的价格和生产信息。因此，当推特用户开始探索推文分类方法时，技术专家克里斯·梅西纳（Chris Messina）在其 2007 年 8 月 23 日的一条推文中提议使用＃。虽然直到 2009 年推特才正式支持标签功能，但＃讽刺和其他笑话类标签，在梅西纳提议之后就立即投入使用。

宣传标签的分类功能意义不大，因为目前还没有技术可以让人们通过关键字搜索获得所有谈话内容，这可能有助于保护

用户隐私。由于元评论＃标签起初并非用于搜索，因此其内容有时偏口语化。鱼和熊掌不可兼得，有利于隐私保护未必能丰富历史，比如我们很难追踪到首个口头语标签。不过有一点可以肯定的是，早在2009年就有人开始使用话题标签。该年博主玛丽安娜·瓦格纳（Mariana Wagner）曾表示："当我和其他推特用户在网上聊天时，我会使用话题标签'＃[在这里插入俏皮话]'来强调或归类所说的话。这种做法确实有点傻气，但是我所有推特好友都能明白，这非常有趣。"

到了21世纪10年代中期，甚至没有上网的人也已经对元评论标签＃有所了解。家长们指出，他们从七八岁的孩子口中了解到元评论标签。一位语言学家听到自己的孩子说"＃妈妈的笑话"，感到相当兴奋，但另一位家长对孩子是否使用不以为然：

> 我的女儿刚刚说了"＃尴尬"！
> 我真的搞不懂我的孩子在作什么妖？

这种功能转变看似只是一项网络发明，因为人们意识到这种功能之前，并没有在语言中加入代码片段或标签。在英语世界中，把标点符号用于言语表达由来已久，比如"that's the facts, period（一句话，这就是事实）"或"these quote-unquote experts（这些所谓的专家）"，其中period和quote分别指句号和引号。20世纪90年代也有类似例子："He would not flinch one comma of the law（他毫不畏惧法律）"和"There was a very big question mark in[her]voice（[她]不相信）"，其中comma和question分别指逗号和问号。口语式标签只是一系列创新策略中最新的一个，使用这些策略，网民无需言明即可表达看法，增加情景，控制信息流，或者表明事情的重要性。人们在讲话中也可以选择不同策略，比如高声耳语、发出搞笑音调、带有地方口音、说话时手捂嘴巴或变换不同的姿势。谁不曾在模仿歌曲或电影的原声时再创作呢？这不难想象！

并非所有创造性书面格式都会家喻户晓。有些书面格式只是为加强特定社区成员之间的联系。以日语为例，日本人说话时会延长单词或短语的尾调，使之听起来更加可爱有趣。书面日语中的每个符号都代表一个音节，而不是像英语字母代表一个单独发音，所以日本人不会重复书写整个音节。因此，英文作家通过重复一个字母来拉长音节，日本作家则会选择添加一个完全不同的符号，波浪破折号〜或稍窄的波浪字符～，这取决于键盘。日语中的yes（好的，是的）是はい，发音为hai。如果要使用波浪字符来达到和yesss或haiii同等的效果，则应写成yes～～，hai～～或はい〜〜。该书写表达方式，在整个东南亚的语言中非常流行，日语、汉语和韩语，甚至是塔加拉族语和新加坡英语等用拉丁字母书写的语言中都很常见。但由于英语本身已经具有延长单词的方式，所以英语中加长波浪号的运用开始与上述语言中的一种形成某种双语联系，流行于动漫或漫画等日本出口文化的粉丝群体中，甚至只是与可爱的亮点构成次要联系，而完全忽略了音长。

感叹号复合词是另一个用以添加有趣评论的书写方式，描述某个人物的另一面，例如past! me或CAPSLOCK! Harry*。感叹号复合词将我们带入了科技史上一个迷人的角落。早在所有人都使用相互交织的网络之前，人们发送电子邮件时，必须准确详细说明连接计算机的路径。普林斯顿大学数

---

* 指哈利·波特在第五册书中使用许多大写格式。

学系亚历克斯的邮件地址可能是 princeton！ math！ alex（普林斯顿！ 数学系！ 亚历克斯），你的电脑将邮件发送到普林斯顿大学的大型服务器，该服务器再将其传送到包含“亚历克斯”账户的“数学系”的计算机中。该系统很容易追踪个人信息。正如你可以根据兴趣爱好寻找名为 Alex 的朋友（数学家 Alex 与艺术家 Alex）一样*，你还可以根据其计算机路径（art！ alex 与 math！ alex）将其区分开来。

从技术层面上讲，该系统不够灵活。人们只能记住联网计算机的路径才能发送消息，没有人希望如此！对于大多数人而言，他们开始上网时网络之间的联结已经十分紧密。这种紧密性是不可见的，所以用户需要在域名中指定一个用户名，隐藏技术再通过适当的路径将其发送出去。但是 20 世纪 90 年代热门电视节目《X 档案》（*X-Files*）的粉丝在 bang！ path[1]（爆炸路径）形式的电子邮件地址盛行之际，就开始在新闻组讨论板上彼此交流，因此他们也将不同版本的主要角色称为 Action！ Mulder 和 Action！ Scully，以此将他们与消磨时间闲聊的用户区分开来。《X 档案》停播后，其粉丝从新闻组移至生活日志，然后在转移到汤博乐，电子邮件地址的格式也变为 user@domain. com。但是即使许多哈利・波特和近代其他小说的粉丝群体从未接触过 bang！ path 格式的电子邮件地址，但他们仍遵循原有的社交惯例，将人物的不同面区分开来，例如将一些人物称为 angst！ Draco 或 future！ me。

---

* 这个系统和提供众多常见姓氏的系统并无二致，比如 Alex（the）Smith 或 Alex（who lives by）Wood。

1. bang！ path 是一种几乎已经过时的计算机地址功能，在互联网上显示消息轨迹中的每个服务器。之所以被称为爆炸路径是因为每个制定的服务器都用一个感叹号分隔。

一些如口语式标签和花式标点符号的书面格式进入主流。另一些被特定群体所使用，如表达性笑话代码、加长波浪号、感叹号复合词以及本章未列举的各种其他形式，甚至尚未出现的形式。但是无论如何，技术工具作为社交笑料被重新利用，在很大程度上已经让网络世界不再是一个无情冷漠、喧闹嘈杂之地，而是一片可以找到归属感的乐土。

言外之意

无论是线上还是线下，讽刺都是通过说反话来表达真实想法。例如用“哇哦，太棒了”回应坏消息，用“谢谢你，大侦探”嘲讽显而易见的推理。但人们很难通过文字凸显真实意图，其原因在于缺乏面对面交流的表达方式，如停顿得当、变换音调、挑动眉毛、做鬼脸等。讽刺具有敏感型和情境性，只有置身之中才能感受到诙谐。

早在互联网发明之前，人们已经发现这个问题，并试图解决。基思・休斯顿（Keith Houston）在《符号的秘密特征》（*Shady Characters*）一书中讲述了该段历史。1575 年，英国印刷商亨利・丹纳姆（Henry Denham）使用镜像问号（⸮）来区分反问句。1668 年，英国自然哲学家约翰・威尔金斯（John Wilkins）提出使用倒置的感叹号（¡）表示讽刺意味。之后 300 年间，法国作家们提出了各种形状的“讽刺符号”。1781 年，让・雅克・卢梭(Jean-Jacques Rousseau)指出需要有一个统一的符号。1899 年，阿尔坎特・德・勃拉姆（Alcanter de Brahm）又提出用⸮号。1966 年，赫尔维・巴赞（Hervé Bazin）提议在希腊字母 ψ 下方加一个点。到 20 世纪下半叶，美国报纸专栏作家提出

被称为“讽刺斜体字”的倒斜体格式。2004年，已离职的《洋葱》杂志撰稿人提议使用倒立的感叹号（¡）表达讽刺之意。2010年，中间带有圆点的漩涡以“讽刺符号”之名申请专利，并以＄1.99的低价出售，但不用于商业。

上述诸多努力未能成功。

采纳新讽刺标点符号面临一大问题，如果读者不能理解当中的含义，那还不如没有。先使用新的讽刺符号，之后解释其含义，这种做法和解释笑话一样无趣。此外，要是收到挖苦消息的人需要支付两美元下载新字体才能看到发信人的解释，问题就更大了。

</sarcasm>程序代码或＃sarcasm标签不需要任何额外的说明和费用，也不受字体限制。这两种方式从某种程度上讲确实曾流行开来，但是它们可能过于明显刻意。毕竟讽刺的精髓就是一语双关，含沙射影，话里有话。若想让信息中意思一目了然，我们已经有非常有效的表达方式，便无需讽刺。我们所需的不是明示文字中的讽刺，而是一系列委婉暗示的表达方式，暗示人们其中有隐含之意。

幸运的是，标点符号已经能够胜任。在互联网出现之前，就已经出现具有讽刺意味的指示符号，如“恐吓引号”“讽刺商标名和法律术语™”。大写格式表示讽刺已经是老皇历了，比如1926年小熊维尼的台词：

> “谢谢你，小熊维尼。”屹耳回答道。“你是真正的朋友，”他说，“不像某些人(Not like Some)。”

社交网络中真正可以称作讽刺标点符号的是～（讽刺波浪号）。从广义上讲，它起源于美国在线公司和微软即时通信软件的状态更新栏和聚友网或赞架的个人资料面板中的花式标点～＊闪耀＊～，其讽刺性的发展历程堪称网络社交平台的历史。首先从《城市词典》(*Urban Dictionary*)说起，它是一个由用户撑起的俚语网站。若是碰到不知所云的新缩写词，网上查找之后还是不明所以，那最后可求助的便是《城市词典》。

在利用《城市词典》获取信息前，我们首先要承认它具有一定局限。虽然《城市词典》和维基百科都属于依靠用户进行编辑的网站。《城市词典》没有像维基百科一样标注引用来源，志愿编辑者校对词条仅过滤掉低质量和毫无意义的内容。这种开放编辑的模式既是其最大的优点，也是最大的缺点。收入其中的某些单词起初可能只是普通朋友之间的用语，可能要经过数年才能走向大众，最终收录进传统字典。其他收入《城市词典》的词汇不曾流行开来，或者最初只是玩笑话。这就意味着《城市词典》不能用以证明某个词的使用情况。事实上，在该字典中查找任何名字，不论是恭维性的还是侮辱性的，都能得到各种相同的词条。而这些词条可能是某人故意针对特定未知人群而编造的，可能只是一个朋友为了想告诉叫这个名字的人："看，你的名字在字典中是这个意思。"

很多人会时常在字典中查找见过的单词，这种做法通常能避免上述问题，因为我们能通过已有的语境来推断词语的含义。但是有一点仍需注意：许多词汇的定义带有明显的种族主义色彩、性别歧视或其他令人反感的内容。除了恶搞朋友的名字，还有人戏谑黑人、女性或者黑人女性的名字，这种行为让油管中的评论都"相形见绌"。与年轻女性或非裔美国人相关的词条也出现类似情况。以单词 bae 为例，虽然其词条解释中有几个定义准确地指出了它与 babe 和 before anyone 之间的联系，但还是有不少人似乎以戏谑 bæ 在丹麦语中表示"大便"为乐事。某一

单词实际受欢迎程度、《城市词典》词条编辑者对该词的鄙视程度以及单词的使用人群,三者之间似乎存在某种联系。

我所感兴趣的是,《城市词典》针对讽刺波浪符号更深入的解读。本章已经介绍波浪符号的定义和意义。我们所要寻找的是这二者首次产生联系的真实时间。只要我们记住《城市词典》网站成立于1999年,花费数年时间累计基本词条,因此它为人们研究21世纪00年代之后(即社交平台流行开来前的几年)的英语俚语提供一个独特的视角。此处关键在于《城市词典》收录大量特殊词条,这使得它在追踪长期用于其他目的的符号的上升含义方面发挥着举足轻重的作用。

作为概念证明,我们先对比一下《城市词典》中两个相对广为人知的词条的发展历程:lol和句号的消极对抗用法。2003年,一名用户定义句号的俚语意义为"污秽结句"。2009年,另一位用户定义该符号意指"偏执狂表达嘲讽的个性方法"。我们看到了这一符号的流行转变历程:2003年使用句号时,讽刺的对象是读者,因其不懂句号的俚语含义。而2009年,讽刺的对象转变为这一污秽俚语的使用者。讽刺的含义在网络中确立后,其他用户也会纳入其相关定义,这表明句号的讽刺含义逐渐为大众所接受。经过数年积累,《纽约》杂志与2013年发表的一篇评论文章中,指出句号的消极对抗潜力日益增强。上章提及,lol出现于20世纪80年代,2001年大众开始怀疑其暗含的真诚之意。同句号相比,lol的含义没有发生太多变化。在其最早的词条中,用户指出它代表放声大笑,但没有人在使用该符号的时候哈哈大笑。

2008年前《城市词典》收录过几条有关波浪线～的词条,比如2007年有词条将其解释为"用在词尾延长单词",但是其中词条均没有提及讽刺含义。《城市词典》中首条涉及讽刺含义的词条出现在 2008 年，内容为“天哪，太酷了～”。2009 年有两条词条提及其讽刺含义，这些是就其发展史而言。但就含义而言，讽刺波浪线～发展历程中的有趣之处在于，即使没有《城市词典》的帮助，人们也能明白其发展历程。

实际上，有证据表明有人曾讨论过波浪线的讽刺意味。2010 年和 2012 年，生活日志中的两个主题帖讨论了波浪线的新用法，“～特殊吗”或“那个节目中的每个角色都有一个～悲惨的过去～”。这两个帖子都是由询问波浪号新用法的人发起的，但两者在最初的问题中都准确解读了其含义。其中一个人写道：“该符号似乎用来讽刺或否定他人的观点。”另一个人表示：“我猜这相当于‘恐吓引号’。”在随后的讨论中，一些人仍认为波浪号表示“大约”，如 ∽ 20（大约 20），或早年间的装饰功能，如 ∽ * ∽ 闪光 ∽ * ∽，或日本人表示可爱的加长用法～～～。但是他们同时也承认这个符号带有讽刺意味。在过去 600 多年的讽刺符号发展过程中，波浪线如何在各类符号中脱颖而出？为什么它能迅速风靡全球？而⸮、¡，以及其他符号却淡出人们的视野呢？

其秘诀在于波浪符不仅易于输入，而且内涵丰富。其讽刺含义是从星号 * 中演化而来，依赖人们半意识间的判断：严肃时你可能会在此处使用该符号，但激动时不会使用它。不管怎样，你都会在其中加入星号。因而若非表示真心实意，也非表达真正的兴奋，那定是暗含讽刺意味的兴奋。和 lol 一样，波浪号无法传达出严肃意味，它的含义通常由语境决定。波浪号经过演变增加了讽刺意味，连同双引号和讽刺大写格式一起打败官方提案。它们如同讽刺本身一样，表意模糊，依赖语境。

为什么波浪号最终胜出？毕竟星号也是 ∽ * ∽ 波浪线符号系统中的重要一员。原因在于星号单独使用常常被赋予其他

含义，如 * 黑体 * 和 * 以第三人称叙述自我行为 *，二者都不带有讽刺或欢快的意思。更有趣的是，可能由于波浪号上下起伏的形状，看起来与某种特殊讽刺忽上忽下的语调相似。2010 年生活日志上的帖子一致将其描述为“歌唱式讽刺声调”。我同意该观点，但是“歌唱式讽刺声调”并不是恰当的语言学术语。所以我尝试用更具体的语言描述它，顿悟的那刻我高兴地差点从椅子上摔下来。当你用歌唱般的讽刺语调说 Sooooo 这样的词时，音调确实是先升后降，之后再稍微升高。简言之，声调起伏如波浪号一般。

2015 年，嗡嗡喂的一名记者将使用讽刺性波浪号的心态描述为使用某个单词或短语时，情绪处于讽刺和自嘲的尴尬之间。理论上而言，讽刺和兴奋之情有多种表达方式。在现实生活中，人们更倾向简单的表达方式：一对“～波浪号～”，一个闪闪发光的表情符号 ✨，也可以是 * ～星号波浪号 * ～，但使用最多的还是开头一个波浪号～。人们不动声色嘲讽时，不太可能表现得过于明显，因而不太可能使用 * ～ * ～格式。

还有一种更加隐晦的讽刺，就是不使用标点符号和大写格式。我称之为极简格式，如颠倒排列的大写字母以及倒转的多个感叹号。如何搜索这类讽刺？所有大写字母都有幸获得固定称呼，并且网络建议手册对其研究长达数十年。极简格式还未发展到此阶段。在《城市词典》或“术语档案”中，找不到相关的词条，并且它是唯一我需要命名的定义。与以往不同，这次我主要从人们的抱怨和分析两方面着手。首先从人们怨言的发展历程开始。

如上所述，20 世纪 60 年代和 70 年代，基于电传打字机的计算机仅支持大写格式。但不久之后，在 70 年代、80 年代和 90 年代，流行的计算机操作系统 Unix 已经能够识别大小写。名为 foobar 的用户若登录时试图输入 Foobar，那最终登陆的可能是另外一个用户。如果以输入 netscape 的方式打开浏览器，而你在计算机中输入 Netscape，那么你很可能打开的是“火狐”或“谷歌”浏览器，而当时这两种浏览器还没有出现。所有区分大小写的 Unix 用户名和指令都是小写格式，因此 Unix 用户习惯于小写专业技术词汇，即使在句首也是如此。毕竟，如果你在社交帖子中输入 foobar should've used netscape，那么阅读你帖子的新用户就不太困惑，也不会在终端输入错误的大写字母。

与此同时，受到电传打字机和苹果Ⅱ电脑影响的计算机用户，在其他用户认为全大写意味着“发泄情绪”之后的一段时间内，依然使用大写格式。Unix 黑客则反其道而行之，他们总是使用小写格式。还有一类人会一本正经地解释道，黑客只是钻研电脑的人，好莱坞的网络反派实际上都是黑客。对于普通非 Unix 编码人群来说，极简格式也逐渐与科技联系起来：电子邮件地址和网站链接通常都是小写，用户名也是如此。

但从过去 10 年流传在网络论坛中的观点来看，最大的网络反派很可能是那些反对标准大写的人。从 20 世纪 90 年代的网络礼仪指南到 21 世纪 00 年代中期的论坛帖子，人们常常抱怨的热门话题总是小写格式。无论喜欢大写格式与否，当谈到它的易用性时，人们都认为“输入小写字母确实省时省力”或“经常按 shift 键太累”。这些抱怨本身无关痛痒。对语言的蔑视与语言学无关，二者之间相关性还不如某人对西兰花的厌恶与食品科学之间的关联强。相反，就像一位食品历史学家可能会根据某位历史人物对西兰花的厌恶和指责，来证明在特定时间和特定地点确实有人食用西兰花。从人们抱怨的语言形式我们可以得知，某一时期流行的语言形式。没有人会花时间去长篇大论

地抨击他们从未听说过的蔬菜或从未遇到过的词语。

令人感到奇怪的是，2006年之后，抱怨“不使用大写字母”的人数明显减少。我们可能会认为或许他们只是习惯了小写格式，正如表情符号或网络缩略词刚出现时人们态度冷淡一样。但是几年后，大写格式强势回归。这一次，抱怨的人不是论坛发帖用户，而是迎合年轻人的出版物，比如《青年时尚》（*Teen Vogue*）、《嗡嗡喂》和哈佛大学的校报《哈佛深红》（*Crimson*）。此时小写格式的“罪行”不是消极懒惰，而是消极对抗。关于消极对抗型信息的文章首次出现在2013年左右，并于2015年和2016年真正传播开来。文章指出极简格式很容易让人们不明白朋友为何生气。小写格式不再是懒惰或效率的问题，而是表达态度的方式。

2006年至2013年间到底发生了哪些变化？这段我们倍感兴趣的时间跨度与智能手机的兴起密切相关。智能手机屏幕较大且支持触摸，支持上网且配备屏幕键盘。相较上一代非触摸屏多按键手机，其文本输入法更先进。2007年第一部苹果手机问世。2011年美国智能手机的销量首次超过非智能手机。2013年智能手机席卷全球。

文本输入法会自动将句首单词的首字母设置为大写，不过它只预测词典中的单词。小写格式省时省力的优势迅速消失。2016年我曾在推特上进行一项非正式调查，询问用户在手机上打字时，是否曾经出于审美因素取消自动大写输入。调查结果十分明显：在500多份回答中，超过一半的人取消该功能，另外三分之一的人偶尔取消，只有14%的人不会取消。还有些人甚至主动永久关闭手机中的自动大写功能，这与2006年前人们认为小写格式代表“懒惰”的观念大相径庭。如多莉·帕顿（Dolly Parton）所言：“看起来便宜其实要花不少钱。”在推特调查中随意回复的人可能并不是合适的样本，因此我们应保守看待调查结果。但是大部分人为达到某种效果故意使用极简格式，这点毋庸置疑。人们费尽心思目的何在呢？

在语料库或者字典领域，极简格式的社交意义是一个大课题。它涉及句子以及整个话语层面，因此不能只搜索未大写的单词，而要从正式句子的中间部位筛选不起眼、未大写且未加标点的词语。众所周知，人们早期不使用大写格式和标点符号，是出于经济原因被迫为之，而非表达某种特定语气。一些网民出于该原因可能仍然使用小写格式。只有了解那些用这种格式的人的想法才能回答这个问题。

根据早期有关潮流文章发表的刊物，人们很容易将极简格式同年轻人对号入座。但是在分析青年语言时，有一个矛盾点：人们语言的直觉与写作能力成反比。虽然我熟知 20 世纪 90 年代和 21 世纪 00 年代的俚语，但是进入 10 年代后，即使可供写作的平台不断增加，我却感到力不从心，似乎跟不上时代的脚步。人们的母语直觉最敏锐，特定的青年亚文化在你的思想中根深蒂固。和同龄朋友在一起，他们觉得让你分析他们的帖子或短信是一件很有趣的事情。如果你也是用母语完成了第一篇研究论文或者会议报告，你很幸运。你了解个性的文化，但没人知道你是谁，或者他们为什么要读你写的文章。

有些语言学家让大学生参与到项目中，从而研究青年语言。部分语言学家与当地学校合作。我则是利用网络研究。研究生期间，我曾在汤博乐创建名为万物皆为语言的博客。之所以在汤博乐上创建，是因为以前在该平台发过有关表情包的博文，对它比较熟悉。最初，该博客能让我的研究不脱离现实。我同学生分享经验、所阅读文章的链接以及日常生活中遇到的和语言学有关的趣事。当我意识到相比学术论文，我更喜欢这种面向

公众的写作时，我开始成为一名面向普通读者的全职语言学撰稿人。博客和社交媒体不仅仅是我的研究对象，更是研究方法。也正是通过上述渠道，我得以参加会议和宣读论文。

我在搜集网络语言资料时，博客提供了重要语料。在开通博客的第一周我曾将帖子保存在一个名为“网络语言”的文件中。当时我并不知道到自己以后会撰写本书，没有意识到这一举动对该研究的重要性。本书中包含近三百篇推文，是我的第三大标签，前两个是“通用语言学家”和“幽默语言学家”。其中一些帖子是我提出的开放性问题，一些是学术文章或热门文章的链接，还有些其他网络用户对其语言使用情况的描述。有时候我浏览汤博乐能发现初级学者分享的研究。于是我定期发帖让人们分享关于网络语言学的课堂论文、优秀文章以及会议纪要。渐渐地，我小有名气，越来越多的人在会议上或者通过邮箱告知我相关的项目。其中一些论文为本书的其他章节提供有用信息，有些论文中内容我不曾引用，但是每篇论文都能给我带来新的视角，让我了解到在作为讲话人的作者的眼里，哪些社区值得展开调查，了解到他们选择调查样本的标准，还了解到在新社区收集数据的方法。通过这种方式，我的研究在网络语言学的传统基础上建立起来。大卫·克里斯特尔在他 2011 年出版的《网络语言学：学生指南》(*Internet Linguistics*: *A Student Guide*)一书中提到：学生指南包括行动要求，“网络语言发展的当务之急是准确描述”。当看到许多学生在论文中引用这句话作为动力时，我认为下一步是将这些论文重新纳入文献范围。毕竟在互联网时代，一个观点甚至不必出现在学术期刊上就可以被引用。

两篇关于汤博乐的语言学硕士论文曾探讨研究了极简格式，分别是哈利·格兰特(Harley Grant)于 2015 年发表的论文和莫莉·鲁尔（Molly Ruhl）于2016年发表的论文。与推特相比，针对汤博乐的研究十分匮乏。换言之，与其他社交网络相比，针对推特的研究过多，原因在于随机分类的推文易于搜集，且可以按照发布日期搜索。汤博乐的研究难度低于脸书或色拉布，因为当中大部分帖子是公开的，但是不支持随机抽取样本。研究人员要么积极观察研究所关注之人发布或共享的帖子，要么就需要选择一个特定的子社区进行分析。这两种方法都表明，研究者需要对不同社区的语言特点了然于胸。

2006年至2013年极简标点符号迅速发展之时，汤博乐备受关注，原因是其用户群多为年轻人，约一半用户的年龄在16岁至24岁之间。该群体将网络作为社区，反思自己的语言使用情况。格兰特在论文中引用一些有关2012年汤博乐语言风格的元评论帖子，这些帖子也采用极简格式。下文是其中最受欢迎的（点赞和转发超过50万）帖子的开头格式：

汤博乐何时集体决定不再使用
标点符号的这是从什么时候开始的为什么
会这样
这看起来非常顺畅我的意思是
这个句子就像丛林中流淌的河流

这篇帖子和类似帖子得以流行，都证明这些推文描述的是一种被其他用户广泛认可的现象，帮助新用户适应平台的规范，比如：提问时不加问号以暗示该问题是反问或者含有讽刺意味。鲁尔引用一篇2016年由多个作者共同完成、被广泛转发的帖子。初读此帖，给人一种讲述不同强调手段的感觉，但帖子属于极简风格：

我觉得这很有个性汤博乐上怎么会有这么多方法
表示强调 TM 的格式而且它们
完全不同＃太疯狂了
＃强调™(＃E m p h a s i s™)
你都干了些什么(WHAT HAVE YOU DONE)

“＃强调™”格式中包含各种强调方式,如符号＃、大写格式、字母与字母之间的空格、商标符号。上述方式是系统突破,当中包含太多格式,不能只解读为笑话。但大写格式 WHAT HAVE YOU DONE 这句话不仅有强调之意且格式极其简约。大写格式和没有问号的反问句让这个句子中充满了强烈的情感。

汤博乐用户特别注重对极简格式的自反,但是这种自反不仅仅局限于汤博乐,同时在推特上盛行。2014 年,喜剧演员乔尼・孙(Jonny Sun)发布了一篇超现实推文,极简主义给这篇推文带来了诗意的效果(由第二章可知他并不在意错别字)。

宇航员说:“我只想回家。”
地面控制人员说:“那回家吧。”
“那 回 家 吧”星星上传来声音。

如果花式标点是显著的艺术装饰,那么极简标点就是一张开放的画布,邀你来填补空白。上述推文仅用不到 140 个英文单词,讲述了对已知和未知的渴望之间冲突的故事,体现了人类作为地球人和浩瀚星辰中渺小一员的双重身份。孙的推文还使用扩展统一码(Unicode)字符集来传达语调,他使用全角字符,让字母看起来更宽，周围更开阔，就好像它们是来自星星的回声。受这种怪诞、悦耳、引人入胜的叙述方式的影响，其他推特用户灵感爆发，创作了五十多幅原创绘画。

乔尼·孙于 2012 年开始使用这种独特的风格。该年汤博乐的许多用户都注意到了这一点，但是孙从未使用过汤博乐。相反，他引用了当时人们在推特上使用的一种柔和怪诞的风格，20 世纪 90 年代即时消息中流行的小写格式。正如通过推测波浪线衍生出讽刺的意味，极简格式的美学和讽刺效果源于人们对其早期懒惰、反独裁内涵的认识，以及人们在自动大写时代对其的明确接受。在高清画质和各种图片滤镜盛行的时代，有瑕疵、像素化且粗糙的图片艺术反而卷土重来，文字也是如此，片段式的文字反映了人们情感上的支离破碎。

在查找有关极简风格网络语言论文的过程中，我无意中创造了一个相关案例。自从注意到语言学模因的影响已从汤博乐转移到脸书群组后，我于 2018 年开始在脸书语言学模因小组（关于模因的详细内容见第 7 章）中询问学生的论文情况。有人回复道，本打算发给我一些资料，但是合并两篇文章后发现，内容均出自我之手。我不假思索地回复道："我很有名啊（my Brand is Strong）！"小部分人理解其中的幽默，仅此而已！

随后我开始思考这句话。由于我是用手机回复，因此需要付出额外的精力才能输入这种格式。如果不能取消手机的默认格式，即我回复"My brand is strong"而非"my Brand is Strong"，我言语中的幽默性讽刺实际可能会被解读为傲慢。我不想看到这句话带有默认的大写字母，也不想抹去别人脸上谄媚的笑容。但是我决不允许自己脸上出现这种笑容。我确实可以用正式的字体打字，写出真诚、不矫揉造作的文字，但是我从中有所收获。brand 的大写形式拉近了我同网民间的联系。在

自我表现方面，社交媒体给所有人都带来了奇怪的压力。小写格式开头可以让我显得平易近人。就像演讲者在演讲开始前的自嘲一般，我先发制人，采用别人可能会评论的书写格式，从而避免自己评论别人的写作风格。我承认在某种程度上对方确实听说过我，但同时我暗示自己不要自以为是，巧妙化解了可能会出现的尴尬局面。但没有关系，我和普通网民一样，对个人声誉的想法持有讽刺的矛盾心理。

矛盾的是，讽刺为真诚创造空间。如果你我对同一事物的态度不明确，也许我们可以更加坦诚地分享对其他事物的看法。在这个帖子中，讽刺在于原帖博主再次真诚地回复了我，并感谢我认真对待年轻人的俚语。我的文字乍看起来似乎不够真诚，但是我回复的不就暗含讽刺吗？就更深层面而言，我使用的格式传达了我的态度：我紧跟网络的发展步伐，自己在这方面如鱼得水，并表明知道传达书面语气的重要性。

那一刻这条帖子实现了从卢梭到《洋葱》杂志作家们几个世纪的梦想。在两个陌生人之间成功进行暗含讽刺意味的交流。这位评论者和我并非孤身一人，人们如今时刻都在使用这种讽刺交流方式。事实上我们之所以成功，正是因为我们并非孤军奋战。我们不是孤单的知识分子，不是为讽刺标点书写理论建议的人。相反，我们一直在社交，关注人们解读信息的方式，假设别人也在有意地选择自己的表达方式。我们之所以成功，是因为我们的语言规范都是面向社交网络写作而非正式规范的写作。

讽刺是语言上的信任丧失。当文字或话语中带有双重意义时，我希望对方能够理解我的意思。但是这种做法具有一定风险，讽刺使用不当会严重影响交谈的效果。回报同样颇高，你会因为被人完全理解而感到非常喜悦，也会因为有人站在你这边而倍感欣慰。难怪古往今来的人们一直喜欢这种表达方式。

如前文所述，如果礼貌的格式意味着要付出额外精力，使用首字母大写和友好的感叹号来表示令人舒服的距离感或发自内心的热情，讽刺的格式恰恰相反。讽刺引入一种不和谐的语调，读者更难体会到文字中的双重意义。任何偏离预期基准的变化都可以做到这一点，这种变化不仅包括小写格式、花式讽刺符号、省略问号的反问句或过时的俚语，如汤博乐中一篇被多次转发的帖子指出，形容某事 great（很棒）表示真心夸赞，而使用 gr8 则表示罪恶的快感或带有讽刺意味的欣赏。关键在于首先需要一个基准。人们需要制定一套创造表达方式，用以表示基本情感，比如宣泄和热情，然后才可以创造颠覆它们。

从平台的角度分析各种类型的网络聊天内容，将简短的文本与冗长的博文区分开来，并非难事。但是人们通常会忽略时间的重要性，事实上 CU L8R（再见）和♯E m p h a s i s™ 属于不同时代的网络俚语。极简格式是基于时间的互联网风格的一个关键例子：2012—2013 年左右，汤博乐、推特以及短信都记录了它的诞生。相比之下，心理学家杰弗里·汉考克（Jeffrey Hancock）在大约 10 年前的一项研究中，要求本科生讨论精细设计只为诱发讽刺的场景，比如讨论过时的潮流，讨论形式可以是书面、网络沟通，也可以是面对面的口头交流。令汉考克吃惊的是，人们在这两种情况下使用讽刺的可能性是一样的。但他指出学生们并没有使用过多用来表达讽刺的格式，唯一用到的格式是省略号。我希望这项研究在讽刺格式盛行的时代重现，但是网络语言就像其他所有语言风格一样，会随着时间的推移而改变。未来人们可能会创造出更精妙的表达方式，使我们当前讽刺格式有朝一日看起来像简单的省略号一样生硬。

回顾那些将反向问号和反向感叹号作为讽刺标点符号的提

议，我们可以得知，当中许多提议未能成功利用符号的双重含义。或许他们的问题不仅在于试图强加一个需要解释的新符号，还在于眼界太窄，认为一个标点符号不足以传达所有可能的讽刺。讽刺格式之所以复杂，是因为讽刺本身的复杂性。它的语言信号不像提高音量或提高升调那么直接明了。讽刺文学表明双重意义有时只能从语境中感知，如在暴雨天说着“天气真好啊”。有时候，讽刺是通过夸张来表达的，“非常感谢”比简单的“谢谢”更可能具有讽刺意味。不过多数情况下，讽刺通过声音和脸部的一些特征表现出来，如微笑、大笑、挑眉、语速放慢或者加快，讽刺格式可以帮助展现这些特征。即使是在面对面的交谈中，经过一代又一代的实践，人们也不一定总是能传达出讽刺的意味。想要彰显讽刺的说话者仍需依靠微笑、笑声或讽刺性延续等方式，以确保真正传达出双重意义。

讽刺格式为书面讽刺提供发挥空间。在任何媒介中讽刺都需要信任。不用明显的标点来表达自己的所有情感，可能是一种信任的信号：相信人们不会产生误解，因为我们已是朋友，或者我们同属于一个言语社区。或者反过来说，这是一种排外的方式，即读者是否理解正确与我无关。这就像是昵称，既标志着亲密，也是假定亲密关系不存在的情况下的一种无礼表现。在一封礼貌的社交邮件中不使用感叹号可能会被认为铁石心肠，但是对真正好友而言，我不需要第一时间回复一封礼貌的社交邮件。

即使这种书面语气表达系统发展良好，但是也面临着风险。在谈及诸如语音转文字或预测性智能回复等技术语言工具时，人们不仅询问其使用方式，还想了解如何颠覆它们。除了询问设计者如何帮助用户传达其意图外，人们还会询问用户如何帮助自己完成超出设计者预期的交流。当人们向语音助手询问当天的天气时，若语音助手能展现真诚，这再好不过，但是对于旨在帮助人们发送消息的技术而言，下一个巨大挑战不仅涉及人们的话语，还包括说话方式。自动大写技术的颠覆为极简讽刺格式的发展扫除障碍，而对传统手写方式的颠覆为♯E m p h a s i s™ 式强调格式铺平道路。书面语气格式的发展不能只着眼于书籍和报纸上的正式数据集。这种细节必须是未来任何旨在改善书写的系统中的一部分，但目前尚不清楚如何有效地做到这一点。IBM（美国国际商用机器公司）曾尝试将《城市词典》中的数据添加到其人工智能系统 Watson 中，但是当计算机中出现脏话时，他们又不得不把这些数据全部清除。

与此同时，也应当注意不过分夸大变化。如果我们以 1984 年的新闻组帖子为起点，那么网络语调的许多特征已有 30 多年的历史，如果 E. E. 卡明斯（E. E. Cummings）或 L. M. 蒙哥马利阅读现代书或现代报纸，那么他们会觉得书中或报纸中的散文风格同 20 世纪 20 年代的风格十分相似。在正式问题写作中，句号属于中性符号*，问句中一定有问号，位于句首的单词和专有名词的首字母依然大写，人们仍然必须依靠巧妙的格式来表达讽刺之意。

这并不意味着写作改头换面了，而是分为正式和非正式两种文体。但是这种分类出现的时间与网络或电脑的出现并不一致。大写格式、表达性延长、～讽刺标点～、极简格式、大写加换行符等表达方式最早出现在 20 世纪早期而非 21 世纪。试想卡明斯的极简标点格式和大写格式，或詹姆斯·乔伊斯（James Joyce）的《尤利西斯》（*Ulysses*）最后一章中的意识流，4 391 个单词的篇幅只用了两个句号。意识流写作的原则就是，比刻板的

* 至少我希望如此，否则书已读至一半，却发现书中带有被动攻击。实在抱歉。

常规写作更能反映一个人头脑中的思想意识。因此，若想将思想充分表达出来，那么也许写作最终走向是现代主义或后现代主义，这不足为奇。

我们甚至可以追溯到语法格式出现之初。语法学家决定以拉丁语法的模式为基础，改革手写版停顿标点符号时，这或许曾改变教师和编辑的书写格式，但是无法完全改变私人信件、手写符号或餐桌上便条的写法。印刷术和互联网出现之际的写作风格未来可能会被视为一种反常现象。这个时代，作家和读者之间存在巨大差距。也正是这个时代，人们不再关注写作中非正式的、未经编辑的一面，而是让书面格式更显静态、空洞。

网络没有创造非正式文体写作，但它的确让非正式写作普遍化，将人们之前的一些口语交流变成了近乎实时的文本交流。与此同时，键盘的出现让人们以前表达方式中使用的一些元素遭到淘汰，比如多重下画线、彩色字体、花哨的边框、傻气的涂鸦，甚至是某人笔迹的细微变化，这些变化能让你推断出他们的情绪。但是，我们创造的传达情感细微差别的庞大系统是如此微妙独特，以至于如果帮助某人发消息，人们需要详细询问他的书写习惯：如我帮助司机回复一条紧急消息，我需要十分详细地询问他的要求，话语结尾用句号、感叹号还是简单的换行符？哪些单词需要大写？有需要重复的字母吗？同样，如果我收到一条代发信息，我通常能看出其中的不同。表现力强的书写格式增强了电子交流的感情色彩。

就我个人而言，我认为这种变化十分奇妙。即使对书面语气的关注日益增加的确意味着标准标点符号的减少，但是由武断的精英主义定下的标准正在衰退，我欣然接受这一事实，因为如此一来，人与人之间才能更好地沟通。毕竟红笔永远不会表达我的爱意。完全遵循标点符号规则可能会赋予我某种力量，但不能给我带来爱。一系列的规则不能产生爱，但是当我们互相关注，彼此关心，爱便由此产生。当我们学会在写作中传达心声，而不仅仅是掌握规则时，写作便不再是展现智力优势的方式，而是更好地倾听彼此。我们学习写作不是为获得权力，而是为了爱。但是，即便排版印刷技术能传达出许多细微语调，组成我们的不仅只有声音。我们仍然需要一种方式来传达身体其他部分传递的信息。

第五章　表情符号与其他互联网手势

我们的肢体动作在交流过程中扮演着十分重要的角色。

如果有人皱眉跺脚、摔门而入，还口口声声地说“我没生气”，这时你更应该相信他的肢体语言，而不是他所说的话。

同样，如果有人边哭边擦着眼泪说：“不，不，我没事。”你肯定不会说：“太棒了，那我就松了口气，我们去跳舞吧！”而会说：“你肯定是碰到什么难事儿了，如果你不想说，我也能理解。”

如果你的好朋友看着你，笑着说：“你可真差劲！”你不会觉得：“哎呀，我真是交友不慎。”而会认为：“真棒，我们的关系好到可以随意互怼也不必当真的地步！”

除了用肢体语言来表达情感，还有很多描述情感的方式，如心跳加速、眉毛上挑、面红耳赤、腹内蝶飞（焦躁不安）和喉中蛙跳（口干舌燥）。书写的出现使语言传播不再单单依靠人们口口相传，与依靠真人或是全息人像传播语言的方法相比，其更大的优势在于更易于传输和存储以纸质或字节形式呈现的文字。某些时候，你压根不想有相关人员在场，如我会兴致勃勃地在卫生间放上柏拉图的《理想国》以便随时阅读，但这并不表示我想要苏格拉底起死回生，出现在洗手间里，为我讲解他学生的著作。

书写最大的弊端是缺乏肢体语言的辅助，尤其在表达情感和其他心理状态时更为明显。上网初期，我们对虚拟具身的问题有十分明确的最终答案。1992 年尼尔・斯蒂芬森（Neal Stephenson）的小说《雪崩》（*Snow Crash*）以及 2003 年上线的 3D 网络游戏《第二人生》（Second Life）所设想的未来中，我们都为自己制作了完整的网络虚拟化身，手脚发型一应俱全，以便在虚拟空间实现与他人的肢体互动。小说和网络游戏中的虚拟化身，是指这些化身能够反映出我们在现实世界的一举一动，包括肢体动作和情绪。因此，我们可以进入虚拟房间，可以与人握手，还可以笑到满地打滚。

技术层面上，我们在投射和操纵虚拟物体方面已经非常成熟。从第一人称视角射击游戏到角色扮演游戏《模拟人生》（The Sims），虚拟形象投射始终是所有电子游戏的核心亮点。但对一般的社交活动而言，虚拟形象投射功能未曾受到追捧。《第二人生》曾多次登上新闻头版头条，但它仅在寥寥无几的网络子用户中流行，类似的 3D 游戏更是无人问津。而对大多数人而言，最接近虚拟化身的就是我们在社交媒体应用上展示的个人资料图片，但却与游戏《第二人生》或小说《雪崩》中描述的 3D 虚拟形象相差甚远。毫无疑问，显示个人资料的图片的确能让你对交谈对象有个大概的了解，能看到对方（或他们的狗）长相如何，但这些都是静态的。无论我在对话框里输入什么，我的头像都是我面带着微笑的静态照片。我们真正需要的是动态系统。标点符号虽可以很好地传达语气，但是仍缺少某些更具表现力的东西。

表情符号(emoticons and emoji)[1]填补了这一空白。表情符号摇身一变，组合成笑脸、人脸、爱心、动物和其他物体构成的小图片。

2014 年，我首次涉足 emoji 的语言学研究。我曾经也写过一些关于 emoji 语言学和互联网语言学的文章。由于人们对于 emoji 的研究层出不穷，仅 2014 年发布的关于 emoji 的文章就有 6 000 多篇，媒体人和科技公司也邀请我前来分析 emoji。我与智能手机应用程序联想输入法(SwiftKey)的所属公司合作，在西南偏南(South by Southwest，SXSW)艺术节[2](这里主要指科技文化方面)上做了一场演讲。基于 SwiftKey 数十亿匿名的数据信息，我们共同探讨了人们使用 emoji 的整体情况。2015 年，在筹备这一大会时，我们还隐隐担心待到会议召开之时，emoji 会不会已经过时，毕竟那是 8 个月以后的事情。情况恰恰相反，表情符号大受欢迎。会场座无虚席，参会人员对会议内容颇有共鸣。此外，6 个国家的报纸也纷纷报道了此次会议。

每个人都心存困惑：为什么 emoji 能在短期内风靡全球？即便未向语言学家咨询这个问题，答案也基本了然于胸："因为它们是一种新语言"。然而，作为语言学家，我却无法给出确切的答案。我和大家一样对 emoji 钟爱有加，但语言学家对语言有明确的定义，很显然 emoji 不符合语言的定义。

举个例子来说，在筹划 SXSW 时，我们花了大约半分钟的时

---

1. emoji 就是表情符号，来自日语词汇"絵文字"(假名为"えもじ"，读音即 emoji)。而许多通信程序(特别是即时通信程序)及论坛开始应用更生动的小图案(icon)来表示心情，因此 20 世纪末在英文中有新的词汇来说明这些表情符号，即将情绪(emotion)与小图案(icon)两个字巧妙地合并，成为新词"emoticon"。这里及下文中为了将 emoji 同 emoticon 区分开，所以保留英文。
2. 西南偏南(South by Southwest，SXSW)艺术节是一个以科技、音乐和电影为主题的音乐节，每年在美国得克萨斯州州府奥斯汀举办。

间来讨论会中完全用 emoji 交流是否可行，后来意识到这样做不可能传达出任何有用或有趣的信息。即使用 emoji 来制作幻灯片也行不通，因为我们需要对图表标记，并提出重点问题。相较之下，我会说法语，虽然可能还需查几个单词，但我完全可以用法语来演讲。我也可以尝试用西班牙语或德语来演讲。然而，我无法用世界上其他 7 000 种语言演讲，究其缘由并不是语言阻碍我进行交流，而是我并未掌握这些语言。即使是语言学家，我也无法掌握所有的语言。不管我们和听众掌握了多少 emoji，都无法完全用 emoji 来演讲。花上整整一小时来背诵 emoji 或许是一个有趣的表演艺术，但却无法用它们来传达出我们所承诺的诙谐幽默、包罗万象的演讲。我们甚至都不能用表情符号来表达 emoji 这一概念，更不用说用它来解释这一段文字的含义了。真正的语言可以处理元语言的词汇，并能轻松地吸收新词汇。每种语言都有自己专属的名字。许多语言最近也都出现了意为 emoji 的词汇，这就有力证明了前文的观点，emoji 既不符合语言的定义，也不具备语言的功能。

emoji 的作用

emoji 虽不同于文字，但显然在交流中具有举足轻重的作用。下文将针对这一点展开讨论。由于面部和与手势相关的 emoji 一直以来颇受欢迎，我受此启发，将 emoji 作为肢体动作来研究。我列出了一些常用的肢体动作和 emoji，来寻找它们之间的对应关系，如耸肩、竖大拇指、用手指物、翻白眼、竖中指、眨眼、鼓掌等等。这些 emoji 和肢体动作都有其对应的形式，但也有很多例外，如“茄子”（喻指男性生殖器）和“火”（喻指流行起来

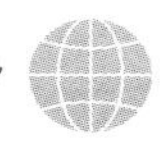

或身材火爆)的 emoji 就没有对应的肢体动作，点头(是)或摇头(否)也没有相应的 emoji。因此，研究不得不搁置。

我给澳大利亚语言学家劳伦·高恩(Lauren Gawne)发了一份 emoji 分析的草稿，她是我的好朋友，也是我播客节目 Lingthusiasm 的主持搭档。她在我的列表中做了高亮标记，并写道："你知道这类肢体动作在文献学中的叫法吗？它们是符号(emblem)。"

事实上我并不知道。

高恩此前曾做过有关肢体动作的研究，但我们从未就此深入探讨过。毕竟，这并不像我们在主持节目时打手势互动一样简单。我以为她不喜欢谈论自己在肢体动作方面所做的研究，而她也以为我对这一领域不感兴趣。可突然之间，我对这方面产生了浓厚的兴趣。

当你学到"幸灾乐祸"这个词，又有了切身的体会，便会豁然开朗。你不是唯一一个把自己的快乐建立在他人的痛苦之上的讨厌鬼。因为在你之前，其他人就已经这样做过。我花了几年时间来研究 emoji，将其分析后加以分类，而"符号(emblem)"一词轻而易举地就将各种表情符号囊括其中了。事实上，在我之前已有众多学者在这一领域展开了研究。于是，我一头扎进了与肢体动作研究相关的文献里。仅仅用了一晚的时间，我便翻阅了维基百科上的所有资料。第二天，高恩在墨尔本(Melbourne)醒来时，我给她发了一连串的问题，令我高兴的是，她随即把自己做肢体动作研究的相关阅读书单发给了我。

接下来的一周，我痴迷其中，无法自拔。仿佛又回到了 13 岁，我初次接触语言学之时。那时候，在公共场所偷听别人讲话，现在偷看别人讲话时做的动作，在咖啡馆里若有所思地研究我的手和手指的位置，就像之前在图书馆低吟体验到的句子与语音。如今的我变得完全无法正常交流了，因为我满脑子都在想肢体动作的事。仅仅是这些，就足以让我心烦意乱了。研究语言学时，我了解到语言并不只是一堆杂乱无章的观点和想法，它有真正的模式，而潜意识中我们一直遵循着这些模式！即使我们对这些模式知之甚少，但从根本而言，它们是可知的。而且有这么一群人，其任务就是研究这些模式。直到现在，我才意识到身体动作也遵循这些模式。就像我听一个人发的元音，就知道它们是用口腔的哪几个部位发出的，还可能在口腔的哪些部位出现这个音，这有赖于我之前学习的语言学知识。此外，我还试着关注不同身体动作间的差异，了解各种示意动作的含义。

你可能疑惑，我获得两个语言学学位，还参加了数十场语言学会议，但为何从未学过与身体动作有关的知识呢？我也曾这样自问。其实，并非只有我如此。虽然身体动作的研究还在不断推进，但它仍是个不为重视的学科分支。有些大学有研究身体动作的语言学家，还开设了讲解相关内容的课程，或在课程中有某一单元专门讲解身体动作，但仍有很多大学并未涉足。高恩刚好就读于有身体动作研究的大学，而我就读的大学恰巧没有。如果我出席的会议上出现有关身体动作的内容，对身体动作一无所知的我也不清楚自己为何会参加这个会议。甚至我和高恩都认为其他语言学家也如此，因为我们也未曾听闻有谁将 emoji 和身体动作相提并论。因此，她用我所收集的例子撰写学术论文，而我也根据她提供的文献修订了本章。

我一直不善分类，在日常生活中也在不断汲取好的分类方法。身体动作恰好让我萌生了一个很好的灵感。更令人欣慰的是，相同的分类方法同样适用于描述人们如何使用 emoji。这就是 emoji 和身体动作之间缺失的联系。我致力于寻找一个统一

的 emoji 理论，这注定我将一无所获，因为 emoji 并非仅有一种功能，其用途颇多。但关键在于，身体动作也有一系列相同的功能。这也是 emoji 迅速流行且广受欢迎的原因，它们便于表达身体动作背后的含义，而这些身体动作对于非正式交流意义重大。即使未意识到身体动作和 emoji 已自成体系，几十亿互联网用户已经下意识地自发将两者的功能相互对应。

让我们再回到符号上，这个词解开了一切谜团。我一直在制作一份身体动作的总表，例如：竖大拇指、挥手、抛媚眼、耸肩、爵士手、翻白眼、竖中指、竖起想象的衣领来表示尴尬、假意赞赏地拉小提琴、弹掉肩膀上意想的灰尘、丢麦克风、比心等。许多身体动作都有其相对应的 emoji，例如：比耶 ✌、竖大拇指 👍、交叉手指 🤞、翻白眼 🙄 以及抛媚眼 😉 。

一直以来，我都在罗列英语中名称相同的身体动作，虽然我自己未曾意识到这一点。抛媚眼就是刻意地眨一只眼睛，竖大拇指是将掌心朝向说话人、大拇指向上、四指紧握等等，作为会讲英语的人，这些身体动作你应该早有所耳闻，不再一一赘述。这样做纯粹是出于实际考虑，因为详述身体动作需要花点功夫，但事实证明，这些有名字的身体动作有一些十分重要的共同之处。许多理论家称其为象征符号，就像骷髅旗象征海盗。具有象征意义的身体动作都能很好地融入语句中，如在“要是我们迟到了，就________”中加入任何一个具有象征意义的符号，即使不点明，也能很好地传达语意。emoji 也是如此，你可以说“要是我们迟到了，那可 👍 ”，或“要是我们迟到了，就 🙄 ”，但有时无需语言，只要竖大拇指或翻白眼的 emoji 足矣。

具有象征性意义的身体动作有特定的形式，含义明确。它们看似普遍，源于其所覆盖的范围比语言广泛，如竖中指在古希腊和古罗马都是非常粗鲁的举动；一些讲英语的国家，掌心向内比“耶”的手势意为“走开”，而在其他国家的含义则不同。就其本质而言，有象征意义的身体动作具有任意性和文化特殊性。世界各地都有一些粗俗不堪的身体动作，如竖大拇指在一些阿拉伯国家意为“走远点”；许多拉美国家比“OK”的手势意为“混蛋”；五指摊开向外叫停，希腊语为“mountza”，意为“把便便抹你一脸”[1]；一只手握拳，而大拇指从中指和食指中间伸出，俄罗斯和土耳其称其为“抓鼻子”[2]；一只手打另一只手的肘关节，双手合成箭头的姿势，被打的手顺势向上抬起，法语为“bras d'honneur”，意为“出大招”，也称为“打雨伞”[3]，常见于许多罗曼语族[4]中。如若在这些地区做此类禁忌动作，你会因行为粗鲁被控猥亵罪。而在除上述地区以外的地方做这些手势，人们会视若无睹，譬如前不久，一位美国人给我讲述她的日本之行，称她惊讶地发现，人们随意用中指按电梯和微波炉的按钮。无论做出哪种动作，稍有不慎，你都可能沦为笑柄，比如使用中指时，手掌朝向对方而非自己。

---

1. 拜占庭时期，人们经常会用煤球或便便将犯罪分子的脸抹黑。后来，这个动作就被希腊人赋予这层含义。
2. “抓鼻子(fig)”：一个游戏，玩家若能轻触到对方的鼻子则赢。为证明玩家确实赢了，可将一只手握拳，大拇指伸直，让其夹在食指和中指中间，大拇指指代被抓的鼻子。该手势要追溯到古罗马时期，当时人们用其来指代性关系。一个美好的解读是，该手势蕴含着对幸运和多子多福的祝愿。同时，也被视作是对抗邪恶之眼的保护动作。
3. “打雨伞(Iberian slap)”：可同“竖中指”相提并论。一只手打另外一只手的肘关节，双手合成箭头的姿势，被打的手顺势向上抬起，此动作类似打雨伞的动作。实则不然，在南欧一带，此动作有明显猥琐和挑衅的意味。
4. 罗曼语族(Romance)：主要包括罗曼语族诸语言。讲罗曼语族语言的人主要包括传统意义上的“欧洲人”。纪元前后的欧洲国家瓦解之后，欧洲语言也随地域的不同而产生各类语言。

收录在有关 emoji 潮流的文章《10 个必备表情符号!》(10 Emoji You Should Be Using Right Now!)中的表情符号,有时也有忌讳之意。茄子 就是一个典型的例子:它常用来代替男性生殖器官,是上述粗俗不雅示意符号列表中“天生的继承者”。另一个例子是“微笑便便” ,对于是否将其收入谷歌邮箱(Gmail)的表情中,日本工程师不得不向总部请示,解释其在实际应用中的重要性。他们这样描述便便的表情:“其含义为‘我并不喜欢这样’,是以一种委婉柔和的方式表达不满”,或是“‘很可惜,我想重申我的不满’。其含义与‘赞’相反”。于我而言,在表示“有点恶心”之意时,才会发送便便的表情。示意符号也有精确的形式,这一点对于具有象征意义的 emoji 至关重要。一些设计师最初在设计“便便”符号时,并未加笑脸,这就遗漏了它的一个重要含义。emoji 风靡全球初始,出现一个不期而然的问题——“分离”,因为不同应用程序或设备的制造商将具有同样含义的 emoji 设计成不同的样子。用户发送一个红裙女士后,朋友收到的要么是一个迪斯科舞男,要么是一个嘴叼玫瑰的胖子,这种情况让人心生不悦,也是提供 emoji 的平台始料未及的。究其原因则是设计师们认为,可以随意地将自己公司的理念加入到“舞者”这个概念中。但人们却不以为然,他们认为发送错误的“舞者”emoji,就像做中指向下(表鄙视)或交叉手指的动作时,两根手指摆错了一样愚蠢。最后,很多公司都放弃了。表情图标百科网(emojipedia)在其博客中将 2018 年誉为“emoji 融合年”。如果把这些 emoji 都当作示意符号,其含义的可变化范围就十分有限。

将某些类型的 emoji 看作示意符号,便于人们更清楚地了解其所表达的语意。身体动作的可命名性是示意符号的主要特点，因此，字典中也就自然而然地收录“抛媚眼”和“竖大拇指”等示意符号的英文词条。同样，某些已有名字的 emoji（体现为英文单词或短语），还有其他含义。这些含义虽与 emoji 耦合，却不再是其原本的意思。我发现有人在与烹饪无关之处使用“茄子”时，并未注明它是个 emoji，例如这个新闻标题：一位歌手“在照片墙上误发了一张自己生殖器官的照片”。显然，如果人们要继续使用“茄子”这个 emoji，就有必要赋予其新含义，就如“香蕉”和“香肠”等词现有的委婉含义一样。然而这并不意味着字典要收录所有的 emoji，因为即便是没有象征意义的示意符号，字典也尚未完全囊括。

emoji 并不是网络交流中表达情绪的唯一符号。据色拉布的一个早期粉丝所述，在照片上加上文字就像发短信一样，可以直接用自己的面部表达情感，无需表情符号。换言之，是用象征性的身体动作传递信息。GIF 动图可循环播放，通常用于展示示意符号，然而就技术而言，它可以展示任何形式的无声动图。人们发现，最引人注目的动图都包含面部，这一特色从用户界面中可见一斑。在推文中添加图片时，推特中自带的动图都是已命名且风格统一的身体动作，这些动作大多出自人类、卡通角色，少数来自动物，比如：鼓掌、恶心、翻白眼、捂脸、击拳、再见、跳舞、比心、击掌、拥抱、亲吻、扔麦、拒绝、惊呼、同意、爆米花、害怕、震惊、耸肩、叹气、抛媚眼和打哈欠等。某些动图具有象征意义，就像竖大拇指和茄子的 emoji 一样。使用时只需输入这些 emoji 的名字就能选用，无需相关图片。如果想表达观看戏剧时的兴奋，可以发一张迈克尔·杰克逊（Michael Jackson）的动图，他在黑漆漆的电影院里吃着爆米花，目不转睛地盯着屏幕。当然，你也可以只是简单地输入“＃爆米花 gif”或是“＊爆米花.gif＊”，系统会自动弹出这张图片。

迈克尔的这张动图成为最具代表性的爆米花动图并非偶然。手势和数字化的表情符号源于非裔美国人的文化。例如：击掌源于爵士乐盛行的时代，也称“低位击掌”或“握手”，在运动队中广泛传播，而击拳则源于越南战争（the Vietnam War）中黑人士兵“击拳”的招式。类似的还有涂指甲油的表情，由于其与黑人变装皇后的含蓄表达有关，而广受大众青睐，是以一种微妙的方式表达对他人刻薄的侮辱。在一篇名为《响应动图中数字化黑人扮演》（We Need to Talk About Digital Blackface in Reaction GIFs）的文章中，劳伦·米歇尔·杰克逊（Lauren Michele Jackson）指出，其他人种特别喜欢用包含黑人的动图，黑人面孔出现频率过多，特别是表达极端情绪。她将这种刻板印象与夸张的黑面人游艺表演[1]与学者尚内·尼娅（Sianne Ngia）所提出的“动画性”联系起来，来解释为何人们长期以来认为黑人的动作很浮夸。

还有其他一些没有常规名字的手势，由于很难用文字描述，故在此不做讨论。这些手势已融入日常交流中，其使用次数实际上超过了符号。你可能会做手势来表达以下含义：“继续往那边走，然后在灯处转弯”“那条鱼真大”和“坐在我旁边的人唧唧歪歪，没完没了……”。但是这些手势并无特定的名字，只是描述。在表示方位时，你会用手指哪个方向是“那条路”，路灯处应往哪个方向转弯；表示大小时，你会将手摊平，与对方相隔一定的距离来比画；而表示继续前进时，你可能会张开双手，不断地画圆。

1. 黑面人游艺表演：19世纪中叶以前，白人音乐家根据非洲黑人奴隶的民歌演唱“黑人歌曲”。演员都擅长幽默滑稽，都是白人，扮演黑人角色时将脸上涂抹木炭，在表演中夸张地模仿黑人的动作姿态。

如果你试着捆住自己的双手说话，你应该会很难受，此时请让朋友在场，以确保你能脱离困境！研究人员曾做过类似的实验，让参与者看歪心狼（Wile E. Coyote）与 BB 鸟（Road Runner）[1]的漫画，并让他们向他人描述所看到的内容。实验的一半时间，描述者的手都被固定在椅子上，表面上是为了测试他们的身体指标，但实际上是想观察他们不能做手势的时候会发生什么。研究人员发现，当人们不能做手势时，会更难表达出故事呈现给人视觉和空间的效果。此外，语速会更慢，停顿也更多，而且更容易说“嗯”和“啊”。

研究表明，每种文化中都打手势，即便对于交流毫无用处，人们也会边说边比画，就像打电话时一样。连天生眼盲的人也会如此，即使他们知道对方也是盲人。但这与抛媚眼或竖中指有所不同，我们情不自禁做的手势没有确切的名称。因此，语言学家们认为，这种所谓的语伴手势[2]或说明性手势更多的是展示说话人的思维，而不是帮助听者理解。那些倾向于做手势的人的确有更强的思维能力，也更擅长解决数学问题。

下次在餐馆用餐时，可以观察一下周边餐桌的人。你未必能看到很多人的表情，但一定可以看到一些语伴手势。看看远处的一桌人，你只能看到桌上的人，却听不到他们说话，但你可以根据他们的手势分辨出是谁在讲话。无论他们是在开心地笑还是尴尬地对峙，也许你能从中察觉出他们的关系如何，但不知道对话的具体内容，因为语伴手势更依赖于说话的语境。例如，竖大拇指在语伴手势中也可表示“在那上边”。然而，用一只手

---

1. 歪心狼：1949 年由华纳公司出品的“Looney Tunes”系列动画片中的主要角色之一，狡猾的歪心狼（Coyote）一心想要吃掉机智的 BB 鸟（Road Runner），但故事所有的结局都是歪心狼（Coyote）作茧自缚。
2. 语伴手势（co-speech）：又称话语伴随手势，是指边说话边做手势。

或两只手的食指或整只手向上指，朝上翻眼或挑眉，抑或是同时做上述动作，都可以很容易地表达“在那上面”之意，但是它们都无法取代竖大拇指表示欣赏和赞同的含义。

用 emoji 表达生日祝福时，同样灵活多变。人们用生日蛋糕、切块蛋糕、气球、礼盒、鲜花，或是更常用且富含正能量的 emoji，如爱心、烟花、笑脸、五彩纸屑，以及竖大拇指或击拳的手势，为他人送上生日祝福。这些 emoji 以多种多样的排列组合集中收录于微软输入法 SwiftKey 的数据库中。当你阐释演讲内容之时，更愿意选择一些既合适又别出心裁的符号表示“生日”“沙滩”“娱乐”“危险”等。不同平台的蛋糕各不相同，有巧克力蛋糕、香草蛋糕和草莓蛋糕，蛋糕上蜡烛的数量也各有差异。然而，“emoji 融合年”并没有统一 emoji 的形式。

舞者这一表情的式样变化使人们困惑不已，因为它用作表情符号的同时，也会和单词搭配组成其他意思。但人们并不会对生日蛋糕 emoji 的款式变化感到困惑，因为它只是一个插图，而插画类 emoji 反而突出强调了已存在的主题。如果插画家图不达意，那也无关大体，因为周边的文字可提供语境，给予正确的解释。选用象征性 emoji 时，由于有了先例，我们往往目标明确；而选用插画类 emoji 时，我们通常会先在键盘上浏览一遍，再按需取材。

人们想找一个表示钓鱼的表情插图，却惊讶地发现找到的表情符号与自己所想的大相径庭：“什么?? 为什么会没有____的表情符号??”出现这种情况的原因在于 emoji 的诞生是在历史发展中不断兼并，并融合个人需求的大杂烩，而非为了系统地涵盖所有语义空间而特意设计出来的（更多相关内容，将于本书表情符号发展史部分呈现）。生日符号是 emoji 领域相当完善的符号，是 emoji 中的佼佼者，而其他符号则不然，尤其是那些并非来自 emoji 发源地日本或是首次传入美国的。

插画类 emoji 和语伴类 emoji 可以按其表面意思理解。要理解“蛋糕”和“气球”的含义确实要掌握生日的传统文化，但人们不需要任何特别的网络知识也能明白，发送这些 emoji 可以表达生日祝福。即便是不太熟悉网络文化的人，也可以轻松地使用 emoji 的插图，就像在编辑“你喂猫了吗”这类句子时加入猫的 emoji 一样，这个和蔬菜店相关的表情符号，很多人使用时并不深谙此中深意，仅用来表示茄子这种蔬菜。

最后一个有关 emoji 的难题：如何将它们结合使用？用 emoji 复述人们熟悉的故事受到了广泛关注。例如：Emoji Dick 是用 emoji 来复述《大白鲸》（*Moby-Dick*）的故事，# EmojiReads 是用 emoji 讲述诸如《蝇王》（*Lord of the Flies*）和《悲惨世界》（*Les Misérables*）的故事；卡拉 OK 表情可作为一种游戏，在歌曲结束之前，看参与者中谁能想出最适合表示这首歌的 emoji。以上这些例子很容易看出，emoji 和人的肢体动作相得益彰。人们在使用它们之时，就像是与朋友在嘈杂的酒吧里玩数字猜谜和猜哑谜游戏。猜 emoji 以及其他 emoji 的花样用法都很有趣，但我想知道的是，这真的能反映 emoji 的日常使用情况吗？emoji 又是如何影响非正式写作的呢？

为了弄清楚这一问题，我请 SwiftKey 的工程师做了两项调查。第一个我想弄清楚的是：文字中有多少内容可以用 5—10 个 emoji 表示？如果用 emoji 讲故事真的很普遍，如果 emoji 正在取代英语，甚至新闻标题中也出现 emoji，我们应该会发现大多数消息中只有 emoji，不包含文字。然而事实并非如此，绝大多数消息都是纯文字。即便有的消息中包含 emoji，大多数也只

是置于文字旁边。而那些只有emoji的信息，绝大多数只有1—2个emoji，还可能是对某些事情的回复。一千条消息中，内容长到可用emoji来讲述的不足一条。事实上，只有不具备书写能力的孩童才会频繁用一连串的emoji。很多父母告诉我，他们2—5岁的孩子喜欢发满是恐龙等动物的emoji消息。但是，一旦这些孩子学会读写，就开始发文字，不再发emoji。

第一个问题的答案便浮出水面，长串的emoji并不常见。但是，我们的数据集很大，可以用来研究第二个问题。那些少见且能用来讲述故事的emoji序列是什么模样？

这是我的第二个问题。我请SwiftKey的工程师们从数据集中提取了最常见的表情序列，它们分别由2、3、4个emoji组成。这是分析大部头内容常用的方法。一组单词和一个故事的区别在于：讲述故事的单词在句子和段落之中，段落是叙事的集合，这个集合中的常用词汇还有子结构，这些子结构可以反映语言本身的结构。如果你在美国当代英语语料库（Corpus of Contemporary American English，COCA）的5亿词库中查找最常见的2个、3个和4个词的序列，你就会发现诸如“I am”“in the”“I don't”“a lot of”“I don't think”“the end of the”“at the same time”“as well as”“for the first time”“one of the most”和“some of the”这样的序列。它们本身并不是引人入胜的散文，但是会像胶水一样，将句子组合在一起，以讲述更有趣的故事。如果人们都用emoji来记录故事，那么只要寻找模式化的emoji就能找到这些故事。比如我们可能会认为，红色的圆圈中间加一条斜线表示否定🚫，👩或👨等表示人的emoji后带有箭头➡️时，意为某人要去往某个地方。

事实并非如此，我们发现表情序列中也有重复。从不同长度的表情序列中，我们查看了前200个序列，约有一半是完全重复的表情符号，例如：2个笑哭，3个大哭，以及4个红心。此外，还有一些复杂的重复，如雪花围绕雪人，捂眼、捂耳、捂嘴的猴子，以及飞吻和亲吻交互排列。即使是截然不同的表情组合而成的序列，其主题也可相似，如心形眼睛和亲吻脸、流汗和放声大哭、与生日和快餐相关的表情串和颜色大小各不相同的爱心。

单词的重复与emoji不同。美国当代英语语料库中，由2个、3个和4个单词组成的序列，前200个序列中没有出现重复的单词，甚至找不到全是名词或形容词的单词序列，这就同获取同一主题的emoji序列一样。当然，有时词汇也可以重复使用，如very very very、higgledy-piggledy，而emoji有时却不会重复使用，比如意为"无雪"、意为"我爱吃比萨"。但这毕竟是少数，不会位于语料库前列。可以用几个意思相近的形容词来加强语气，如"大坏狼(big bad wolf)"，但不会用"big bad big wolf"这样繁琐的搭配。此外，在emoji序列中，emoji的顺序并不是十分重要，形状各异的爱心以及与生日相关的emoji可以各种顺序出现。相反，单词序列中各单词出现的顺序却十分重要，"bad big wolf"和"red small car"都是不正确的表达。若想知道emoji是如何融入人们的交流中，就必须了解其与人们生活的共通之处，毕竟emoji同其他小图片的区别在于，每天都有数十亿的人们使用。而emoji真正的意义存在于目前数十亿人用它做什么，而不是广告商或哲学家设想中的用处。事实上，我们在交流中一直重复的往往不是口头语，而是肢体语言。

假设你有一个餐馆，你可以观察一下你合伙人的肢体动作。

有的人手掌向上，手指微微卷曲，手上下移动来表明自己的观点，听众接连点头；有的人用手指多次在空中画圈；还有人无聊地敲着桌子。电视里播放着政客演讲时一次又一次地张开双手，试图清楚地呈现自己的观点。这些重复的动作被称为节奏。你也可以这样有节奏地打手势，比如：反复推开某人，为表强调多次指向某物，或者就像平常讲话时自然且有节奏地合上、张开双手。把握节奏最重要的是掌握规律的变化，例如：说话时口吃得越厉害，手势动作也会受影响；将元音拉得很长，手势也会跟着放慢。

emoji同手势在节奏上有异曲同工之妙，从emoji的重复可以看出这一点。点击😘😘😘，因为我们可能会多次做飞吻的动作。而多次点击👍👍👍👍，是因为有时我们会有节奏地点赞，有时还会让点赞的手势停顿几秒，以达到强调的效果。同样，写信时我们也会重复单词的字母以表示强调，即使延长的部分并不发音，如“sameeeee”。甚至可以重复那些同打手势没有直接关联的emoji，例如：骷髅头💀、微笑的便便💩或闪闪发光的爱心💖，之所以这样做是因为人们已将这些表情归为一类。

让emoji具有节奏感的一个明显的方法是：在每个单词后都加上一个拍手的emoji，如WHAT 👏 ARE 👏 YOU 👏 DOING 👏。这种用法最开始用于一种表情符号，是非裔美国女性常用的节拍手势。喜剧演员罗宾·泰德(Robin Thede)在《每夜秀》(*Nightly Show*)的“黑人女性手语(Black Lady Sign Language)”节目中描述了如何“双手快速打拍子”[1]。正如作家

---

1. 在黑人女性手语中，快速鼓掌，表示强调，指代兴奋或愤怒的情绪。

卡拉·布朗(Kara Brown)在这个手势开始成为主流报纸头条时所言："在我少不更事之时，每说一个词就会拍一下手以示强调。"2016 年，该手势开始在推特上流行，而用户们并不知道它来自非裔美国人。但不管是应用于线上还是线下，它都和节奏息息相关。

通过组合 emoji 来讲故事，也让我在分析 SwiftKey 数据时遇到的"茄子 emoji 为何会消失"这一困惑迎刃而解。我们都知道人们喜欢用茄子 emoji 表示男性的生殖器，你甚至可以买到仿照茄子形状做的毛绒玩具和钥匙扣。然而，在前 200 个含有 2 个、3 个和 4 个表情的序列中，却找不到茄子的踪影。在这些序列中，我们也找到一些并不普遍但同样具有性意味的表情组合，如舌头与水滴组合 👅💦，以及手指指向比 OK 的手 👉👌。然而在前 200 个序列中，茄子 🍆🍆🍆 只是简单的重复。另一种经典的 emoji，微笑便便也是一样。你可以将其当作永不过时的新鲜事物，一直使用。人们乐于重复发送便便的表情 💩💩💩，却不愿将其与其他表情组合使用，这是为何?

想想象征手势和语伴手势做手势时顺序上的区别，便能解释为何这些经典的 emoji 会神秘消失。语伴手势对讲话内容起着解释说明的作用，说话人可以很自然且流畅地做手势，虽然每个手势形状各异，每组手势也会不同，但所表意义基本相同。描述你今天所走的路线，你可能会连续做多个手势，而你现在跟我描述时打的手势，和几分钟前同他人讲述时会有些许不同。与说明性 emoji 一样，象征性手势同样有解释说明作用，你可以在不同的日子组合不同的 emoji 来表示"生日快乐"或描述天气，这在交流时十分有用。此外，象征手势既分散又具特色，虽可以重复使用，但不能同其他手势一起使用。你可以长时间称赞某

人，也可以重复向某人竖中指，但不能取消称赞，也不能取消竖中指，即便边竖中指边摇头也行不通。同样，茄子和微笑便便都是象征符号，但单凭二者的长相并不能很清楚地知晓其常规含义，也不易和其他表情结合使用。这就是诸如生日祝福等有趣的表情序列中，往往不会出现这类符号的原因。向某人发送所有可以代表生日祝福的 emoji 会营造额外的生日气息，还可打造很棒的效果！然而，给某人发送所有可代表男性生殖器官的 emoji 并不会产生额外的性印象，反倒像一份有茄子、黄瓜、玉米棒和香蕉 🍆🥒🌽🍌 的奇怪沙拉。手势和 emoji 都是多种多样的。关注不同组合的 emoji，我们会对日常生活中用到的 emoji 有新的认识。

emoji 的诞生

用 emoji 表示体态语，是其快速流行的原因。这也给我们留下一个问题：为什么我们过了这么久才找到这种记录体态语的方法？

其实，探索的路上人们确实做过多种尝试。

写作一直都配有插图。中世纪的抄写员用各种各样的方法为他们的手稿配图，从精心装饰的经典大写字母到怪异的流行图案，例如：骑士用剑尖指着巨型蜗牛，与其搏斗。事实上，是印刷机让人们意识到书籍的内容主要还是文字，因为文字比图片更容易印刷。毕竟，只要铸造一套金属字母，就可以打出你想要的任何文字组合，但每一副新图都必须从头开始雕刻才能交付印刷。按理说，早期的印刷机也可以制作出小型通用的金属拉拔成品[1]。事实上，人们对制作新金属字体比较保守。英国印刷商的第一批印刷机是从欧洲大陆进口的，那里没有人使用英文字母“þ”（称为 thorn），所以英国印刷商要么像多数地区一样用“th”字母组合，要么用外观相似的字母“y”来代替，但这种方法只在少数语境中有效，如 Ye Olde Tea Shoppe。印刷商不愿铸造一个真正实用的字母，这也是为什么图片都在书的封面、前言以及儿童读物中。但是，令人满意的 emoji 未能在文艺复兴时期诞生的另一原因是人的心理因素。那时候，我们想从不同的书写形式中获取不同的内容，印刷用于获取正式的内容，而手写可以获取非正式的涂鸦。然而至今，我们还尚未意识到其实可以将情感表达放入印刷中。

长期以来，书面体态语主要使用手指标记，或者说是印刷拳头☞，将其画或印在手稿留白处，提醒读者注意某些段落。12 世纪到 18 世纪，这一符号得到广泛应用。中世纪的僧侣们用其添加笔记，印刷商用其提醒人们注意更正或补充文字，维多利亚时代的读者则用来突出他们想要记住的段落。直到 19 世纪初，风格化箭头兴起，它才逐渐淘汰。

然而，非正式写作中仍然保留了许多装饰文字的方式，其中，涂鸦深受创作者喜爱，如刘易斯·卡罗尔（Lewis Carroll）和西尔维娅·普拉斯（Sylvia Plath），前者亲自为《爱丽丝梦游仙境》（*Alice in the Wonderland*）的原创手稿绘制了一系列的素描，后者在自己的日记和书本边缘处画画，且极其偏爱奶牛。即使你不具备他们的涂鸦技能，也可以用有花押、边框、纹理甚至

1. 金属拉拔加工（Metal Drawing）：本文中指经过金属拉拔加工之后的成品。金属拉拔工艺是在金属板材拉深机上进行的。在金属拉拔或拉深中，金属板料或坯料通过拉深凸模进行拉深，凸模进入凹模中，从而对板料进行成形，这就是金属拉拔（或拉深）。

有香味的纸，再用不同颜色的墨水写信，以装饰你的私人信件，来展示你的审美。你也可以借用别人的图片，如把打印出来的图片或名言剪下来粘在书上，如同 18、19 世纪的人们做摘记簿，以及现代的印刷贴纸和剪贴簿一样。我们在前几章中看到的一些 20 世纪 70 年代的明信片上，就有手绘笑脸和动物涂鸦的图片。

上一章提到过，早期的计算机和同期的印刷机一样尚不那么先进，前者字符和字体的选择甚至更少。但是，人们却用这仅有的标点符号制作边框、生成单词和绘制插图。早期计算机的美国信息互换标准代码（American Standard Code for Information Interchange，ASCII）编码系统定义了 95 个可打印的字符，这类字符被称为 ASCII 艺术字。后来，ASCII 扩展了更多的字符，以表示任何一种以文本符号创造的艺术品。而基于文本本身的艺术更为古老，最早可追溯到打字机拥有的有限制图功能之时。如下面的 ASCII 艺术使用斜线、反斜线、下画线，括号和撇号，做成了空心字母，读作“ASCII 艺术”。此外，它还用了一些稍宽的符号组合，如双引号和等号，来制作简易可爱的小兔子。更具震撼力的例子可能包含数千个符号，能够绘制出精美的图画底纹或展示整个场景。

```
    _    ____   ____ ___ ___              _   
   / \  / ___| / ___|_ _|_ _|   __ _ _ __| |_ 
  / _ \ \___ \| |    | | | |   / _` | '__| __|
 / ___ \ ___) | |___ | | | |  | (_| | |  | |_ 
/_/   \_\____/ \____|___|___|  \__,_|_|   \__|

 (\_/)
(='.'=)
(")_(")
```

卡内基梅隆大学（CMU）计算机信息系统一次严重的信息误传，促使互联网语言取得重大进步。大多数时候，系统消息中

的信息是相当严肃的，包括计算机科学系的演讲公告、失物招领、关于政治以及最佳键盘布局的激烈讨论等。但在 1982 年 9 月的一天，留言板的用户开始发布关于电梯自由落体物理学问题的荒谬假设，氛围突然变得轻松起来。有一人提问：如果把一个氦气球放在电梯里，然后切断电缆会发生什么？另一个人想知道如果将一群鸽子放入一个自由降落的电梯里，会发生什么？还有人接着问道如果那些鸟吸入了氦气，又会发生什么？它们的叫声会更尖吗？第四个人想到一个类似的实验：如果将一滴汞和点燃的蜡烛放到自由降落的电梯中，又会发生什么？

我只是个语言学家，对这些问题毫无头绪，我关心的是接下来会发生什么。首先，有人继续开玩笑，并发布了警告信息："警告！因为近期的一个物理实验，导致最左边的电梯受到汞污染，造成了一些轻微的火灾损失。清污工作约于周五 8:00 前完成。"问题随即而来，后来者进入留言板只看到了虚假警告，却不知前因后果。几个小时后，一些人不得不刷新消息以查阅澄清信息："我为搞破坏和开玩笑的行为而道歉。不过，人们确实也很不安，毕竟拥挤的剧院里传来失火声并不是个好消息……"

最后是这类事件对应的解决方案。CMU 的用户们开始头脑风暴，想方设法说明某条信息是玩笑，因为这不是第一次有人把用户们的玩笑当真。他们提出了各种各样的方案来区分哪些信息属于玩笑，例如：在主题行中加上星号 * 或百分号%或和 & 的符号，发送所有信息时加上 0—10 的数字以对"幽默值"分类、创建一个单独的笑话留言板、用{ # }的序列（看起来像嘴唇，中间漏出牙齿）或是用看着像咧嘴笑的符号 _/ 。然而，真正流行的点子还是本校的一名叫斯科特·法尔曼（Scott Fahlman）的教授提出的。从 20 世纪 80 年代尘封的档案中找出了他当时发布的原始信息，那时的电脑记录都保存在一卷一卷的磁带中，具体

内容如下：

1982年9月19日　11:44 斯科特·法尔曼　:-)

发件人：斯科特·法尔曼＜20世纪卡内基梅隆大学的法尔曼＞

我建议为笑话标记以下字符序列：

:-)（微笑）

请横过来看。事实上，考虑到当前的形势，更经济适用的方法可能是标记那些非笑话的内容，如在非笑话内容旁标记：

:-(（难过）

长期以来，人们一直想简化笑脸的表达，法尔曼横读的提议无疑是直截了当的解决之道。该符号输入简便，很快就为其他信息端参与者采用。短短几个月，就连CMU以外的地方也开始使用该符号。人们还创造了许多别的横读表情符号，包括一些非面部符号，如＜3（桃心）和@>-->--（玫瑰）。还有许多精心制作的符号，如名人的横读像，然而比起在实际沟通中的应用，它们更常出现在智面列表中。人们还不清楚什么情况下要用笑脸代表亚伯拉罕·林肯（Abraham Lincoln），但他在符号世界里的形象为==(:-)=，戴着高顶帽、留着长长的胡须。而一些经典的符号，如:-)开心、:-(不悦、;-)使眼色、;'-(使眼色示意不悦、:-P开玩笑，以及后来由其衍生的无鼻符号，例如:)　:(　;)　:'(　:P

（含义分别同上），仍是最受欢迎的。

诸如 :-) 这类符号被称为 emoticons（表情符号的新式表达），它由情绪 emotion 与小图案 icon，组成新词“emoticon”。emoticons 的优点之一是：符号可以随文字一起打出，而不必像添加大幅图片时一样必须换行输入，即便组成图片的字符与你编辑的其他字符一样都是 ASCII 字符。正如讲话时做手势和面部表情可以无缝对接一样，基于标点符号的 emoticons 也可直接键入文字信息之中。

文本型 emoticons 不断发展变化，其含义也不断发展变化，并占据了重要地位。自斯科特·法尔曼的提议之后，微笑表情的基本含义也发生了变化，由表示玩笑转变为更为普遍的积极情绪，如用“真是太好了 :) ”表示真诚，确实是真心的祝愿，不含讽刺意味。鼻子符号在年轻人中失宠了，2011 年，语言学家泰勒·施内贝伦（Tyler Schnoebelen）研究推特上的 emoticons 时发现：使用有鼻子 emoticons 的人往往会给佩佩·阿吉拉尔（Pepe Aguilar）、阿什顿·库彻（Ashton Kutcher）和詹妮弗·洛佩兹（Jennifer Lopez）等名人发推，而那些惯用无鼻 emoticons 的人则倾向给贾斯汀·比伯（Justin Bieber）、麦莉·赛勒斯（Miley Cyrus）、乔纳斯兄弟（Jonas Brothers）和赛琳娜·戈麦斯（Selena Gomez）发推。照顾到未来那些不了解 21 世纪初美国流行文化的读者，这里我解释一下，贾斯汀·比伯等人在 2011 年广受青少年的欢迎，而库彻、洛佩兹等人是老一辈的名人。这充分说明了年轻一代使用 emoticons 时偏向舍弃鼻子的表情。

在美国和其他英语国家发展网络 emoticons 的同时，另一种形式的网络表情也在日本早期计算机网络即 ASCII 网上发展起来。这些表情叫作颜文字（kaomoji），由日语 kao（颜“face”）和 moji（文字“character”）组成。颜文字同 emoticons 相似，但用

户不用侧头就能看懂。事实上，几乎任何一对符号都可用来表示眼睛的形状，并不仅限于像:) 和 =) 这样成对出现的符号。诸如 ^_^（开心）、T_T（哭泣）和 o.O（睁大眼睛）这样经典的颜文字几乎和 emoticons 一样古老，据说它们早在 1985 年或 1986 年就已出现在 ASCII 网。

鉴于情感表达的巨大文化差异，眼睛的刻画对颜文字十分重要。研究人员向东亚人和西方白种人展示有不同表情的面部照片时，亚洲人往往根据照片中人的眼睛来判断他们的情绪，而西方白人则看嘴巴。在日本漫画和动漫同西方动画的对比中，这种情感描述得到了淋漓尽致的展现。此外，经典的 emoticons 和颜文字中也有所体现。emoticons 中，开心 :) 和不悦 :(的眼睛可能一样，但嘴巴一定不同，而颜文字中，开心 ^_^ 和不悦 T_T 的嘴巴可相同也可不同，但眼睛一定不同。一些颜文字在西方世界广泛流传，不再局限于眼睛的变化，转而在身体其他部位做文章，如 2014 年的摊手耸肩 ¯_(ツ)_/¯ 、2013 年的头上戴花 (◕‿◕✿)，以及 2011 年的掀桌子 (╯°□°)╯︵┻━┻。然而，要理解纯粹通过眼睛表达感情的颜文字，似乎需要人们对日本漫画文化有基本的了解，但大多数讲英语的人并不具备这类知识，除非他们是漫画迷或动漫迷。

20 世纪 90 年代末，若你有新款数码相机，只需将数据线插在电脑上，便可将照片添加至网站；或是整理他人地球城的页面，获取那些未发行的动图。除了颜文字，另一种新事物也在日本流行起来，人们开始用手机互传照片。但遗憾的是，这种方式在发送和接收图片时都需要消耗大量流量，太不切实际。1997 年，日本手机运营商软银集团针对这个问题找到一个解决方法：如果他们用给字符编码的方式来为图片编码，这样效果会不会更好？毕竟，给朋友发送字母 A 时，手机不会按照像素点成像的方式呈现字母。但是，若只发送一串短的数字代码，系统识别之后就可呈现字母 A，例如发送 0041，朋友的手机识别 0041 后，便自动生成字母 A。如果能发一串简单的数字，如 2764，代表一个爱心❤，这必然比发张图片速度快。因此，软银的设计师们为 90 张小图片创建了简短的数字代码，包括天气、公交、时间和体育应用程序的小图标，以及心、手和一些看起来极像现有颜文字的面部表情。这就是我们前文中提到的 emoji（此处指“絵”文字）的起源。

虽然“emoji”与“emoticons”（“情感 + 图标”）类似，但此词是由“e + moji”组合而成，其中“e”对应日语的“絵”，意为“图片”，“moji”对应英文的“character”，意为“文字”，moji 与 kaomoji 中的 moji 相同。这种巧合确实可以让 emoji 在英语使用者中流行起来，但想键入对应的符号并非易事。这些经过编码易于发送的小图片在日本迅速流行，其他日本手机运营商也忙着开发自己成套的 emoji，但问题也接踵而至。emoji 的应用是为了节省空间，对小图片配以数字代码来实现。但是，不同的手机制造商使用的图像集不同，图片对应的数字代码也存在差异。因此，若你的手机是日本的电信运营商多科莫（DoCoMo）的产品，给使用软银手机的朋友发了一个爱心，他可能会收到一个毫无意义的方框，甚至更糟糕，收到一个完全不同的符号，如雨伞或音符。较常见的是，用多科莫手机发送金牛座标志，最终在 KDDI 手机上可能会出现一头普通的奶牛，这不仅令人费解，还很尴尬。

统一码联盟（the Unicode Consortium）是负责规范普通字母、数字以及标点符号的数字代码组织，是一个由技术极客和字符痴迷者组成的小型委员会。联盟的成员大多数是大型科技公

司的员工，其任务是确保信息准确无误地传递，例如：将撇号从一个程序中复制粘贴到另一个程序，或是输入撇号，保证接受设备收到的内容不会莫名其妙地变成â €™。但是这种情况并不常见，仅限于英文标点符号中，因为英文字母在很早之前就有编码。其他语言中对该问题的命名却让人头痛，如日语的 mojibake“字符转换”，此处 moji 与 emoji 中的 moji 相同；俄语的 krakozyabry“垃圾字符”；德语的 Zeichensalat“字母沙拉”；还有保加利亚语 majmunica“猴子专属字母”。将这些名字乘以所有语言中的符号，再加上特殊的数学符号和音符，以及严格意义上的 600 多种箭头，便会产生大量极其乏味却重要的转换乱码工作，即上述猴子专属字母、字母沙拉以及垃圾字符的转码，而这也是统一码自 1987 年就一直在做的工作。

起初，统一码联盟的成员并未确定要加入 emoji 的发展浪潮中。2000 年，emoji 刚在日本流行时，成员们婉言谢绝参与其中，任由多科莫、软银和 KDDI 在图片信息兼容性，以及有时缺少图片信息等问题上争论不休。如果发送编码成文字的小图片在某个国家只是兴盛一时，那对统一码联盟这样的国际标准组织来说，参与其中绝对有失身份。事实上，emoji 在日本继续流行，跨国公司也开始涉足其中。Gmail 需为其日本用户提供带有 emoji 的电子邮件服务。苹果公司希望提高 iPhone 在日本的销量，但日本用户并不会购买不支持 emoji 功能的手机。2010 年，考虑到 emoji 不再是昙花一现，故统一码将其纳入麾下。

究竟添加了哪些 emoji？软银最初的 emoji 只有 90 个，随着日本其他运营商不断贡献新的 emoji，emoji 的总数有所增加。因此，最初纳入统一码的 emoji 包含 608 个在日本很常见的符号。目前 emoji 都已编码，并分别于 2011 年和 2013 年先后进驻苹果设备和安卓设备。国际支持和跨设备的兼容性解决了日本短信用户的符号传送问题。此外，也使 emoji 在日本以外的地方流行开来。emoji 也确实得到了人们的青睐。2015 年初，也就是 emoji 进入国际舞台 5 年后，最受欢迎的笑哭 😂 表情，其使用频率超过此前最受欢迎的微笑:)。

随着越来越多的人使用 emoji，很显然这 608 个符号供不应求。人们也开始思考：若有独角兽和龙，为何没有恐龙？若有戴头巾的男士，为何没有戴头巾的女士？若有寿司和汉堡包，为何没有墨西哥卷饼和饺子？于是，这些都悉数收入了 emoji 表情。新添加的 emoji 中，很多都是响应普通民众的提议。普通民众通过统一码联盟网站和大众 emoji 提议组织 Emojination[1]，来获悉创造表情的过程。此外，针对 emoji 的开发仍在继续，统一码联盟每年仍会推出百余个新 emoji 以满足大众的需求。

官方统一码处理过程严谨，且故意放缓处理速度，即便增加了新的符号，emoji 的更新仍需要时间。而统一码的核心仍是一个独特、统一且通用的编码系统。其目标是创造出在遥远的未来里，可以在任意设备上使用的符号，不重蹈空白框的覆辙。这就意味着一旦统一码添加新的符号，便不再删除，其目的在于不违背统一的标准。这也是为什么统一码中不包含名人和流行文化元素的 emoji。一段时间内，它们会很有趣，但我们的曾孙后代并不需要 21 世纪初那些昙花一现的面孔出现在屏幕上。为了规避这个问题，有个别应用使用了更大、更即时且具有美学效果的 emoji。它们不用像字母那样编码，而是以普通图片的形式发送，如自定义表情键盘和贴纸应用程序。此外，还有动图，甚至还有自行搜索或定制的常规图片。

随着炒作的平息，使用 emoji 已成为屡见不鲜的事，不再是

1. Emojination：http://www.emojination.org/.

新闻报道热议的话题。此时，我们需要思考初代 emoticons 和引起轰动的 emoji 给我们带来的影响。在互联网时代的短短几年时间里，我们从根本上改变了对非正式写作的期望。不仅不再满足于仅通过面对面或者对话交流的方式来实现全面交流，还要求文字也能充分表达出心中所想，最重要的是要展示我们的语气状态如何。解决此问题的任何方法都必须解决与 emoji 相似的问题。但为何 emoji 能如此迅速地流行？它们又有哪些特质是未来的潜在对手必须满足和超越的呢？

表情符号盛行之因

单纯从技术层面来说，emoji 具有一些显著的优势。将 emoji 同基于标点符号的 emoticons 以及动图作对比，就可以看出这一点。emoticons 由键盘上已知的标点符号组成，故易于输入，但只能通过可识别的数字来组成标点符号。此外 emoticons 易于表达微笑一类的基本含义，但随着情感表达不断细化，便不实用了。颜文字用户发现，在使用这些符号时，不可避免地要安装一个颜文字文本扩展程序，或是反复搜索“耸肩”表情，从出现频率最高的结果中复制粘贴该表情。动图则极其复杂，由真实的面孔、生动的动画以及完整的字幕构成。但也存在一些问题：数量之多，难以找到心仪的动图；体积大且分散，不能同文字无缝衔接，即便在自带动图搜索的应用中，也会独占一行。偶尔使用动图聊天很有趣，但每句话都使用并不现实。emoji 则起到折中的效果。最常用的 emoji 会出现在 emoji 选择栏中最靠前的位置，当然还有更多可供选择的符号。它们无需另起一行，很容易和文字搭配使用。此外，它们也很容易从一个程序或设备复制粘贴到另一个，只要统一码中有你所想要的就行。

毫无疑问 emoji、emoticons 和动图都属于同一个体系，某些单词的功能甚至相互关联。照片墙的工程师们对其应用上最受欢迎的 emoji 做了相关研究，并列出人们在相似情况下会使用的词汇表。研究表明使用笑哭 😂 时，还会用 lolol、lmao、lololol、lolz、lmfao、lol、ahahah、ahaha、lmaooo 或 lolll 来表达；用爱心 ❤ 时，也会用 xoxoxox、xoxo、xoxoxoxo、xxoo、oxox、babycakes、muahhhh、mwahh、babe、loveyou 来替换；用大哭 😭 时，还可用 ugh、ughhhhh、wahhhh、agh、omgg、omfg 和 whyyy。当一种形式无法使用时，其他形式可作替换。语言学家雅各布・爱森斯坦(Jacob Eisenstein)和乌马萨蒂・帕瓦拉那桑(Umashanthi Pavalanathan)的一项研究表明，使用 emoji 较多的人对其他情感表达资源的依赖程度较低，如纯文本 emoticons :)、重复字母 yayyy、缩略词 lol 和其他创造性拼写 wanna。

然而，不管数字化表情是以 emoji、emoticons、动图或其他形式呈现，都存在一个更深层次的问题。目前，面部表情最受欢迎，但值得注意的是他们同普通的面部表情不同。与人交流时，我们会发现不由自主露出的表情才是最值得信赖的，例如：开怀大笑或轻声啜泣。因而，你不可随心所欲地发送符号，需精心挑选出符合语境的符号，其他人也是如此。emoji 和其相关的表情所传达的显然不是表面含义。如果我们认为表情符号能直接反映面部情绪，必然十分怪异，因为两者根本无法对等。在这个人人都戴着面具的世界，我们为什么会如此热衷于这种虚假的符号？其中又有什么乐趣可寻？

语言学家伊莱・德雷斯纳(Eli Dresner)和苏珊・赫林合著

的论文中给出了一个令人信服的答案。在他们看来，应将emoticons作为对人们说话意图的有意暗示，而不应让其情绪化。有时，这种意图确实与情感一致，如“我得到了这份工作:)”，意味着你很高兴。但有时你只是有意露出表情，例如某天你过得很糟糕，但为了工作顺利进行，在与顾客交流时还是会礼貌地摆出社交性的微笑。笑脸可能用于诸如“寻求建议:)”这样的语境，你可能会因征求意见而焦虑，但为了请求更礼貌，会加上笑脸。有时即使人们不开心，也会使用笑脸的表情。德雷斯纳和赫林援引某人之言：“这段时间我既不舒服，又疲惫:)。”说话者并不开心，也没有笑，但会加上笑脸以示不想人们将其所言当作抱怨。同样的句子加上:(，可用于博取同情。

基础微笑表情:)或emoji 是上述情景的通用工具。它可以弱化某些疾言厉色，把命令转化成稍温和的要求，还能将看似侮辱的话语变成委婉的调侃。正如心理学家莫妮卡·安·赖尔登(Monica Ann Riordan)所言，侮辱性的话再加个笑脸并不表示嘲笑或是幸灾乐祸，因为笑脸将话中侮辱之意变成了笑话。笑脸甚至可以一种礼貌的方式表示直截了当的拒绝。记者玛丽H.K.崔(Mary H.K. Choi)做了一系列采访，采访了不同年龄段的美国青少年，了解他们如何使用科学技术和emoji，并于2016年刊登在《连线》杂志上。采访中一位青年说他在调情时会发各种各样的心形emoji，女孩回复的最糟糕的表情就是笑脸，这就像在说：“谢谢，但我对你没兴趣。”

德雷斯纳和赫林还指出，早在20世纪50年代，英国语言哲学家约翰·兰索·奥斯汀(J.L. Austin)就提到口头语言和人们心中真实想法之间的区别，以及话语对世界有何影响。奥斯汀表示，无论你能否达到说话的目的，这都属于一个略微不同的哲

学范畴。如果我说“有车来了”，可能是“退后”的警告，也有可能是来自路怒症的辱骂，或是许下我已定好明天早上10点车的承诺，抑或是对原以为自己身处荒岛周围无他人的抱怨。若我说“这件衬衫真不错”，可能是在夸它，也可能暗示想借来穿穿，甚至是为了引起大家的注意力，再挑刺：衬衫是不错，但不适合在桑拿房穿。

有很多方式可以达到说话的预期效果，添加如“小心”或“我保证……”这些明确、清晰的提示词；可采用策略性的停顿并改变音调；也可依靠共同语境；还可以做手势。事实上，手势语言学家亚当·肯登(Adam Kendon)也引用了奥斯汀的观点，即阐明言语背后的深层含义，以此来解释符号在交流中的作用。试试在“好样的”后加上一个已命名的象征性手势，如竖大拇指表祝贺、抛媚眼表诱惑、捂脸表承认失败(具有讽刺意味)和竖中指表侮辱。

回到将emoticons和emoji视为身体动作，而非情感表达的另一个原因，这种想法解决了情绪表达和本应代替这些情绪的emoticons之间显著的矛盾。当然身体动作都由人创造，竖大拇指也不例外，并且二者都是真实存在的。如果人们正有意识地用emoticons引导读者正确理解文字，那emoticons便成为一种积极有益且可以阐明说话者真正意图的方式，而不是伪装的消极表达方式。的确，笑脸并不总是意味着说话者很开心，这里的开心是指油然而生、发自内心的，但它确实与刻意的社交式微笑或感叹号相吻合，以证明你不是铁石心肠的冰霜女巫[1]。这三种方式都表明了我是礼貌地询问，不想强加于人；我是在开玩笑，

1.《英雄联盟》中的英雄角色。“冰霜女巫”丽桑卓是自然世界的腐化者，她的阴谋是要让全世界都进入彻骨寒冷的冰河世纪。

是以一种温柔或含蓄攻击的方式让你失望，如“哦，不，我当然没有生气”。这并不意味着每个 emoji 都能惟妙惟肖表达身体动作，而是可以同时使用二者来达到相似的交际目的。

身体不仅可以用动作传递信息，还真实地存在于时空之中，而 emoji 可以帮助我们在虚拟空间中理解类似的含义。有时找人聊天并不是有事，而是想传达出言外之意，如“我看到了”“我在听”或“我还在，还想和你多聊会”。在现实世界中，我们经常通过身体来传递这些信息，例如：当别人靠近你时，便能知道对方是在关注你还是和你看同一个东西。即便你们缄口无言，也可以用眼神交流或肢体接触，甚至只用看一下对方是否还在，便能传达潜台词，除非那人行为鬼鬼祟祟。而在虚拟空间中，人们通常处于潜水状态。只有当你说话时，对方才能感受到你的存在，除去一些为数不多的情况，例如：视频聊天以及《第二人生》游戏或其他社交游戏中的替身。

点赞是让别人知道你看见他们所发帖子最简单的方法。这种方法能让你在他人的人生重要时刻送上祝福，如结婚生子。此外，点赞也可能是一些事情的先兆。如果你喜欢某人的帖子，恰好他们也喜欢你的，可以互相点赞，并将这作为对方愿意进一步交流的信号。它也可以是结束交流的法子：给对方帖子列表中的最后一个帖子点赞，表明你已经看到对方的信息，并觉得无话可说。但点赞也可能会起到适得其反的效果。“考古”是指可能不小心点了某人很久以前的帖子，这意味着你正鬼鬼祟祟地查看某人的资料，来回顾他们的过去。

emoji 和动图为聆听提供了一种更积极的回复方式，这种方式不仅表明“我看见了”，还意味着“我听见了，并且能感同身受”。与人对话时，我们经常通过重复重要部分或模仿对方的手势来表示理解。如我说：“对不起，我来晚了，轮胎爆了。”你回答："爆胎了！"这并不是多此一举，而是表示理解。同样，医生和乐于倾听的人也经常建议人们向他们吐露自己的心声。因此，就有了以下对话，我说："唉，我的车在来的路上爆胎了。"你可能回答说："哦！真闹心。"emoji 可以应对以下两种反映。一是你说："这个周末我想去海边。"我可以发送鱼、贝壳和螃蟹 🐠🐚🦀 的 emoji 来回应你提出的话题；二是你说："我想你啦 😭。"我可以重复发送 😭😭😭 来分担你的悲伤，或更进一步——找一个更悲伤的动图。人机交互研究人员瑞安·凯利（Ryan Kelly）和利昂·沃兹（Leon Watts）采访了一群具有代表性的英国青年，了解他们如何使用 emoji。其中一位参与者举例详细说明了用 emoji 来确定一个话题，再用它们结束对话，例如："昨天我们聊到了煎饼日，发了一些煎饼的 emoji，然后对话便结束了。我想这应该是无话可说了。"

除了单向回复信息，收发信息也是数字化交流的一种方式：即便信息本身几乎毫无意义，却传达出一个重要的潜台词——"我想和你聊聊天"。无论信息是 emoji、贴纸、自拍还是动图，发送信息这个行为本身就是信息。这种做法在青少年中尤为常见，他们经常想和朋友们这样玩上几个小时，而这些行为在周围的成年人看来不值一提。正如凯利和沃兹研究中的一位参与者所言："一开始只是用 emoji 闹着玩……如发送月亮脸，对方会回个奶牛，我再回个乌龟，当然这没什么实际内涵，只是有趣。这就像个小游戏，你需猜出对方发送的图片想表达什么意思。"社交工具为交流提供了便利，也减少了互动的压力，例如鼓励人们发自拍或周围环境的照片，通过这种方式来填补交往中的空白，这便是社交工具流行起来的原因之一。我们不可能一直都机智健谈，而像 emoji 这样的交流工具也表明我们无需一直

如此。

有时,甚至连互发 emoji 或自拍照也不再那么有趣。我们自身以及周遭的环境,本身就丰富多彩,充满活力而又耐人寻味。相比之下,纸上的文字就显得苍白无力。毕竟现实生活中,我们通常不会在既没有装修也无窗户的房间里闲聊,而是一起做很多事情,例如大家一起准备食物、进餐、看展览、展后讨论、散步或自驾游、互相吹捧或是谈论猫猫狗狗滑稽可爱的行为等。为了打开话匣子让聊天顺利进行下去,我们还会引入一些内容,如发送小乌龟吃草莓的动图、有流行文化的贴纸、一段令我们想起某人兴趣的视频、一个支持我们想要表达观点的链接和一个带有可爱动物耳朵的滤镜。研究表明,观看可爱猫咪的视频心情会变好,人们对可爱小狗照片的反应和可爱婴儿照片的反应类似。因此,动图成了表达情感的媒介和传递积极情绪的方式。此外,一种更深入的网上交流是和朋友一起打网络游戏,不管是诸如《堡垒之夜》《英雄联盟》和《魔兽世界》这样的沉浸式游戏,还是《精灵宝可梦 GO》(Pokémon Go)和《与朋友一起填词》(Words with Friends)这类休闲游戏,都十分行之有效。

虚拟物体的化身和投射可能听起来不安全,却是先进技术的全息图。就很多方面而言,“化身”这个概念很早之前就存在,且同写作、故事甚至可能同语言一样古老。叙事者向听众讲故事时除了一边说话一边做动作,展示人物特征、表达情感外,还能做什么?语言除了作为一个向人们传递其内心世界的工具,还有何作用?为什么如同一起计划猎杀猛犸象、记住美味的浆果在哪儿,或选择值得信任的人等一样,许多涉及语言在进化中的实用理论,往往都涉及协作和交流?

正如上一章提到的关于讽刺标点符号的失败建议一样,长期以来人们都试图改革英语的拼写,即便对于拼写改革的建议已然十分完美，在某种程度上仍无法广泛流行。我们所获取的单词大多数是碎片化的，如一些英语国家转用-or 或-ize 后缀，其他地区则坚持用-our 和-ise，但像这样存在多种选择的改革并不是真正意义上的改革。其他地区的语言改革也是如此。国际辅助语言——世界语在人工语言中算得上是成功的，因为可能有 200 万人在不同程度地学习了该语言，其他可以说是设计得非常好的语言，却依旧晦涩难懂。这样来说，每小时有 200 多万人使用 emoji。

emoji 的成功并非源自它是一门语言，而恰恰因为它不是真正意义上的语言。表情符号不是在自己的地盘同文字竞争，而是在一个全新的系统中添加表情符号，来代表另一层含义。我们用字母的形式来代替单个发音，且一直利用现有的标点符号和大写字母发展强调语气的书写系统，这一点在上一章也有谈及。因此，emoji 和其他图形元素正在填补沟通的第三个重要支柱，一种代替肢体语言和在现实世界中交流的方式。

我们不知道未来 emoji 是否会一直流行，或者仅是昙花一现。据我推测，在解锁了一种用文字传达人们肢体语言和意图的方法后，即便用来投射的工具改变了，我们仍会继续关注数字化身。诚然，肢体语言和 emoji 之间也有区别：肢体语言更注重动态，emoji 则更注重细节。不要问我如何用肢体语言来表达生日祝福，或是用什么 emoji 表示扔飞盘的动作，因为我确实没有答案。但它们的核心功能，也就是其融入交流系统的方式，有太多相似之处，这绝非偶然。

将 emoji 视为身体动作，有助于我们换个角度看待问题。试想："为何文字对于莎士比亚而言已然足够，于我们却仍差强人意？"停下脚步，仔细想想便意识到，其实平实的文字对莎士比亚而言并不够好。因为莎士比亚的很多作品都是剧本，其目的

并不是为了让人阅读，而是供人表演。学校里很多人读他虚无缥缈的作品觉得晦涩难懂，却在精彩的演绎中仿若身临其境。举个更近的例子，人们期待已久的《哈利·波特与被诅咒的孩子》(*Harry Potter and the Cursed Child*)下一季故事以书本形式问世时，评价褒贬不一。看过演出的人普遍都很享受，但只读过剧本的人却不以为然。如果莎士比亚和J.K.罗琳都无法写出人们普遍接受的文字，普通网民又有何希望可言？

无论是emoji还是身体动作皆与普适意义的关系模糊。它们都跨越了普通文字无法跨越的鸿沟。若是能用身体动作或emoji交流，我当然愿意生活在一个无需同他人讲话的岛上，哑剧和卡通图片则无法满足我的需求。同时，不管是各式各样不雅的身体动作还是只在日本常见的插图，二者的很多内容都有其文化特殊性。此外，用图片交流也会受到文化的束缚，比如人们往往会根据书写的方向，按照从右到左或是从左到右的顺序讲述有关emoji的“故事”。而那些目不识丁的人则很难用线性的图画故事或简化的emoji交流。语言最强大的功能之一是能谈论那些难以视觉化的想法，这一点图片和身体动作都不具备。例如：核科学家在传达“危险，此处有核废料”这一相当简单的警示语时就遇到了一个难题，而这种警示方式在未来一万年里仍发挥作用。将图片用作警示内容则不然，如圆圈里画个斜线看起来像汉堡包的侧画像，骷髅旗可能指死亡日或海盗，这些图片用来指上述警示语都行不通。尽管想要表达的意思一致，但不存在万能的表述方式。

对比身体动作和emoji之间的含义，可以帮助我们在审判中做出更直接的决定。法学教授埃里克·戈德曼(Eric Goldman)提到，法官和陪审团正努力解决emoji的释义问题，这与他们长期以来一直在解释身体动作和标点符号所用的方式一样。法院已就诸如以下问题做出讨论，例如：举手是否表威胁、某个手势是否为帮派的标志或某处特殊逗号所指为何？基于类似的逻辑，一家法院认为在某一语境下的笑脸 emoticon 是在开玩笑，不足以作为证据；而另一家法院将不同语境下的同一笑脸 emoticon 都视为幸福的象征。美国刑事司法新闻机构马歇尔计划（Marshall Project）编制的 emoji 法庭案例中显示，emoji 通常会暗示发送者的意图，内容涉及枪支 emoji 是否表示真正威胁，吐舌的 emoji 是否可以表明涉暴帖子是在开玩笑，或者分享暴力视频时用微笑和心形 emoji 是否表示“喜悦”。

表达心情的方式越丰富，人们就会有更多的方式解读他人的心理状态。从文学的发展史可以看出，中世纪文学和古典文学只是简单地描述人物的行为，如转动手、扯头发，而不是其心理状态，而早期的现代故事则开始加入独白，让人物大声说出他们的内心活动，例如：哈姆雷特或朱丽叶表达对死的疑惑时的独白。随着小说的发展，带着上帝视角的叙述者，甚至可以向读者透露连主角都尚不自知的情感，而 20 世纪的现代主义作家则试图让读者对特定的情绪产生共鸣。果然，研究人员发现，比起那些主要阅读非小说文本或不阅读的人，大量阅读小说之人能更好地理解他人的心理状态。到了 21 世纪，人们对于心理状态的研究以及其表达方法又进了一步：不仅可以使用 emoji 和其他表情符号，还可以成为符号的创造者。那些年轻的网络用户抱怨其父母不懂自己短信中表达的情感，更不懂影射出的重要含义。

人们大可不必担心 emoji 或短信用语对学生论文产生潜移默化的影响，因为人们写作时的心理状态会约束其行为。在文学和非正式写作中，对于心理状态的表达已非常深入和精妙，但出于其他目的，我们还是将论文作为一种正式文体保留下来。

没有人会在正式文体中写下："我的天呀！线粒体是细胞的动力源😂😂😂😂。"100 年前人们就写道过："哦，我的天啊！线粒体是细胞的动力源，这太棒了（isn't that just the bee's knees）[1]!!!"即便你是一门心思做科研的科学家，真的为有关线粒体的一些基本事实而兴奋不已，但倘若你想在严肃正式的期刊上发表文章，还是需假装自己是个严肃的研究员。毕竟，正式写作的惯例就是不掺杂任何个人情感。

正式不一定是对所有写作的要求。生活中有许多领域，正如穿衣风格和饮食风格一样，从正式到非正式各有千秋。不可思议的是，写作风格也有异曲同工之妙。在排版和视觉效果之间，我们所寻求的是一套灵活的方式来传达人们的想法、分享线上空间。人各有所好，有些人喜欢 emoji，有些人喜欢老派的 emoticons 或缩写，有些人偏爱用词汇、换行符和标点符号彰显幽默。每个人都需要一些东西来表达自己，否则会觉得网络空间如此陌生疏离，置身其中也并不快乐。口语是人类最早学习语言的方式，我们理所当然地用其表达自己的心理状态。而现在，它正需要非正式写作注入新的活力，迅速发展，再次受人瞩目。如今，各种丰富的情感色彩已然备好，只待一张画布尽情泼洒描绘。下一章我们将拓宽视野，探讨交流的奥妙。

---

1. The bee's knees：因为蜜蜂采蜜时会把花粉存放在后足的花粉篮中，这两条腿便是精华的所在，所以此短语的引申意为"极好的人或物"。

第六章　交流方式的演变  

你或许已不记得自己是如何学会走路的，毕竟在人们看来走路是与生俱来的能力。但你见过研究行走原理的计算机吗？一段视频中，一个由电脑模拟的人形机器人探索着如何用两条腿行走，但只能快速地挥动拳头做起步姿势，脚却不听使唤。另一段视频中，一个金属外骨骼机器人步履蹒跚地向两旁俯冲，处境危险，周围的人在几英尺开外的地方伸出双手，以便这个贵重的设备跌落之时能及时接住。虽然四足机器人在行走时游刃有余，但在 20 世纪 90 年代中期，计算机击败国际象棋大师后的 20 多年里，两足型机器人仍无法做到像普通三岁孩童般行走。

一提到晦涩难懂的语言，人们想到的往往是激情澎湃的演讲，或是感人至深的诗歌，因为它们用词考究，讲究谋篇布局。在计算机问世之前的很长一段时间里，我们便知道如何在屏幕上展示这种语言，即播放视频再配上相应的文字。展示语言并不困难，难的是人们日常交流中对语言的应用，因为我们一边学习交流又一边遗忘学习交流的过程，正如我们一边学习行走又一边遗忘学习行走的过程，抑或是在我们需要借助电子设备来管理语言之前，并不太会关注手势或语气一样。而当我们试图

通过其他媒介过滤谈话时，才发现互相交流极其复杂。

然而，我们行走的方式同人类世代相传的方法并无差异。如果你想了解国际象棋的规则，可以查阅下棋手册，其中列出了所有规则。会话交流却不同：参与者之间不断地协商使规则愈加灵活，尤其在以技术为媒介交流时，其规则可能会更加变化多端。

电话是会话交流方式的首个技术突破。尽管电报也是一个不可思议的存在，却从未作为主流技术应用于家庭通信。截至目前，我们在探讨交流方式时，或是忽视了电话通话，或是将其与口头交流混为一谈，但对于探讨交流方式是如何变化的，固定电话无疑至关重要。电话同互联网一样具有革命性的意义。电话问世之前，你要么与人面对面交流，要么只能通过书信交流，而这些交流方式不是受遥远的距离所限，就是为缓慢的速度所阻。电话的问世实现了你与远方的人立刻实时对话，无论白天还是黑夜。人们在数个世纪中形成的文字规范以及千年来面对面建立的一系列完整的对话规范，随着电话的出现而被彻底颠覆。由此也产生了诸多问题，类似于我们现在所遇到的“互联网问题”。大量的文献记录了电话在社会中传播的艰难时刻，但人们已然淡忘。如今，即使不上网的人也视拥有手机为理所当然之事。因此，如今将互联网视为理所当然的存在时，电话的发展是很好的参考范本。

非正式文体写作中的情感表达方式不断扩充，其中包括极具讽刺意味的大写字母、超赞的表情符号以及超棒的动图，人们对此喜闻乐见。实际交流中情况却截然相反：人们在现实交流中，应用这些表达给交流这段黄金时间平添神秘；人们希望仍能接到令人兴奋的电话、收到让人心花怒放的邮件以及看到令人开心的脸书帖子，而不是枯燥乏味的电话留言、泛滥成灾的邮件和那些久不联系之人发来的生日祝福；人们甚至渴望身边的所有朋友都加入同一个社交平台，在这个平台上他们可以交流对话，直到不喜欢的人出现才散场。但人们却无法意识到，那些破坏我们在平台上交流的人正是他人翘首以盼的朋友。

就另一论点而言，人们之所以参与不同类型的对话，缘于它们能满足我们的需求。这个需求我们可能并不熟知，也有可能并非自身的需求，可能我们甚至都不想承认自己有这个需求。如果开始探究这种需求，便可去理解它。那些过时的通信技术所满足的需求可以帮助我们理解该技术在当下所展示的利与弊。从当前讨论的主题入手，来回答何为电子邮件中正确的称呼，或边讲话边回复信息是否礼貌的问题，是非常困难的。因为在这些问题上，我们已有了答案。但如果我们能够审视那些过去已经结束的争议，尝试理解人们争论的目的，还能意识到在事后看来他们的争议有几分荒谬可笑，也许我们就能带着同理心看待当前的争议。或许我们还会惊讶于交流中同时有几种规范起作用是多么有趣的现象，而不是抱怨他人与我们之间的差异以及会犯的错误。我们现在所认为的新技术或劣质技术，将是他人心中所念；而我们现在所怀念的技术，在他人眼中或是新技术，或是劣质技术。

邮件和寒暄用语

上中学时，我经常和一些毫无心理准备的同学玩一个语言游戏。课间穿过走廊时，我们通常会对每天都能见面的人打招呼“嗨，还好吗”，或“嘿，有啥新变化”，但我却练习着给出完全错位的回应，情绪上却毫无波澜。对于“有啥新变化”这个问题，我

会回答："还行，你呢？"而对于"还好吗"，我会回答："没啥，你呢？"令我惊奇又觉得好玩的是，每一次人们似乎从未注意到我的回复。只要我能对答如流，人们完全可以接受"错误"的回答，只有当我支支吾吾时，人们才会稍作停顿（你可以找个时间亲自测试一下）。我不明白的是，有几对问候语虽然由不同的词组成，但组成句子使用时意思又基本相同。最后，我把它们归结为我自己生活中的一个小癖好。

学习更多的语言学知识之后，我明白了两个问题：第一，以上语言游戏显然是新手语言学者的行为；第二，关于我的问候语错误配对实验的成功，语言学可以给出解释。这些社交用语是寒暄用语，其含义更多的是由语境决定，而不是单词成句的含义。"还好吗"和"有啥新变化"具有同样的功能：它们都是以一种比简单的问候语"嗨"略显精妙的方式来打招呼，但不至于开始深入交谈。因此只要你遵照社交脚本，在交流中能无缝对接，生搬硬套的回答即便交换一下照样能达到相同的社交效果。你甚至还可以进一步围绕它们做文章。对于其他类似的客套用语，如"你好"（对方并没有询问我的状况），我偶尔也会回道："还行，你怎么样"，若想继续交谈，就会说："嗨，你怎么样""还行，你怎么样"，或是"还行，你怎么样——先等等，嗯……"。若有一个人开始支支吾吾，那整个寒暄式的社交便会崩塌，寒暄也再次沦为字面之意。若非如此，我们非常乐于看到社交礼仪所达到的社交目的，而忽略其用词。

寒暄用语由普通单词组成。从某个角度来看，它们确实表里如一，和字典上的意思不差毫分。让人困惑的是，这样的表达如何成为寒暄用语的？在成为寒暄用语之后，还含有普通单词之意吗？受媒介技术影响，一些交流规范发生了改变，我们确实也见证了这些变化。

电话就是其中一例。19世纪前10年，人们知道在同谁面对面讲话，时间几何，那时流行的问候语是："孩子们，早上好""医生，下午好"。但电话发明后还没有来电显示，接电时对来电人是谁一无所知，甚至无法确定自己和对方是否处于同一时间。因此，打电话时需要先说点什么做个铺垫。对此，有两个最著名的解决方案，一个是由托马斯·爱迪生（Thomas Edison）提出的"哈喽（Hello）"，另一个是由亚历山大·格雷厄姆·贝尔（Alexander Graham Bell）提出的"啊嗨（Ahoy）"。当时这两个词的含义相近，"哈喽"与"啊嗨"同源，都是用来吸引对方的注意力，不是问候语。为何要吸引注意力？早期的一些电话只设置了一条线路，且全天候开放，但是来电时没有铃声提醒，所以"哈喽"就像是在叫隔壁房间的人。尽管后来有了铃声提醒，但早期的电话说明书还是为那些不懂电话礼仪的用户提供了对话指南。一本早期的电话指南建议用户以"坚定而愉快的'哈喽'或'你找谁'"开始对话，以"就这样"结束对话。"你找谁"和"就这样"并未盛行，"哈喽"却流行起来，并成为一种万能的问候语，迅速运用到电话之外，也许这不足为奇*。当你遇到连接异常的情况时，也可以用"哈喽"来吸引对方的注意；也可以在打电话时说"哈喽"来测试信号，但用"嗨"就文不对题。此外，至少在16世纪，就已经有"再见"这个说法，但由于电话通话后你已经知道对方是谁，故结束通话时也无需新颖的说法。

但这也经历了一段磨合期。当"哈喽"不再仅表呼唤，而变成通用的问候语时，并不是老少咸宜。BBC电视剧《呼叫助产

---

* 同时期，许多其他语言也存在电话应答的问题。法语 allô 和德语的"Hallo"让人想起英语的"hello"，但其他语言使用以下单词的变体"good""yes""ready""please""who"或回答者的名字。

士》(*Call the Midwife*)中有一个场景让我想到了这一点。故事发生在20世纪50年代末60年代初,一位年轻的助产士欢快地向另一位年长的助产士用"哈喽"问好。年长的助产士却对此嗤之以鼻,说道:"我参加培训之时,学的是'早上好''下午好'或'晚上好',而不说'哈喽'。"但对年轻的助产士而言,"哈喽"已然成为一种寒暄用语。对年长的助产士或者更准确点,对她年轻时的指导老师来说,"哈喽"有些目无尊长。直到20世纪40年代末,礼仪指南还在建议人们不要用"哈喽"问好。但到了60年代,反对用"哈喽"问好则显得过于大惊小怪,年轻人中这种现象更为明显,因为他们已经忘记有人反对说"哈喽"。

关于"哈喽"的争论目前看来似乎十分愚蠢,但这与21世纪初对"嘿"的讨论如出一辙。"嘿"作为问候语,如"嘿,你",至少在13世纪时便一直使用,而"嗨"不过是改变"嘿"的元音,可以追溯到15世纪。除去应用于电话中,"嘿"和"嗨"与"哈喽"从词源上讲有着相似的发展轨迹。三者最初都是为了吸引注意力,后来逐渐演变成问候语。1960年,《美国地区英语辞典》的研究人员发现,在和熟人打招呼时,只有60个人会用"嘿"、683人说"嗨"、169人说"哈喽",而说"嘿"的这60人大多来自同一个地区,即美国南部和密西西比河下游河谷。2014年的同一研究表明使用"嘿"的人数要略多于"嗨"。同一时期,语言学家艾伦·梅特卡夫(Allan Metcalf)在报告中提到一个应届毕业生的论述。这名学生说:"我打招呼时几乎都说'嘿',但写作时'嗨'和'嘿'就自由切换……此外,打招呼时有三种不同的表达方式。对同龄或小于我的朋友用'嘿';对我熟悉的成年人或刚认识的同龄人用'嗨';对不熟的大人用'您好'。"2000年出生的人可以理所当然地觉得'嘿'就是其毕生都会用的问候语,1950年出生的人同样也有权说:"我觉得'嘿'不是打招呼,而是使唤人!"

电子邮件中问候语的变化尤为明显。相比打电话，发邮件的优势在于对收件人有所了解。首次给某人发邮件时，可能只知道诸如名字之类的点滴信息，对于对方喜欢的问候方式这些信息知之甚少，容易陷入困境。打电话时我们更容易忽视这些问候方式，通过语气来表现。但以书面形式呈现时，不可避免地要写上这类问候语，如“还行，你呢”“怎么了”，以便对方有足够的时间重新阅读这些信息，且进行一番深入的思考。此外，实时而具体的交流为我们选择问候语提供了更多帮助，如根据对方的年龄迅速判断其对“嘿”的态度，或依据对方的反应灵活调整问候语。

电子邮件诞生之初，并没有这种起提示作用的问候语。1978 年，技术专家艾伯特·韦扎（Albert Vezza）[1]和约瑟夫·利克莱德（J. C. R. Licklider）[2]谈到电子邮件时表示：“邮件可以内容简洁，也可随意编排，这样即便是发给德高望重的老者或是不熟之人，也不会有冒犯之意。”此外，语言学家内奥米·巴伦（Naomi Baron）[3]在 1998 年的一篇文章中指出：“大多数用户在发送邮件之前，只是简单地编辑。许多人在收到同事有书写错误的邮件时只会偷笑，并不会在意其精心制作的内容。”如此混乱的状态下，谁还有工夫去关心特定的问候语是否精妙？但到了 2001 年，电子邮件有了拼写检查功能，可以帮助人们纠正编辑中出现的拼写错误，语言学家戴维·克里斯特尔也在其文中

---

1. 艾伯特·韦扎（Albert Vezza），在麻省理工学院（MIT）计算机科学实验室（最初的 MAC 项目）、阿帕网开发、Infocom 创建和管理、万维网联盟（W3C）的建立以及因特网工程任务组（IETF）的支持方面做出了巨大贡献。
2. 约瑟夫·利克莱德（J. C. R. Licklider），美国心理学家和计算机科学家，被认为是计算机科学和通用计算机历史上最重要的人物之一。
3. 内奥米·巴伦（Naomi S. Baron），美国华盛顿大学的语言学教授及教学研究学习中心执行主任，曾经出版过 7 本语言类专著。

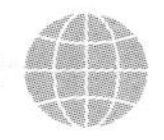

写道："我收到的无数邮件中，不再只是支离破碎的句子。"

克里斯特尔还注意到，他收到的邮件中最多的问候语是"亲爱的戴维"，其次是"戴维"，最后是"嗨，戴维"。记得2010年左右，我重读这段文字时感到很惊讶，因为我几乎未曾在收件箱中见过"亲爱的格雷琴"这类问候语。当然，我也不会这样称呼别人。"亲爱的"让人觉得既拘谨又刻板，只有上小学写感谢信时我才会用，如"感谢亲爱的奶奶将这件可爱的毛衣作为生日礼物送给我"。若是换了在公司或者学校，我一定不会这样写。"嗨"给人的感觉较商务、客套，就像礼貌的社交微笑。然而几年后，随着对商务邮件越来越熟悉，我发现自己偶尔也会用"亲爱的"，至少当别人用时，我也会用。语言学家吉利安·山可夫(Gillian Sankoff)的研究表明，这种情况并非偶然。很多社会语言学研究表明，一个人的说话方式在青春期晚期就已经基本定性，但山可夫发现，有些人可能到中年还在改变，尤以那些正式且流行的说话方式最为明显。

从历史维度来看，我最初关于问候语目的的观点是对的。几个世纪以来，我们一直使用简短且描述性内容较少的问候语。这一问候语系统流行了1 000多年，且问候语都经过精心设计，该系统中的问候语用恭维的话形容人，"亲爱的"是其最后给我们留下的东西。16世纪《仙后》(*The Faerie Queene*)出版时，埃德蒙·斯宾塞(Edmund Spenser)写给沃尔特·雷利(Walter Raleigh)[1]的信中就是这类用语的典型例子：

致高贵英勇的爵士沃尔特·雷利，斯坦尼尔(Stanneryes)

---

1. 沃尔特·雷利(Walter Raleigh)，英国文艺复兴时期一位多产的学者。他是政客、军人，同时是一位诗人、科学爱好者，还是一位探险家。

的洛·沃尔丁(Lo. Wardein)骑士和他来自康沃尔郡(Corneweyll)的副手。

[信函内容]

谦卑地希望您能继续垂青鄙人，
永保快乐，
近安！

1589年1月23日

您亲爱且谦卑的
埃德蒙·斯宾塞

然而，有一些问候语并不真诚，甚至有些生搬硬套。1804年，开国元勋亚历山大·汉密尔顿(Alexander Hamilton)和阿伦·伯尔(Aaron Burr)[1]互通了很多信件，都是以"很高兴为您俯首听命"结尾，但最后他们之间展开了一场斗争。当然这只是一种表达礼貌、寒暄的惯用语。正如现代的作者，虽然写着"真诚的"，事实上并非特别真诚，只是遵循社交脚本。随着"很高兴为您俯首听命"从常用语中消失，其含义也重回字面之意。2015年，音乐剧《汉密尔顿》(*Hamilton*)将这些历史事件戏剧化，这句话作为歌词，编入歌曲的副歌中，决斗开始时歌词也随之呈现，凸显了其中的讽刺意味。然而这完全是现代风格的讽刺，即便

1. 阿伦·伯尔(Aaron Burr)，美国政治家，美国独立战争英雄，美国民主共和党成员。

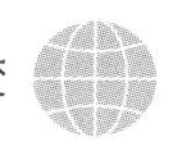

国父亲临百老汇参加开幕式，也不会觉得有何不妥。

“高贵英勇”和“俯首听命”已不再是我们惯用的交际语。21世纪也没有人会将其用于普通邮件中，“亲爱的”逐渐成其接班人。如果你还没有深刻体会到“亲爱的”消失的内涵，后写信时代之人也没有领会，使用时便会给人一种奇怪的感觉，正如称老板或教授“亲爱的”一样。只有像我这样的少数，给年长者写信时还用“亲爱的”。从长远看，包括我在内人们不在同龄人中使用，它注定会消失。有关礼节帖子的评论指出年轻人没有使用“亲爱的”倾向，并不是因为他们想表现得粗鲁或不拘小节，而是因为他们根本无法将其理解为亲密称呼以外的任何东西。因此，我们只能希望人们能找到一封虽充满敌意，但内容却满是“亲爱的”的邮件，并谱写一首歌来讲述其中的讽刺含义。

人们很容易将问候语的变化归结为广泛的社会变化，认为形容词性的问候语可能是为表达情感，召唤性的问候语可能是为吸引注意。我并不认可这种简单的联系。我们要认识到使用问候语通常是为了交际，而选择特殊的问候语则取决于个人习惯。此外，我们需承认问候的目的是为了引起注意，博得欢心。网络世界并非无情无义，否则心形的“点赞”键为何如此流行？将目光放长远些，从历史角度来看，问候语的变化只是使用了不同的交际用语。这种变化告诉人们在不同的时间，语言存在于每个人心中，但它不能像下棋一样，遵循一套亘古不变的规则。

我经常收到素未谋面之人发来的电子邮件，对阅读邮件这件事乐此不疲，并将其视为一个永无止境的多人猜谜游戏，根据邮件开头的称呼来猜测对方的年龄及其想传达的信息。从收件箱中随机抽了几个陌生人，我发现他们发邮的共同点在于“希望”这个词，希望我会查看他们发的链接、希望给出他们苦苦寻觅的答案，甚至希望我会从其营销活动中购物，这就有点遗憾了。解决以上问题的方法不是消除问候语的差异，而是同他人一起慷慨接纳，正如我的同学不知不觉地便参加了我对问候语“最近怎么样”“一般般”等表达的实验。世界上的恶意已经够多了，我们没有必要在无伤大雅的情况下还去吹毛求疵。

聊天和干扰

婴儿在学会说话之前，就掌握了对话的节奏。同他们交流时，我们往往会提出问题并为他们留出时间回答，还会对其咿咿呀呀的行为做出反应，仿佛我们在互动。例如：“你困吗？”（婴儿揉着眼睛，咯咯笑）“是的，我想你应该很困*。”人们在会讲话之前，便知道对话是由说话人轮流说话产生。对话并不是交谈各方同时讲话，嘈杂纷纶，而是你来我往流畅且同步进行。

我们从何得知何时会轮到自己说话？人们倾向于认为说完话必须要停顿一会儿，对方注意到停顿之后会将其理解为一种对话邀请。然而会话分析家发现，其实人们讲话时并无明显的停顿，即便有，也同词与词之间的停顿时长差不多。如果我问你一个问题，你并没有马上回答，即使只间隔 0.2 秒，我也可能会以为对话中断了。我可能会尝试用不同的措辞或换成其他语言（这可能会干扰通晓多种语言之人）来重复提问。这种精准的时间安排是我们的看护人在婴儿时期教给我们的，他们把我们咯咯笑和咿咿呀呀声当作交流。语言学家德博拉·坦嫩（Deborah Tannen）指出：如果你发现自己在交流时插不上话，而面对一个垂头丧气、沉默寡言之人时却滔滔不绝，这可能是由于你们之间

---

* 请用适当夸张的、同婴儿说话的语调读给自己听。

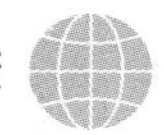

的交流恰逢其时。若你在演戏,知道何时进场同熟记台词一样重要,但若你每讲一次话都要停顿一会儿,就会显得十分不自然。他人讲话时,我们不仅在组织语言以便回复,还在预测对方何时会结束,以便将对话顺利进行下去。

交流时如何能做到天衣无缝的配合?长度肯定不是重点,一段对话可以短至一个字"是",也可以长至讲个故事。我们要听的是某人结束讲话时发出的信号,如果是团队协作,还要留意接下来该谁发言。有些信号是语言,例如有人在提问时直接点你名;有些是手势,举手往往表示你想发言。发言人讲话时会环顾四周,讲话结束时会把目光投向下一位组员或是其他人。这些信号中有许多与语调和节奏有关。如果讲话人讲到本该结束的地方却意犹未尽,他会加快语速或提高语调给出信号。

然而这些提示并不完全可靠,因此有时我们只能猜测大意。会话分析家发现"干扰"并不是随机出现在对话中,它们通常出现在说话人原本可以结束讲话,但事实上未曾结束之时。面对面交谈中,一两个音节重叠并不影响人理解,因为人们善于根据语境理解其含义。我们也整理了此类令人混淆、难以理解的情况。在以技术为媒介的交流中,话语重叠可能更棘手。譬如对讲机根本不允许同时讲话,何时结束对话变得难以捉摸,人们只能用"over"结束对话。出于同种原因,电报运营商通常用"GA"表示"go ahead(继续)"。早期的某些聊天系统也有类似话语重叠的问题。20 世纪 70 年代初,TENEX 系统上的聊天功能就是一个单独的文本文件,输入时一次只能单击一个按键,若你和你的聊天对象想同时编辑,会生成混乱不堪的字母序列。倘若如此,其中一人不得不停止输入,为另一人让路,否则聊天会因一堆乱七八糟的字母而结束。

“嗨，最近怎么样？还不错(Hey, how’s it goignogod how are you?)”

某些系统试图用自己特有的格式来防止字母顺序出错，如文本聊天系统的用户习惯在每段对话后用两个换行符隔开。其他聊天系统，如会话操作系统（Unix talk program）通过给屏幕划分区域，让每个用户都能拥有自己的文本框，具体操作如下：你在最上面的文本框里打字，对方就只能在最下边的框中输入，这样字母便不会混在一起。聊天的人越多，文本框就越多。1973年，伊利诺伊大学（University of Illinois）研发了实时聊天室（Talkomatic），该程序在柏拉图（PLATO）系统[1]上可同时显示5个文本框，因此，它最多可支持5人实时在线聊天。你可以在其中一个文本框中输入你要说的内容，但同时还要不停地浏览其他文本框中的内容才能融入群聊。它们和你熟知的聊天系统大不相同，如下：

你好。
我正在展示聊天框

你好！
我是第二个聊天参与者

---

1. PLATO系统是美国伊利诺伊大学的计算机辅助教育研究实验室研制的一个大型计算机辅助教育系统。这些教育终端使用接触面板显示器，学生可以用键盘输入或用手指接触面板挑选图形或作图，进行人机对话。终端还配备有计算机控制直接播放声音的唱盘装置和幻灯片放映装置。

我是第三个
由于每个人都在自己的文本框中输入文字，所以回复可能杂乱无章。

我是第四个
我还不错呢！第五位朋友，你怎么样？

我是第五个参与者，
大家还好吗？

浏览一下七零八乱的对话框和文字，或许我们就能猜到为何这些聊天程序未曾流行。但这种即时输入文字的方式是无可厚非的，还妙趣横生呢！为何20世纪70、80年代以后，这些聊天系统就不再使用此类工具？事实上早在2009年，谷歌就推出过昙花一现的即时通信平台Google Wave[1]，未果。聊天时逐字输入的问题在于交谈是以单词的形式存在，而非句子。由于眼比手快，逐字输入导致阅读效率低下。此外，对方看到我们不断地删除又输入时会有些尴尬，听广播、发电报也会遇到这种话轮转换[2]的问题。至少就目前看来，停止输入是因为我话说完了或是正在想该如何表达，而这些对方无从得知。我们可以约定使用

1. Google Wave是一个基于Web服务的计算平台和通信协议，旨在合并电子邮件、即时通信、Wiki和社交网络，由悉尼分公司开发，是Google的一个网络交流服务平台。它有一个强大的实时协作和拼写检查功能，可以自动翻译40种语言，并包括许多其他扩展功能。
2. 话轮转换(turn-taking)是指会话双方或多方交替成为说话者和听者角色。

某种特殊的形式表意，如“over”“GA”、换行符或一些不常用的标点符号。但从电子邮件的发展史可知，只要这些规范仅停留在建议层面，人们的遵守程度便各不相同。逐条发送短信可以让每条消息紧挨着出现在聊天界面，这种方式比逐字输入更胜一筹。

如今我们所熟知和喜爱的滚动式聊天界面从何而来？举一个我找到的最早的例子。1980 年，一个名为 CB 模拟器的聊天程序，也是首个面向公众开放的线上聊天室，那时还不能称为聊天室，其设计灵感源自共享无线电波。民用频段（Citizens band，CB）不仅可以用来接收广播，当地居民还可以在收听广播时互相交流，无线电发烧友都这么做。它类似于业余无线电[1]，但使用范围更广。康普网络服务公司（CompuServe）早期的一名员工称 CB 无线电若能以打字的形式来模仿交流，这将十分巧妙。因此，CB 模拟器应运而生。然而用无线电交流同早期共享文本对话框的聊天系统全然不同。人们不是在各自的文本框中聊天，而是选择性地加入单个无线电频道中展开对话。多框聊天模式严格限制了参与聊天的人数，超过 5 个人便无法实现同时聊天。此外，参与者很难来回浏览消息以跟上激烈的对话。相比之下，在使用流媒体[2]类的工具时，参与聊天的人数要灵活得多。CB 无线电发烧友们已习惯了交谈中夹杂着滋滋啦啦、断断续续的声音，信号也时好时坏。实际上文本形式的对话更容易控制混乱的局面：系统会有条不紊地处理几个人同时发送的信息，而你只会看到一连串的消息，不会听到七嘴八舌的对话。

---

1. 业余无线电（ham radio）也被称作火腿电台，是一种供业余无线电爱好者相互通信，进行无线通信技术实验、自我训练、个人娱乐、无线电运动、竞赛以及应急通信的一项使用无线电频率频谱的无线电业务。
2. 流媒体实际指的是一种新的媒体传送方式，而非一种新的媒体，是指采用流式传输的方式在网络播放的媒体格式。

对话框中字母交错本就很糟糕，但事实证明聊天就是一连串词组的堆砌。20 世纪 80 年代，多框聊天风靡一时。1988 年 IRC 诞生，流媒体类的聊天工具独占鳌头并延续至今。众所周知，流媒体技术推动了传统公共网络聊天室的发展，IRC 便应用了流媒体技术。20 世纪 90 年代，研究人员对公共聊天室展开大量分析，从中发现聊天内容混乱不堪，多组对话同时发生，消息相互交错，而用户对此似乎置若罔闻。下面是 90 年代的一个聊天记录，反映出这种交错混乱的情况：

<阿什娜(ashna)>你好，贾塔(jatt)

***(此符号意为结束)：puja(客户端的文件结束符)

<戴维·G(Dave-G)>凯丽(kally)，开个玩笑。

<贾塔>阿什娜：哈喽？

<凯莉>戴维·G，有意思。

<阿什纳>你好啊，贾塔。

<小幸运>大家好

<戴维·G>谢谢捧场，凯丽！

<贾塔>阿什娜：我们认识吗？我很好，你呢？

***小幸运离开聊天室#插入俏皮话

***小幸运加入聊天室#插入俏皮话

<凯莉>戴维·G，非常好:)

<贾塔>凯丽：在学校怎么样？和对象相处得如何？和家里人联系没？一切都还顺利吗？

<阿什娜>贾塔，虽然我们不认识，但没关系。

<贾塔>阿什娜：你来自哪里？

这个聊天室的对话实际上是两组对话相互交织。一个是阿

什娜和贾塔之间的对话："我们认识吗？""你好吗？""虽然我们不认识，但没关系"。另一个是凯莉和戴维·G之间的对话："开个玩笑""有意思""谢谢捧场，凯莉"。公共聊天室有种特别的吸引力。就普通网民而言，他们更有可能在即时通信软件或聊天应用上同之前已经认识或者后来认识的人聊天，这些软件包括早期流行的我找你（ICQ）[1]、AIM即时通或微软即时通信软件，以及后来的谷歌环聊、脸书、苹果即时通和瓦次普。即便聊天对象是同一个人，聊天时同时发送消息也很正常，两人差不多同时编辑信息并立即发送，再同时回复对方信息。

奇怪的是，即便众多个人聊天平台不断更替，我们仍沿用这一重要的基本模式，至今已有近40个年头。在对话框顶部添加新功能，如优化图形效果以及"对方正在输入"这样的提示。就本质而言，即便"对方正在输入"的提示已有几十个年头，但网络聊天仍依赖于流媒体技术，也可同时接收多个相互交错的信息。这是计算机时代的新纪元。1980年，鼠标尚未普及，更不用说笔记本电脑和触摸屏了！然而，回顾10年前的共享聊天框，便知道最初的聊天模式并不是一蹴而就。相比之下，虽然电子邮件比网络聊天早，但它最初就有其非常明确的用途，即传送信件，而非即时聊天。网络聊天完全依赖于计算机，其理念是基于用户可以在两个或多个互相连接的屏幕间实时对话。而依托纸质版书信交流几乎难以实现上述对话，虽然可以给对方传信，却无法面对面交流，更不用说实时交流。因此，这种方式有很大的局限性。而课上或会间传纸条可能是个例外，但通过这种交流方

1. ICQ是一款即时通信软件。1996年，三个以色列人维斯格、瓦迪和高德芬格聚在一起，决定开发一种使人与人在互联网上能够快速直接交流的软件。他们为新软件取名ICQ，即"I SEEK YOU（我找你）"的意思。ICQ支持在网络上聊天、发送消息和文件等。

式，可以看见对方挑眉或低声咯咯笑。

聊天窗模式的经久不衰，标志着新型交流模式的诞生，它还将书面语和口头语完美融合。下面就来探讨一下我们所熟知的交流模式。阅读速度比讲话快，阅读时我们可以回顾并核对前面的内容。因此，写作中自然会用更长且复杂的语句，如果将一篇论文和一篇著名演讲稿作比较，你会发现论文多用从句，演讲稿更多的是重复。如果你曾迫不得已听一个新人照本宣科大声地念演讲稿，即使你跟不上他的思路，也不是你的错。一般来说，形式越正式，受到的干扰越少。如演讲者可在规定时间内发言，全程掌握演讲节奏，其他人若想发言，必须举手示意，得到发言人允许后方可开始，否则便会成为“闹事者”。当你与人交流时却不能对对话给出反应，这便是无效交流，因为交流本就是你来我往的。日常对话中的词汇却另辟蹊径，若有人在日常对话中卖弄演讲时所用的辞藻则显得啰唆。因此，非正式语言中不仅信息密度高，而且受到很多干扰，聊天框也是如此。与非正式对话相比，用聊天框交流受到的干扰更多，因为打字时有时间斟酌。从聊天室中我们可以发现信息重叠不是缺陷，而是其特色所在。

虽然电子邮件、社交媒体上的帖子以及网站信息都能凭借未经润色的特点来抢占非正式写作的位置，但聊天才是最纯粹的非正式写作。因为社交媒体上的帖子，虽未经编辑审校，但考虑到有成千上万的人会看到，我们在发帖时会再三检查，确保万无一失。电子邮件的收件人虽可控，但在邮件礼节上耗费了太多笔墨，我们很难不再三斟酌后才点击发送。事实上，也有可能是我们想太多。但聊天不同，我们知道对方是谁且聊天的节奏要快。对方能看到对话框显示“对方正在输入”的提示，所以人们不必过于细致地推敲文字，只需快速回复即可。对于聊天的相关研究虽比不上便于取材的公共推文，但我们都知道，聊天时所用的文字更加随意，包括更具创造性的拼写、富有表现力的标点符号、首字母缩写、表情符号等，这些称得上是网络用语的栖息地。此外，聊天对拼写错误的容忍度也极高。如果字母顺序不对，或者自动更正没有生效，你可以重发正确的消息，这样对方就不会误解太久。

聊天窗大行其道，并扩至以前专属于电子邮件或电话的领域。在智能手机普及之前，短信就可以起到电子邮件收件箱的作用，不过是迷你版。它一次只可以显示一条信息，而且分别设置了收件箱、发件箱、草稿以及编辑新消息时的屏幕显示界面。随着手机屏幕越变越大，渐渐变成了触摸屏，传信息的模式也慢慢由电子邮件变成了聊天窗。人们对于第一代苹果手机的评论表明“苹果手机同其他智能手机一样，短信以长对话的形式显示，这种安排便于用户查看想要回复的信息”。当短信界面过渡到聊天风格的界面时，聊天窗也如影随形。如果你选择脱离社交媒体，连电子邮件都使用自动回复功能来确认，又或者你借用数字技术交流，哪怕只用少许，你终将投入聊天窗的怀抱。这种转变十分彻底，以至于 10 年后，人们开始用“短信”作为聊天的通用表达，如“在推特上给我发短信”。

很多流行的社交应用都是聊天应用的变体，这些应用恰好在某一特定区域立足，如风靡北美之外许多国家的瓦次普，中国人人手必备的微信（WeChat）以及席卷日韩的连我（Line）。智能手机的普及为聊天窗模式带来的最大变化无疑是多媒体的融合。色拉布与其类似的应用允许用户发送附有文字的照片，且几秒钟后便会消失。微信、瓦次普等类似的应用程序允许用户发送简短的音频，可长久放置在聊天框中，用户可以反复收听。这两类应用程序或许能更具有表现力，但在黑暗或嘈杂的环境中使用也不是很方便。

聊天应用在职场中也与电子邮件展开角逐。思来客(Slack)[1]就是一款专门为工作团队服务的聊天应用。我第一次用聊天应用代替电话同互联网服务供应商的技术人员对话时,欣喜地发现正确输入我的名字和地址要比大声念出每个字母轻松,这就如探囊取物。此外,数字助理可以帮助我们设置计时器,还可以如实播报明日的天气。有了数字助理的助力,聊天应用也渐渐成为人类与机器对话的工具。

聊天的主要特征是即时性,但随着互联网规范的转变,即时性的含义也随之改变。互联网是其铁杆粉丝结交新朋友的天地,在满是陌生人的群里,一旦有新人加入,群友们便会看到"________已进入聊天室"的提醒,若有人退出,其余群友会看到"________已离开聊天室"。聊天应用成为互相认识的人之间聊天的工具,但只能在电脑端操作。即时通信应用通常会显示通讯录的"好友列表",告知用户列表中的好友是否在线,如 AIM 即时通中只要有人上线或下线,就会出现开门或关门的声音,后来像谷歌环聊等程序会用绿色小圆点来显示用户的状态。一段时间后,移动端也可以使用聊天框,这时"即时性"的含义又发生了改变,因为我们虽然一直随身携带移动设备,却无法及时查看新消息。于是,聊天窗不再显示对方是否"在线",转向显示对方是否已看到最新消息。从 2005 年为黑莓铁杆粉推出的黑莓手机社交平台(BlackBerry Messenger, BBM)[2],一直到 2011 年进入主流的苹果即时通,"已读"功能一路追随智能手机的脚步,

1. 思来客(Slack)是集合聊天群组、大规模工具集成、文件整合、统一搜索功能为一体的社交应用。
2. 黑莓手机社交平台(BlackBerry Messenger, BBM)是由加拿大 Research In Motion(RIM)公司于 2010 年 9 月推出的。BBM 是黑莓旗下的一款即时通信应用,2019 年 5 月 31 日,黑莓停止 Blackberry Messenger(BBM)消费者版本服务。

不断发展。

即时性也成为聊天的致命弱点。在查看邮件和社交媒体发送的消息时，你可以留出足够多的时间来批量回复，但聊天不同，它需要双方都在线才能发挥作用。聊天和短信现如今已无明显区别，新消息一来都有可能打扰到手头上的事情，这一点在移动设备上尤为明显。但我们并不是第一次受到技术的干扰，此处仍然可以借鉴早期固定电话的使用经验。在电话普及之前，我们每天只能在特定的时间段里收信件，但到底有没有收到信件？有没有读上信件？寄件人无从知晓，只有收寄双方在相距不远的情况下，才有机会在拜访之余得到答案。但在电话刚普及之时，来电人的身份和地址都是未知数，电话铃一响，人们唯一知道的就是有人有急事找。1992 年的一项调查表明，即使是在与配偶激烈争吵时，绝大多数人也会立刻接起振铃的电话，这似乎不足为奇。25 年后，我试图复制当年的调查，但得到的结果却恰恰相反。我发现当人们在与爱人正经讨论问题时，绝大多数人都不会接电话。即使手上并没什么特别的事，人们通常也会在接电话之前看看来电人是谁。整个研究过程中，在使用固定电话和移动电话通话的人中，我并没有发现预期的年龄差距。实际上，一响铃就接电话的并不是四五十岁的人，而是八九十岁。从 1992 年起，来电显示逐渐普及，显然自此之后，许多人改变了自己接电话的标准。

事实上，打电话已成为人们互相交流的美好时光，同时大家都有各自的通信问题。20 世纪 70 至 90 年代，商务沟通的主要问题是只有四分之一的电话可以接通，因为常常会出现对方不在办公室或正在通话中的情况。你能做的就是稍等片刻，再行尝试，而最好的方式是让他人转述或是语音留言。对方回复时，你只能盼着自己就在电话附近，若不在只能再打过去。大家遇

到的通信问题大都如此。这个“电话事宜”可能会持续很多天甚至好几周。难怪人们每次听到电话铃响就会接电话，哪怕只是说：“抱歉，我现在不太方便，能一个小时之后再给您回电吗？”由此看来，没有一种电话调度不涉及电话本身。

但互联网和移动设备的出现改变了这套规范，这中间甚至还不到一个世纪。若有一种在打电话之前确认对方是否有空且不冒昧的方式，为何不好好利用？聊天同打电话殊途同归，虽然聊天已取代电话曾经的位置，成为人们最常用的联系方式，但这反过来也意味着我们必须同对方取得联系。尽管有时我们并不想用“管家式谎言”[1]来解决聊天中所遇到的问题，如“不好意思，刚看到消息”，或是“我得去工作了”。21 世纪初的一些专栏文章中揭示了采用一定的技巧中断对话所存在的代沟。年轻人觉得边同人说话边回复短信合情合理，因为他们认为可以利用对话间隙回复消息。但意料之外的电话则是一种严重的干扰，因为你需立刻、毫不迟疑地集中注意力。但老年人乐于接受用电话打断别人或是被别人打断，因为这些出乎意料的电话显得很紧急，这也证实了前文中八九十岁的人铃声一响就接电话的情形。而他们却视短信为一种负担，原因在于双方短信聊天结束，仍可能会收到对方的追加讯息。

交流规范的变化最终使视频电话慢慢普及。20 世纪 60 年代可视电话问世，但只可以用电视连接。相关权威人士一直在预测可视电话的发展趋势，却一直事与愿违。视频电话面临一个难以逾越的社交障碍，那就是电话铃一响就得接，在这样一套

---

1. 管家式谎言：康乃尔大学认知科学副教授杰夫 · 汉考克（Jeff Hancock）的观点：在通信如此发达的时代，无论身处何方，随时都会被找到，但我们不想 24 小时都会被打扰。因此，我们自己当起了“管家”，礼貌性地回绝某些邀请。

强有力的规范下，人们找不到有效方法来计划电话时间，除非提前打电话通知。此外，视频电话只能通过这一个媒体工作。因此，通话背景中看到有人衣不蔽体或脏乱不堪房间的风险太大。难以想象突然开视频的场景，十分尴尬。后来由于视频聊天应用都包含文字输入的功能，开视频前可以先和对方沟通，例如："嘿，准备好视频了吗？"回答："给我 2 分钟准备时间。"这样一来便避免了尴尬。或者在无人的地方给对方发消息拒绝接听视频电话，抑或是花上一分钟迅速换上一件稍微得体的衬衫。但矛盾的是，交流中的干扰越少，就越容易开视频。

信息发布和第三空间

计算机通信吸引其早期用户，不仅仅是因为能更便捷地传递信息，避免电话尴尬，或是传达办公室间的留言。它还将你和你的伙伴联系在一起，因为有一点可以肯定的是，在世界的某个角落有人和你志同道合或是至少能懂你所喜。但要想给别人发信息，首先要找到他们。因此，你需要一个能供几个人互相访问的共享空间。

人们通常用第三空间[1]来形容星巴克的魅力。家是第一空间，工作场所是第二空间，但人们同样也需要一个不同于家和工作场所的第三空间来社交，譬如咖啡馆。1989 年，社会学家雷·奥尔登堡在《极乐之地》（*The Great Good Place*）一书中提出这个理论，他所设想的第三空间更加具体，不仅是任何一个你驻足

1. 20 世纪 70 年代，美国社会学家雷·奥尔登堡（Ray Oldenburg）从城市及社会研究角度，提出了"第三空间"的概念，该概念是指居住和工作地点以外的非正式公共聚集场所，更突出强调了场所的社交作用，如咖啡馆、茶馆、酒吧、社区中心等等。

喝咖啡的地方。奥尔登堡的第三空间在所有社交中心里首屈一指，主要强调聊天和休闲娱乐。这里的常客为新客人奠定了一个来去自由的基调，不存在会员制，给人以宾至如归的朴实感。类似的第三空间有酒吧、英式酒馆、小酒馆或酒吧、咖啡馆或咖啡店、理发店、社区中心、市场、商场、教堂、图书馆、公园、俱乐部或组织机构、主街道、公共广场，还有一些邻里活动，如街区聚会、镇民大会以及人们聚集一起玩宾果游戏等。

谈到我的第三空间，莫过于走廊。高中吃午饭和休息之时，我们背靠储物柜坐在大厅里，某些常客总是占据着角落。如果你把宿舍门敞开，就表示你愿意加入即兴社交活动。协会只是把具有共同兴趣爱好的人聚在一起，以便我们能在大厅走廊遇到彼此。在最好的第三空间中，我曾遇到过 17 个我不得不驻足交谈的人，因此我花了半小时才走完走廊。有时我甚至会漫无目的地走一走，因为定会碰上一个可以交谈甚好之人。

当我试图向那些不用推特的语言学家描述推特的魅力时，我类比了走廊并问道：你知道为何协会最棒的地方是走廊吗？试想一下无论白天还是黑夜，你都可以走进那条走廊。但或许我用第三空间来阐述走廊更合适。类似的例子也很具说服力，我在互联网上看到的只是冰山一角。在会话和脑力交流中，用表情包和加 # 标签的文字游戏来强调，如：# 拆信毁书（# RemoveALetterRuinABook），此类游戏定期横扫热门话题。与特定的某人发邮件或聊天不同，你可以随时在社交媒体上走马观花，还能见到新老朋友。试着把工作重心放在可用的社交媒体上，就像试着在有朋友和熟人往来的走廊里工作一样。同样，你也可以将社交媒体当作一个偶遇场所，一个可以和工作机会以及有用信息邂逅的场所。

人们在脸书和推特更新状态时，朋友之间都会看到彼此的动态，这便是社交媒体的魅力所在。朋友间的网遇变得自然而然，网上聊天也不必以叙旧导入。2006 年，脸书在状态更新栏中增加了一些下拉选项，用来表示大学中的一些典型活动，如“正在睡觉”“正在学习”“正在上课”或“正在聚会”。用户即便是在输入自定义的动态，表示状态“正在……”也是必选项，且会自动在末尾加上句号，显然是让人们把状态更新用作一种固定的格式。虽然早期的推文没有这样的文法限制，但仍然倾向于“此时此境”类形式的配文，如“在阳光明媚的那侧街道行走”“刚吃完卷饼”和“只是在设置我的推特”。

人们在状态栏中更新自己的日常，但像“午餐吃什么”这种帖子并不能解释为何推特在自然灾害和政治动荡时期是有效的协调工具。通过更新的状态知道朋友在图书馆看书或看电影，并不能解释为何 2014 年人们平均每天花费 40 分钟浏览脸书，而 2016 年增加到 50 分钟。此外随着交流愈加便捷，设备的移动性也越高，人们无需再解释自己为何不在电脑前。同时，社交媒体上发帖非但没有减少，反而越来越流行，衍生出照片墙和色拉布等移动端首选平台，在这些平台上传的帖子必须包含图片或短视频。色拉布和后来的照片墙甚至为我们带来了一种新型发帖格式：“故事”格式的短视频，该视频在 24 小时后会自动消失。这个窗口是用来记录生活中与电脑无关的趣事。此外，“常规”个人资料页面也从你分享的静态帖子的罗列变为最近发布的动态。将这些形式各异的社交帖子当作第三空间，便能解释它们为何如此盛行了。

你是否会牺牲睡觉时间来刷社交媒体？针对此现象，奥尔登堡解释道：“第三空间的交流相当引人入胜。人们情不自禁地为第三空间的事物所吸引，而时间往往就是在轻松活跃的谈话氛围中悄悄溜走了。”如果随便一个人突然走红，或者某个名人

在粉丝毫不知情的情况下突然回复他/她，会发生什么？在第三空间，人人平等，奥尔登堡补充说："一个人，不管他/她的社会地位如何，其人格魅力和个性才是最重要的。"为什么像《开心农场》（FarmVille）和《精灵宝可梦 Go》这类游戏会在一段时间内席卷社交媒体？过去的 10 年里，像纸牌金拉米牌（gin rummy）和卡片棋牌普尔球（pool）这样有助于人们高谈阔论的游戏，都带有第三空间的特点。奥尔登堡还指出，第三空间对于形成那种大型松散的社会群体至关重要，这些社群是新社会运动的核心成员。古希腊民主时期的城市广场、美国独立战争时期的小酒馆和启蒙运动时期的咖啡馆，都是第三空间。这些场所与推特用于推动"阿拉伯之春（the Arab Spring）"[1]或"黑人的命也是命（the Black Lives Matter）"这类抗议活动的作用类似。客厅里无法容纳足够多的抗议者，仅靠关系密切的人来开展革命也是不可能的，因此，你需要一个容量更大、更宽松的第三空间——网络空间。

第三空间早在人们开始使用电脑聊天之前就已经存在。互联网普及之前，电子邮件刚刚出现，人们便同时给多人发送信息了。有些人因整合对特定话题感兴趣之人的电子邮件列表而知名，如果你想加入某个邮件列表[2]，只需给理列表的人发封邮件，

1. 阿拉伯之春（the Arab Spring）是自 2010 年年底在北非和西亚的阿拉伯国家和其他地区的一些国家发生的一系列革命运动。2010 年发生在突尼斯的自焚事件是整个"阿拉伯之春"运动的导火索，革命运动浪潮随后波及北非和西亚，各国家都受到不同程度的影响。

2. 邮件列表（Mailing List）：其起源可追溯到 1975 年，是互联网最早的社区形式之一，也是互联网上的一种重要工具，用于各种群体之间的信息交流和信息发布。早期的邮件列表是一个小组成员通过电子邮件讨论某一个特定话题，一般称为讨论组，由于早期联网的计算机数量很少，讨论组的参与者也很少，现在的互联网上有数以十万计的讨论组。

他们便会拉你进去。一些记录在阿帕网的流行电子邮件列表，我们称之为“网络的人性面（human-net）”“科幻小说迷（sf-lovers）”“网络黑客”以及“品酒师”。但是，手动添加人到邮件列表却乏味无趣。军队并不乐意让平民百姓加入其列表，这一点也是可以理解的。因为这样一来，他们就可以毫无顾忌地把酒言欢。不过你可以以普通人的身份使用以下这些新产品，譬如1980 年的新闻组、1986 年的电子邮件讨论组和公共聊天室，在此你可以浏览话题，也可以添加你感兴趣的讨论组，像新闻组上的 alt. folklore. computer、alt. usage. english 或 alt. tv. x-files，电子邮件讨论组中的语言学家列表（我也在其中），以及聊天室中的 ♯ 业余无线电（♯ ham-radio）或 ♯《星际迷航》（♯ StarTrek）。

人们一直根据不同的主题给网上的陌生人发帖，发帖的形式也各不相同。博客的主题通常是围绕某个人的生活或更具体的事情，如烹饪、旅游或工作。有时博客还允许陌生人在评论区交流。多人在线游戏通常含有聊天功能，以便能和陌生人聊天，或将朋友拉入现有的社交网络中。红迪网是 21 世纪初最受欢迎的大众娱乐论坛，包括众多小论坛，论坛中讨论的内容涵盖从淋浴时的杂感到邀请名人在线回答一两个小时的问题，其覆盖范围十分广阔。而其他论坛则专门探讨某一个话题，像育儿、啤酒、电子游戏、编织、动漫以及分享附有文字的猫咪图片。当你根据冰箱里食材搜索合适的食谱，或是想弄明白手机上收到的错误消息的含义时，你可能已经顺带刷了一些博客和论坛帖子。但事实上，我们中又有多少人一直更新博客，或是在论坛活跃呢？估计不多，而这为数不多的人中有 5%—8%的用户可能是博主，1%—10%的用户可能经常参加论坛和其他“在线社区”。因此，单从你的搜索结果中出现某一博客或论坛文章而去浏览

该内容，算不上是论坛常客。

主题型网络社区是第三空间。你可以上陶艺班，也可以顺便参加一个网络聚会，以此作为你的第三空间。加入之初，你不识一人，表面上看就是学习课程内容。但若坚持参加，就会开始结识一些人，别人也开始了解你。可能你会为一些人吸引，聊天范围不再局限于正式话题，还会涉及生活甚至打算走出网络社区开始线下约会。第一批通过计算机网络社交的人，往往是因为不满足线下可行的社交活动，才开始另辟蹊径。他们愿意在网上碰碰运气，在线寻找志同道合之人，也可能是对计算机或是更小众的东西兴趣相投。20 世纪 90 年代中期，技术专家杰斯・金博尔・莱斯利（Jess Kimball Leslie）就找到了一个互联网之家：贝特・迈德尔（Bette Midler）的官方在线网络粉丝俱乐部。但不管是线上还是线下，主题型社区往往会吸引那些想要扩大现有朋友圈的人。这也解释了为何人们建议那些初入新城之人先加入俱乐部。对于那些从未涉足主题型网络社区的人而言，很难将网络社区中第三空间的魅力阐释清楚。而在陶艺班或网络活动中，至少你可以说自己是来学做花瓶或积攒人脉。事实上，在寻找无形社区的同时也有了实实在在的收获。但对于在线社交而言，这些借口便有些牵强，就像明明可以自己看电影、品酒，为何还要花大把的时间和陌生人在线讨论《X 档案》（*the X-Files*），聊喝酒呢？然而，这些对于不需要社交福利的人而言，其中的好处他们是看不到的。

这也解释了为什么主题论坛和留言板并不是大多数人发现互联网络可以充当第三空间的原因。相反，大多数人通过基于人的平台发现网络社区，这些平台允许我们导入线上的朋友圈。发现这一点的是这样一个群体，他们有朋友但不掌握与这帮朋友共度时光的主动权：青少年。对于青少年而言，他们不需要一个特定的话题搭话，因为他们已经认识，只是想有个地方可以聚聚。在第三章中，我们提到郊区隔离和禁止闲逛的法律——不允许青少年在原本属于他们的线下场所中闲逛。有段时间，普通青少年都在固定电话上和朋友闲聊，只有不合群的青少年才会转向互联网，寻找第三空间。但到了 20 世纪 90 年代中期，随着互联网发展成为主流，和朋友网上聊天也成了主要的交流方式。

最初与好友网上联系的媒介是上文提到的 20 世纪 90 年代末期的即时通信软件，如 AIM 即时通、微软即时通信软件和我找你。除了聊天功能，它们还有一个至关重要的功能就是显示状态。第一种状态信息，也称为“离线消息”和“状态更新”，旨在说明你不在电脑前时的行踪，比如睡觉、吃饭、上课或工作。若你发布去看电影的动态，但你连电脑都没有打开就去睡觉了，该怎么办呢？因此，及时准确地更新状态很快就令人心生厌意。然而状态信息之所以引人注目，还有一不寻常的原因，就是它们自带吸引人们登陆的魅力，即使不知道要聊什么，也可以看看朋友们的分享。这些即时通信状态的信息也展示了某种美感，其中包含对引号、歌词、～＊～特殊符号～＊～、STudLy cApS（驼峰式大小写[1]的变种）和消极对抗型符号的使用，有时一个状态中能涵盖以上所有内容，就像《纽约时报》在 2017 年一条有关 AIM 即时通停止服务的推文：“～＊这是一个时代的终结＊～”（“～＊iT's ThE eNd Of An ErA＊～”）。

查看好友的状态让聊天更具偶然性，也更像第三空间。这种方式可以让人们看到别人参加校园舞会时的着装，还可以敞

1. 驼峰式大小写：程序员们为了让自己的代码便于和同行交流，多采取统一的、可读性比较好的命名方式，而 STudLy cApS 便是驼峰式大小写的变种。

开大门，欢迎他人来聊天。作为帖子的前身，状态消息让社交媒体魅力四射，在推特和脸书上发帖最初都可称为状态更新。由于线上和线下的第三空间有重叠之处，因此那些即便是对自己朋友圈满意的成年人，也加入社交媒体中，正如第三章中提到的“我父母也有脸书账号了”。

奥尔登堡在20世纪80至90年代的研究可能不会赞同我关于互联网可以提供第三空间的观点。即便如此，他写作的那个年代几乎每个网络社区都是第三空间，聚集了形形色色的陌生人。他对科技漠不关心，还指责电视占据人们与好友的闲聊时光。他特别批评了郊区没有建造主街道、广场以及酒馆作为第三空间。人们注意到社交媒体正成为青少年的社交场所。研究表明后网络时代的青少年酗酒以及进行性行为的比例不高，因为他们通常都在虚拟空间闲逛，而非在车里或街角巷尾这类地方。但或许更多的是，不同年代的青少年优先考虑的一直是与朋友待在一起。事实上，每个年龄段的人都需要第三空间的友情。

奥尔登堡可能会为一件事而欣喜，那就是人们往往将之前用于电视购物的时间花在社交媒体上，因为他认为电视购物是第三空间的劣质替代品。而在第三空间中建立的联系或许有助于抵消他对郊区隔离的厌恶。此外，包括社交媒体在内的第三空间，还能促进一种循环往复、毫无计划的互动，社会学家认为这种互动对于加强人际关系至关重要。不知不觉中，你从第三空间认识的熟人可能会成为你邀请到家里(第一空间)做客的人，他们也可能是你在工作场所(第二空间)的同事。事实上，我们可以根据空间的变化，重新开始聊天、编辑电子邮件。虽然20世纪90年代的聊天室属于第三空间，但21世纪初的双人聊天室或小型群聊更像是第一空间，因为你可以借此私聊对方。电子邮件讨论组也属于第三空间，而邮件收件箱是第二空间，用于工作或官方通信。我们不再漫无目的地浏览电子邮件收件箱，穿梭在聊天平台。你不是出于某些特殊的原因才打开网络平台上的帖子，只是想看看其中是否包含有趣的内容。而在以太(ether)上发帖子，就像把头伸到走廊上，看看会碰到谁。你与脸书、推特和照片墙列表中的不少好友依旧只是表面上的熟络，但在社交媒体上添加好友，是一种让其走进你常漫游的走廊的方式，也是一种用来表达“我想和你有更多自然而然的互动，我们可以一起经历世事”想法的方式。

然而，现实和虚拟的第三空间有一个重要的区别。我所在地的酒吧、理发店和公园原则上对所有人开放，但实际上却受到地理位置和风俗习惯的限制，因为这些第三空间附近只能容纳那么多人，那些人还得能适应在那里活动。显然，我既不是理发店的顾客，也不再是能在公园里闲逛的青少年。风俗习惯是唯一能限制网络中第三空间的障碍，而它们还在不断地发展变化。有时网络空间的广阔无垠、不限地域着实令人震惊，我可以把朋友装进口袋，随身携带。无论我身在何处，不管白天还是黑夜，都有人伴我左右。机场不再没有人情味，失眠也不再孤立无援，就连平平淡淡地经营杂货店时，也可以和“口袋里的朋友”相谈甚欢。

网络空间中缺乏现实感，事情则会变得错综复杂。在现实世界中，我能看到十几个人围桌而坐，或和我一起在走廊里闲逛。但在网络世界中，某篇帖子的观众可能是“零”，也可能是“互联网中的数十亿用户”，只有在帖子发布之后，我才知道是否有人看到。如果我在酒吧或咖啡馆讲了一个笑话，可能没人理睬，但至少我知道自己是否被忽略。但若我在虚拟空间分享一个有趣的笑话，或者分享一个小动物嬉戏的视频，是否能让屏幕

前的人们喜笑颜开？别人又能否看见？这些我都无从得知，除非有几个赞或评论。不管人们有意还是无意，很多社交媒体帖子都是为了获得某种互动而优化。比如为了更大程度地展示幽默，我们在措辞上大费周章，让朋友来打草稿，还给特定的人私信，让他们评论帖子。此外，还规划发布时间以获取最多的互动，或者像他人一样为了寻求精神上的支持而发帖，这样一来，朋友们便知道他们在虚拟世界的分享不是无人回应。

2009年初，我对脸书上帖子的状态信息做了一个小规模的分析，查看了朋友们在自愿加入这项分析之前的10个最新帖子。我本希望追踪以“is”开头帖子数量下降的轨迹，但最后我发现了如何成功社交的发帖模式。经分析发现：获得点赞和评论最多的帖子不一定与多数人有关联，或是单独使用时用处最大。比如公布你的新电话号码，这虽与你的朋友都有关，但不一定所有人都需要。相反，热门帖子倾向于在使用模糊但不隐晦的段子，与吸引特定人群注意的引用之间取得平衡。当时，我最受欢迎的帖子之一是用只有我的少数脸书好友能明白的语言所写，因为他们当时正在学这门语言。他们每个人都评论了帖子，其中许多人甚至评论了很多次。几年后，《嗡嗡喂》在更大范围内完成了这项研究，撰写了一些受众面很广的文章，内容涉及特定人群所了解的事情，这些人要么出生在特殊的10年中，要么来自特定的地方。模因(Memes)(下一章详细阐释)就利用了这一发展趋势，懂模因的梗，就代表你属于这个群体。

如今，阻止某人看见或解读你的帖子变得越来越难。当然，你可以不注册任何账户，或是不更新状态来保护自己的隐私，但这就像用完全不与人接触的方法来防止传染疾病，或者从不离开房间来避免被坠落的钢琴砸中一样。大多人认为为了生活牺牲一些隐私是值得的。因为我们寻求的不是隐居，而是一种平

衡。一项研究发现，人们将分享在帖子上的信息与聊天中分享的信息区分开来，将自己的爱好和喜欢的电视剧划分在非隐私类别中。因此，如果要表达恐惧、担忧以及个人感受，比起在帖子中分享，他们更愿意在私人信息中分享。人们在其他方面意见不一，像关于政治或宗教观点以及诸如出生或婚姻等生活方面的事情，这些属于隐私类别的事情可能解释了为什么有时人们会觉得其他人过度关心或过于沉默。

伍德罗·哈佐格（Woodrow Hartzog）和弗雷德里克·D. 斯塔茨曼（Frederic D. Stutzman）合写的一篇法律论文中提到，网上很多信息虽不是完全保密，但却晦涩难懂，难以获取。因此，大多数人都懒得一试。研究者们指出了四个可能导致网上信息模糊、晦涩难懂的原因：第一，帖子是否可以搜索到，或者潜在的搜索者（指无心插柳之人）是否需要点击隐藏链接来获取；第二，帖子是否仅限于特定人群来浏览，特定人群根据关系亲密程度划分或需输入密码；第三，是否需要姓名或化名来验证身份，或是什么都不用；第四，即便是不明所以之人看到帖子是否能正确理解。毕竟就技术而言，帖子是否公开无关紧要。如果没人知道它的存在，也不了解其中的内容和含义，它仍然会因为晦涩难懂而属于隐私。

现实世界中，很多信息虽从技术层面上看是公开的，实际上却属于隐私，包括我们在人们可能经过之地发布的消息，例如：墙上的涂鸦、公告板上的内容以及电线杆上张贴的庭院出售广告和寻猫启事。我住在蒙特利尔，这个城市主要讲法语，但人们的双语水平很高。我一直想做一个关于寻猫启事的语言地理学研究。宣传音乐会或是辅导机构用的海报，无可非议要针对说特定语言的人群，而寻猫启事则不同。如果你的猫丢了，你需要把别人发现它并知道如何把它送回家的概率最大化。虽然你只

会一种语言，但为了找到猫，也值得你找朋友翻译启事。我很好奇在讲双语的社区，哪个社区会将法语作为第一语言来使用？哪个会将英语作为第一语言？人们在哪里会使用第三种语言？或是只使用一种语言？如果将城市电线杆上张贴的寻猫启事绘制成一幅语言地图，便可以得到相邻社区的语言地图，即城市中的民间语言地图。

虽然我假想的寻猫启事标志在某些方面公开，但在其他方面却是模糊的。例如：在访问层面便是模糊的。我希望我所在街区的人能看到这个标志，而不是在国家电视台上广播让全国人民都看见，因为这样会导致数百个假装看到我猫的“好心人”与我联系，最终还会形成一个关于寻猫启事的数据库。数十年来，我仍会收到跨国寻猫服务的广告*。就启事内容而言，猫咪的基本信息必须清楚明了。它必须以陌生人可以清楚识别的方式来展示猫，而不是一个模糊毛茸茸的球；还必须提供准确的联系方式，以便发现猫的人能联系上我。此外，联系人必须能读懂启事上的语言，这也是启事上应有我认为对方可能会说的一种或多种语言的原因。

许多社交媒体上的帖子情况却恰恰相反。它们不受地点的限制，因此发帖人只需让圈内人理解即可。隐藏个人隐私是许多社交场合的万能法子。一项针对爱沙尼亚国青少年的研究发现，他们会做分享抒情歌、语录以及段子等内容。而这些事情只是针对喜欢的人才做，希望对方看到并给出回应，一些青少年表示这些行为已经生效。一项针对脸书上同性恋青年的研究发现，在一个既有家庭成员，又有潜在同性恋成员的平台上活跃的方式之一是发布同性恋流行文化的相关文章。同龄人看到这些

* 本实验中没有猫受到伤害。

很容易理解，非目标受众也能接受。技术专家达娜·博伊德观察了在更消极的语境下的编码信息，此处指隐藏真实含义的帖子，就像一位青年为了不让母亲担心，在向朋友宣布分手的坏消息时，发布了这样的帖子："永远关注生活中美好的一面"，这是巨蟒组（Monty Python）[1]所出演系列影片中的一首歌，表面开心，但实则传达出分手的忧郁，极具讽刺意味。青年最近才和朋友看过这部电影，然而她的母亲对此内涵却一无所知。

我们可以用这种不大精妙的方法来处理一些公开和隐蔽的信息。你既可以直抒胸臆，表达观点；又可以在脸书上发布含糊其词的动态，等待圈内好友上门询问，这是一种不指名道姓发布动态的艺术。用歌词发推含有合理的推诿之意，因为它可能只是单纯地表明你对这首歌的喜爱，它已深深刻入你的脑海。但若有人贴出"我只是没时间听这些废话"。显然，即便毫不知情的人都明白某些好戏正在上演，只有某些知晓其中缘由的人才能理解其内在的含义。这时询问发生了什么，就像打断正在餐厅里吵架的夫妇询问其恋爱史一样，这明显过于失礼。你需自己找答案或干脆忍住别问。一项针对大学生"下意识发推"的研究表明，在传达负面信息上，人们认为间接发帖确实比直接提及相关人员更能为社会接受。就像"感谢某位暗箭伤人之人，彻底扫了我的兴。这样的人真可悲"。当人们意识到被他人攻击时，就会直接点名，羞辱对方。如果是积极正面的帖子，结果便恰恰相反。人们可以直接@某人，如"谢谢@瑞安斯（RyanS），我今天很开心，你人真好"。

闲聊、开玩笑、在众目睽睽下隐藏信息，这绝不仅仅是青少

---

1. 巨蟒组（Monty Python）是英国六人喜剧团体，他们的"无厘头"搞笑风格在20世纪七八十年代影响甚大。

年和网络独享之事。长期以来，人们用笔名给咨询专栏作家写信。在外国人前转换语言来委婉地讲脏话，如："天啊，该死的(gosh hecking darn it)！"故意在孩子面前拼字母，比如："你的孩子可以吃 C-A-K-E(蛋糕)吗？"用创造性的想象来掩盖政治异议。中国持异议的网友尤以使用双关而闻名，比如用河蟹(héxiè)指代和谐(héxié)，"河蟹"发音与普通话的"和谐"(héxié)相似，但声调不同。

即时通信软件上，90 后青少年的状态信息中随处可见的歌词，直接源于青少年现有的文化实践。青少年以前在年鉴引文中发送隐藏信息，在笔记本封面或桌子上写歌词，以便相关人员能看见，还匿名在浴室隔间上描绘消极对抗的故事。年幼孩子的父母经常使用昵称或首字母代表孩子，发布有关孩子的动态，这样既可以得到其他父母的支持，又不会给那些不愿意分享自己行为的未成年人留下可搜索的社交媒体痕迹。认识这些父母和孩子的人可解读这些信息，但孩子未来的老板不会发现求职候选人 20 年之前的照片，照片上他还是一个蹒跚学步、脸上粘着冰激凌的孩子。

互联网这个第三空间，在帮助编织爱好者以及电子游戏迷寻找伙伴时十分有效。在动员联系薄弱的人们团结起来，对抗不公正的法律，反对喜欢的电视节目被取消时也十分奏效。但万事都有两面性，它在聚集令人厌恶的暴徒时，也同样效果显著。2015 年，红迪网禁用了几个与仇恨言论密切相关的子论坛。当时人们还怀疑这一做法的可行性，那些可恶的评论者会不会干脆侵入红迪网的子网站，继续散播令人憎恶的言论？2017 年出炉的一项研究表明他们不会。红迪网上那些在同一站点的其他社区用户，至少减少了 80%的仇恨言论。然而，其他账户只是变得不活跃，也有可能已转向其他仍可以容忍这种行为的网站。

德国一项关于在足球博客下恶意评论的研究，指出了红迪网禁令起作用的可能原因。研究人员要求足球迷在一篇有争议的足球话题帖上发表评论，在此之前，该文章已有6个评论。之前的评论若是充满敌意和攻击性，新评论也会跟风；之前的评论若是经过深思熟虑才发表，新评论也会如出一辙，这与评论者是否实名毫无关联。将社交媒体网站上公开和半公开帖子视为第三空间，可以为平台对用户所应承担的责任提供一种思考方式。就像当地的调酒师或咖啡师通常不会干扰你跟别人的谈话，但若是打扰了其他顾客，他们则有权把说话人赶出去，而这会让整个场所变得更美好。每个阶段的人类社会在大多数时候都有管理群体行为的规范和方法，互联网时代也不例外。

至少从某种程度上，我们已接受了语言会发生变化这一观点。一代人的新俚语是另一代人的陈词滥调，例如：我们并不会像莎士比亚那样说话，诸如此类的例子数不胜数。宏观层面的对话规范已经发生了变化，并会继续变化，只是并不那么明显。有时这些对话规范会因新技术的出现而发生改变，而有时基础技术实际上并没有改变，变的只是社会背景。电话改变了我们的问候方式，智能手机又在此基础上升级。从备忘录到电子邮件再到聊天，商务沟通整整花了一个世纪才变得不那么华而不实。帖子的发布与公共领域的开放有着长期而复杂的关系。随着越来越多的人开始使用聊天工具，聊天使人们变得亲密无间，聊天用语也更加口语化。然而，视频聊天可能正反其道而行。随着像《居家派对》(Houseparty)这样“惊心动魄”的视频应用程序兴起，视频聊天变得越来越像第三空间，它可以让你和身边的朋友开启群视频聊天。目前为我们提供第一、第二和第三空间的网站配置已发生了变化，而且很有可能会再次发生变化，不变的是“便携设备交友”对人们的吸引力。

较之其他几章，本章更像是瞬息快照，它不是主张事物的正确性和永恒性，而是呼吁大家保持谦卑的态度。换言之，如果对话规范总是不断变化，且同一时期不同人的规范也有所不同，我们就不要急于定论。假设那些令我们感到困惑的交流方式对使用它们的人来说确实有重要的意义，我们需要先弄明白他人的意思，而不是急于下结论。无论是说服别人在短信中省略所有句号，以免误以为是生气，还是说服某人在响铃两声后再接听所有固定电话，通过“赢得”对话规范并不能创造真正成功的沟通。只有各方互助走向成功之时，沟通才是成功的。

第七章　模因文化与网络文化

你说“那座城市（The City）”[1]时，是指哪座城市呢？

这是展开讨论的极佳方式。说到“城市”，许多人会想到一些历久弥新、魅力四射的大城市，譬如伦敦、纽约市、旧金山。但生活在这些大都市的人认为其实真正意义上的“城市”是历史意义上更具体的城市中心区，如曼哈顿或伦敦市区。少数人则认为是辐射周边当地的中心区城市，像芝加哥、多伦多、温尼伯、诺里奇、底特律、新奥尔良、布里斯托尔、西雅图、温哥华、俄克拉荷马城、墨尔本、悉尼和华盛顿特区。我在新斯科舍省长大，在那里，众所周知“我这周末要进城”这句话中的“城”是指哈利法克斯。人们对此观点并不统一，但每个人都对自己心中的答案深信不疑。

并不是只有现代都市人陶醉于“城市”。中世纪君士坦丁堡居民也沉迷于此，认为其所在之城便是“城市”，但他们最终将城名改名为伊斯坦布尔（Istanbul），该词为中世纪希腊语“斯坦波

1. The City 全称 The City of London，“那座城市”指金融城或伦敦城，位于伦敦市区的专业金融商业区，是世界第一的金融中心。

利(stambóli)”的变体，源于希腊口语“在城里(s tan Póli)”，其词尾与古希腊都城“卫城(acropolis)”或君士坦丁堡末尾“pol”相同。沙特阿拉伯的麦地那在阿拉伯语中意为“城”。印度的安得拉邦(Andhra Pradesh)至少有三个地方名为“纳加拉姆(Nagaram)”，泰卢固语中意为“城”。

即便你心中没有自己认为所属的城中心，他人问起时你也摆摆手说“不知道”，但在游客说错当地的地标和街道名称时，你对此问题却一清二楚。这不仅是因为人们各持己见，还源于对何处是家各执一词，而这并不至于引起争论。对于家的概念，本就仁者见仁，智者见智，否则便会引发争议。你所说的“那里”却是我认为的“这里”。对于城市、地标和区域的认识，既包含个人观点，也掺杂文化因素，对这些内容的讨论印证了我们的归属感何在。

人们对于网络文化真正包含的内容，和哪个城市是中心城市这个问题一样饱含热情。我对此也很感兴趣，便通过 * ahem * 的个人广泛调查对此进行验证，结果表明在线写作并不是凭空想象，而是利用网上的资源，将其与个人的想法融合，达到文化共享。我们将懂自己文化之人和不懂的门外汉划分得清清楚楚。

只要我们谈论互联网文化，不知不觉就会涉及模因[1]。

1. 模因(memes)：道金斯在 1976 年所出版的《自私的基因》中，将 memes 定义为“在诸如语言、观念、信仰、行为方式等的传递过程中，与基因在生物进化过程中所起的作用相类似的东西”。我国学者何自然和何雪林 2003 年将 memes 翻译为“模因”，是有意让人们联想它是一些模仿现象，是一种与基因相似的现象。基因是通过遗传而繁衍的，但模因却通过模仿而传播，是文化的基本单位。

模因时代消逝

1976年，理查德·道金斯（Richard Dawkins）提出模因概念，意在将其在意识形态领域与生物界的基因相对应。就像基因通过性别选择和身体素质传播，如棕色的眼睛，模因通过社会选择和意识形态适应性传播，如日心说。依据古希腊语中的mimeme（模仿事物）一词，道金斯将其缩短以便与gene（基因）完美匹配。道金斯认为模因在社会科学研究中仍是一个相对模糊的概念，并未对网络文化发表任何看法。

将“模因”的内容延展至现如今我们所熟知的互联网定义，是与以下问题直接相关：网络文化中到底应该包含哪些内容？1990年，新闻组的每一次讨论似乎最终都会变成和希特勒的夸张对比[1]，这里将希特勒等同于邪恶，技术专家迈克·戈德温（Mike Godwin）对此十分恼火。“有人为此做了一个名为千禧一代与蛇人的插件，这个插件就相当于一个审查制度，但你不知道审查员都有谁。”戈德温决定对此反击，为他所见之物命名——戈德温定律[2]，并试着让人们认可这个想法：“我把戈德温定律植入到任何新闻组的讨论中，或是所见的无端引用纳粹的

1. 将某人或某个行动与纳粹作比较是一项严重的指控。1921年，阿道夫·希特勒被选为纳粹党在世界大部分地区的领袖，希特勒和纳粹被等同于终极邪恶，将某人或某人的行动与纳粹作对比是将其与邪恶画上等号。

2. 戈德温定律（Godwin's Law）又称戈德温的纳粹类比规则，是迈克·戈德温在1990年提出的一个理论。该定律可理解为当纳粹进入谈话时，讨论就结束了。在某些情况下，有人可能会援引戈德温的规则在谈话变得更糟之前结束谈话。但是，有时讨论应该继续进行，尽管戈德温的规则已经被纳粹引用了，但讨论中的个别成员决定对话是否会以戈德温规则的实例进行或结束。

话题中。令我震惊的是，很快其他人也引用这个定律，反模因正在自我复制，实现自给自足！”几年后，他在《连线》杂志的一篇文章中描述了他的实验，并借道金斯关于模因的术语来描述其所做之事，从而向《连线》杂志的读者介绍了“模因”在互联网中的应用。

模因文化[1]的播种始于主流文化的断裂时期。新闻组建立初期，9月是一年中情况最糟的时候。因为9月开学季是新用户涌入的旺季，学生通过学校首次访问互联网。他们不得不适应适当的网络礼仪，这些礼仪是由那些处于困境中的老一辈网民建立的。1993年9月，事情发生了改变。据《网络大战》(*Net. wars*)一书中所述，美国在线公司开始通过邮件为用户提供网络服务，短短一年的时间里，有100万用户加入互联网，这也是互联网有史以来单次吸收用户最多的一次。然而，当时的网民无法适应大批新用户的涌入，对此异常不满，将那段时光称为“永恒的九月”。

尽管反模因论并未如戈德温所预想的那么高尚，但若你愿意接受，模因概念（尤指模因中的复制因子）确实已在网上传播，且发生改变。网络世界中的模因，不仅仅是迅速走红的流行事物、上传的视频、图像或短语，还有重新制作和整合的事物，都作为网络文化的一部分在网上传播。我可能会用自己的语言来描述地球围绕太阳公转这一理论，并借用道金斯法则来传播，但要想其成为网络模因，我需亲自制作。我也许会编排一种与太阳系有关的舞蹈，舞蹈中涉及太阳系中的行星，以吸引世人的注意，使其按捺不住上传自己跳舞的视频，或者即兴展示一些粗鄙

1. 模因文化是指文化领域内人与人之间相互模仿、散播开来的思想或主意，并一代一代相传下来。

的才艺，制作一些以加拿大命名的行星图片，如："加拿大本土"（地球）、"加拿大附属国"（水星）、"光环加拿大"（土星）以及"矮行星加拿大"（冥王星）等*。看过几个模因传播的例子后，你便会明白它们之间的共通之处，并尝试形成自己的版本。从逻辑上看，你熟知模因的传播之道后，下一步便是将几个知名的模因混合在一起使用。

怪诞的文化产品早于互联网出现，一大批决心模仿这些产品的人促进其传播。

在《数字文化中的模因》（*Memes in Digital Culture*）一书中，利莫尔·希夫曼（Limor Shifman）将"吉佬儿到此一游"作为网络出现之前模因传播的例子。这是一幅第二次世界大战期间广为流传的涂鸦，画的是一个双手攀墙，向前窥探的大鼻子光头男。与之前不同的是，如今的模因与网络文化的复制息息相关。回想戈德温定律和"永恒的九月"，当时制作和分享网络模因是为了监督网络文化的输入和输出。网络文化方方面面都发生了改变，尤其是发展文化和所需技术的熟练度之间的联系，这些改变无疑加大了监督网络文化的难度。早期的模因文化创造者认为，要了解制作模因所需的技术工具、理解其所属亚文化间的联系，就像第一批网络用户认为创造网络俚语需要了解编程术语。此外，创造者担心若模因制作过于简易，便会淡化文化本身的内涵。

宏是一种更便捷的模因制作工具。虽然"图片宏"已成为"图片模因（也叫表情包）"的同义词，但宏实则源于计算机上可

---

* 作者认为这种舞蹈并不存在，但有关加拿大行星的表情包应该存在，可搜索 imgur. com/gallery/gsMqxpq 或"包含加拿大元素的表情包对于其余表情来说只是冰山一角（Canada a bit to the left meme）"来验证。

以执行大量工作的简短指令[1]，比如一次性重命名批量文件。2004 年，宏在吐槽论坛(Something Awful)中的应用使我们在评论中添加图片变得更加容易。我们无需每次都重新上传相同的照片，只需输入诸如[img-blown away]的文字，便可出现意为"留下深刻印象"的图片，图中形象还带着绿帽子。宏的应用使发送图片更加便捷，这些图片一开始就形象反映了用户双方的动态。根据论坛的历史记录可知，其版主增添图像宏功能，是为了证明重复的图片令人十分生厌。事实却恰恰相反，人们对宏十分中意。升级的宏功能甚至带来更受欢迎的搞笑猫(lolcats)表情包。自 2005 年起，每周六网友都上传猫咪的照片，"周六(Saturday)"变成"猫日(Caturday)"，还开始匿名在外国的综合型讨论区 4chan 上分享附带文字的搞笑猫图片。后来，"搞笑猫现象"在学术期刊和《时代》杂志随处可见。和早期的表情包一样，第一批搞笑猫表情包中的文字是通过 Photoshop 和 Microsoft Paint 等程序编辑软件手动添加的。

我是严肃的猫。
这是严肃的话题。

隐形自行车

1. 将长命令简化成简短的缩写，以方便输入。

我能吃三明治吗?

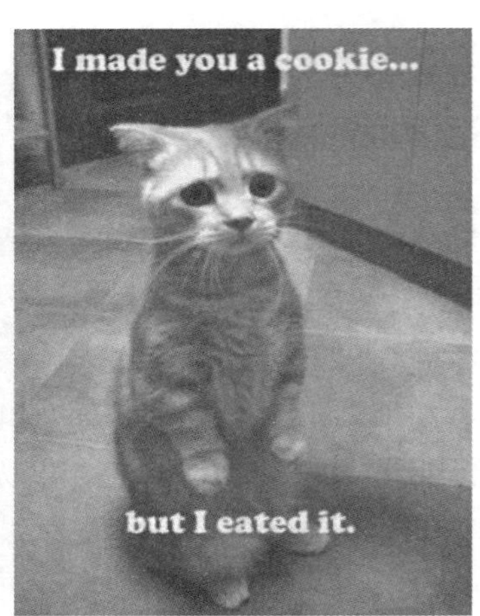

我为你做了一块饼干……
但我吃了它。

随着搞笑猫表情包的流行，第二种省时的宏也开始风行。它可以将文字自动添加在基础图像上，其速度远超过将文字下载到一个单独的程序中。这些表情包生成网站使大众审美一致化，即全部使用大写字母、带有黑色边框的白色 Impact 字体为表情包配文。这是自动字幕生成的杰出创新，因为无论背景是何种颜色或图案，该字体都能轻松地脱颖而出，吸引读者的眼球。

表情包生成网站使制作搞笑猫表情包变得轻而易举，反倒引起争议。以前，在照片上编辑文字需要对照片编辑软件有一定的技术知识储备，现在却易如反掌。按照“业内人士”的说法，简直是小菜一碟。技术专家凯特・米尔特纳(Kate Miltner)记录了 21 世纪末两类搞笑猫粉丝由此分裂的轶事。一家粉丝自称是表情包极客，喜欢 4chan 早期的搞笑猫，但由于搞笑猫广受欢迎、便于制作，他们又转向了其他表情包，比如“忠告动物

(Advice Animals)”。而另一家自称是奇士好友(Cheezfriends)的粉丝,往往更喜欢浏览视频和图像博客网“I Can Has Cheezburger”[1],他们流利地使用特色火星文证明自己的会员身份,而非创造表情包所需的娴熟技术。搞笑猫流行的巅峰时期,参与者在I Can Has Cheezburger网的搞笑猫论坛上,以火星文的形式互相交流。即便没有猫咪图片,他们也可以轻松地从语言上将新人和真正的奇士好友区分开来。

与其深入研究奇士堡(Cheezburger)论坛的旧帖子,不如看看与搞笑猫最接近的同行评议文本,一个依据《圣经》(*Bible*)改编的火星语。它由多个作者合编并在维基上发布,经投票后选出。《创世纪》(*Genesis*)作为《圣经》的开篇,被网友改编多次,以下内容是一部分火星语版本的《创世纪》[2]:

> 啊!地球没出现之前,天花板猫在宇宙中创造出了地球,但是它没有吃掉地球。
>
> 地球处于混沌之中,四处一片黑暗。天花板猫骑着隐形自行车在水面行走。
>
> 起初,地球上漆黑一片,没有光。天花板猫说:“我可以创造光!”于是便有了光。
>
> 天花板猫透过光看见了世间万物,于是将光亮和黑暗分开。但没有关系,因为即使没有光,猫也能在黑暗中看见,不会为障碍绊倒。

---

1. 曾有位网友发了张一只小猫咧着嘴的照片,旁边的文字是:我能吃三明治么(I CAN HAS CHEEZBURGER)?后来在这张照片的演绎下,有人创办了以猫咪等小动物的可爱图片与幽默注释为主题的博客网站“I Can Has Cheezburger”。
2. 详情可在lolcatbible.com上查询,要了解来龙去脉,还需知道:天花板猫代指上帝,地下室猫指代魔鬼,快乐猫指代耶稣,沙发常用来取代帐篷。

天花板猫称光为昼、暗为夜，这是人间的第一天!! 1

事实上，上述引用的单词都有出处。“Oh hai”源于一个搞笑猫的表情。“teh”是早期的网络俚语。天花板猫出自另一个表示上帝的表情包，代表正义。“maded”和“eated”源于前文的表情图“我给你做了一块饼干，但我吃了它”。“FURST”也是一个网络俚语，“!! 1”是表示赞叹的网络语。此类例子不胜枚举，更不用说所有将《圣经》作为源文本的资料。读者要理解这种火星文需查阅一大堆资料，这一过程正如你在维基百科上阅读一个你一无所知的高科技领域一样有趣。但你查完所有不理解的单词后，会发现已然对文本失去兴趣。另外，写上一堆注释或者只是看看，也是一种纯粹的快乐，这就像你独居异乡时遇到了一个老乡，两人仅仅是聊聊家乡熟悉之物，同乡之情便油然而生。表情包的魅力就在于让同道中人有归属感。

表情包有望继续发展壮大。在搞笑猫表情包发展末期，表情包生成网站骤然而至，并于 2008—2014 年间引入了一大波新的动物表情包。这些忠告动物（Advice Animals）表情包的图片中心往往是固定的形象，该原型可以是人，也可以是动物，两边附有两行文字，文字常为黑边白体 Impact 字体，用以解释形象的行为或阐释内心独白。一些常用图片通常只截取面部，将其放入五颜六色的风车中心，早期的表情图片中尤为常见，而后来的常用图片通常是完整的照片。如哲思龙（Philosoraptor）位于风车的轴中心，其名称由哲学家（philosopher）和迅猛龙（velociraptor）组成，就是一只迅猛龙托下巴做出思考样子的图片；痞子史蒂芬（Scumbag Steve）是一个身材魁梧的男子的全身像，他反戴帽子，桀骜不驯，不负责任，也无公德；不爽猫（Grumpy Cat）则是摆臭脸的猫。

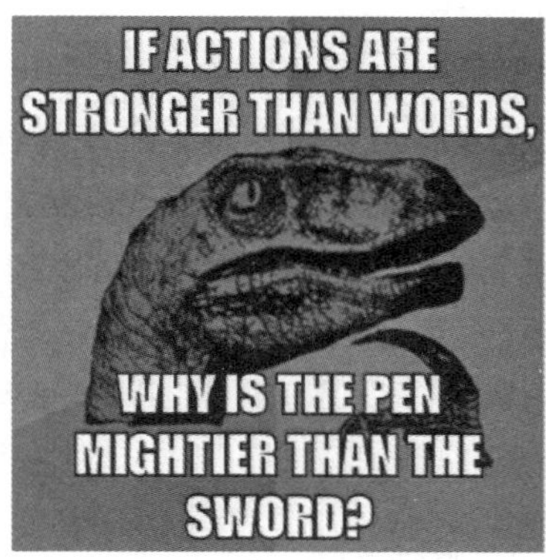

如若行动胜于雄辩，
为何笔锋胜于武力呢？

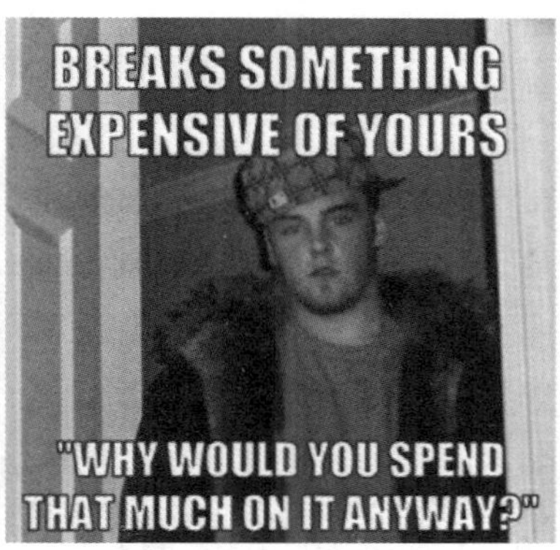

打破了你的贵重物品
“你为何要花那么多钱买它？”

忠告动物的有趣之处在于它让表情包创作更加大众化、分散化。搞笑猫多多少少都有一套统一的语言参考资料，单一的猫语语法：“哦！嗨(oh hai)”，“我可以有(I can has)”和“好的，谢谢，拜拜(k thx bai)”。忠告动物兼收并蓄，包括不同类型的子表情，且每种表情下涵盖不同层级的表情。有些富含语言特色，如“ermahgerd”便是“oh my god(我的天啊)”的翻版，将“ermahgerd”中的所有元音字母都换成“er”；瑞恩·高斯林(Ryan Gosling)则一律以“嘿，姑娘(hey girl)”作为配文的开头。然而也有很多诸如上文所述的表情，若不是以两部分的形式呈现，并不会产生突出的效果。事实上，某些文字说明远远早于表情包，而早在表情包问世之前，人们就已经在思考动作与语言的配合使用。

大众化使得忠告动物从众所周知逐渐没落，变得鲜为人知。我之所以选择哲思龙和痞子史蒂芬作为例子，是因为我觉得熟悉表情包的人对其都有所耳闻。其他表情包只在某个特定的群体中受欢迎，譬如曾轰动一时的羊驼语言学家(Linguist Llama)的图片只在语言学家中流行，该图片以学术为主题在忠告动物中引起了一波不小的潮流，如猫头鹰艺校生（Art Student Owl）[1]和史上主要的纹章野兽（History Major Heraldic Beast）[2]，该图意指“只有攻陷了罗马，你才是一个合格的哥特人”。还有一些表情只出现在朋友圈，比如鲜为人知的蛇鳕语言学家（Linguist Lingcod），它是2011年我和朋友依据叫这个名字的鱼共同创建的。虽然我们喜于用这个表情，但它依旧默默无闻，在语言学界也是如此。以下两点很好地解释了其中的缘由：一是少有人听过蛇鳕，而且也绝对没有意识到这张丑陋的照片确实是一条鱼。二是我们的配文对于毫不知情的人而言毫无乐趣，加上我们所结识的语言学家也不多，不足以广泛地传播这些表情包。

虽然鱼的表情包失败了，但于我而言，这却是一个重要的里程碑。我之前接触过搞笑猫，也参加过一些基于文本的表情包制作，如“回答一连串的问题，然后让朋友们重复以上操作”，但如果我认识的人中有人制作表情包，他们并不会告诉我具体操作。搞笑猫由网上制作表情包的圈外人士创造，我能参与的最大限度不过是延用和仿制。忠告动物则是第一个表情包，其中一些是由我在线下认识之人创造。如今回想起来，这是使用表情包群体转变的部分原因，从和陌生人在线互动的老网民，转变为与熟人在线互动的资深网民。始于2008年的网络文化大会（ROFLCon），同样致力于解决线上和线下网络文化变化的关系。2012年，该会议组织者决定举办最后一期会议。发起人蒂姆·黄（Tim Hwang）和克里斯蒂纳·徐（Christina Xu）这样解释道：“2012年，我们和不爽猫的代理人通话，这种感觉就像‘这

1. 忠告动物系列表情包的其中一个，一个嘴叼香烟的猫头鹰，添加的文字旨在取笑艺校学生的刻板或是传达学生或艺术家所表达的挫败感。
2. 图片上有神圣的罗马帝国，这里纹章野兽代指罗马帝国。在公元5世纪，哥特人摧毁了强大的西罗马帝国。

只猫有经纪人一样’。我认为，仅仅这一点就足以暗示网络文化世界在过去四年中发生的巨大变化。”

我参加了下一个表情包的制作，进一步模糊了网络文化和非网络文化之间的界限。早在2012年初，我已在竞技辩论中活跃很多年了。一天深夜，我发现这个领域真正需要的是将辩论术语和瑞恩·高斯林“嘿，女孩”的表情相结合。于是，我当晚便找了一些例子，并将相关链接发给一些辩友，而后才睡去。第二天一早，我收到了几十条信息，新注册的博客也收获了2 000的点击率。连我不识的人也给我发来了他们制作的版本。那周的辩论锦标赛激烈而又短暂，我感觉自己是所有书呆子辩手中最酷的那一个。然而10天后，我完全停止更博。但我还是提出了这一混合辩论机制，因为它完美地展现了圈内笑话恰到好处的影响：往大了说，它可以通过我的关系网传播给更多人；往小了说，它可以在圈内人中传播。我回过头，试着从这些表情包中找到一个例子，而我所找到的例子至少都需要一大段文字来解释它的语境，可读完一大段文字后我还是无动于衷、毫无笑意。或许仅有几百人才懂得辩论中加入表情包用语的笑点，而这些人当中有一半都是我在线下认识的熟人，能完全领会其中笑点的寥寥无几。

一年后，我泡在网上的时间越来越多。尽管硕士论文写作任务迫在眉睫，分心在此也是必要的。我开始研究一种新式图片表情包，它不使用排列在图片两侧的文字和黑边白字的Impact字体，而是将短语切割得更短，用Comic Sans字体书写并放置在圆狗脸的周围。这种用法既能带来很多欢乐，还是一种新奇的文法。我开始用心分析，并誓言论文一完成，就把关于新表情包的描述写下来。这是一种为人们所熟知的神烦狗(doge)表情包，其原型是一位日本教师佐藤雅子(Atsuko Sato)给她的柴犬(shiba inu)拍摄的一张照片，该表情包由此而生成。

最终，我把这篇语言学分析发表在一家兼容并蓄的网站：《舌尖上的英国》（*The Toast*）[1]网站。遗憾的是，该网站在 2014 年便黯然退场了。有些表情包内嵌独白文字，狗头便是其中之一，它用了我们在第四章使用的极简主义风格字体。另一个在狗头之后出现的表情包与蛇有关，它是在多幅蛇的照片基础上创造出来的，该表情包有一特点——通常带有委婉的咒骂语，诸如“见鬼”等。

1. 现名为 *At The Table*，英国的一本美食杂志。中国的一部纪录片为《舌尖上的中国》，套用该名，将其译为《舌尖上的英国》。

在写神烦狗文章的过程中，喜悦之情难以掩饰，并为大众所分享。仅此一次"喜欢从学术角度分析互联网文化的"人数超过"熟悉加拿大大学校际辩论协会*圈内笑话的"人数。几天后，我在BBC访谈中谈到神烦狗的表情包。甚至几年后，偶尔我还会从粉丝那听到这篇访谈。

蛇鳕语言学家表情、瑞恩·高斯林辩论表情以及包含语法错误的神烦狗表情之间，究竟有何不同？我不会去思考这个问题，因为解读表情包和制作表情包本质上是一样的过程，就如我写作顺利时会激动不已是一个道理。就许多方面而言，表情包研究充满吸引力，它的魅力源自其本身，因为它将学术研究和网络文化完美融合。上述表情包间的区别也不在于人们对表情包的反应有何不同。2012年，我曾写过一段时间博客来记录表情包，在无数想要追赶互联网混搭风潮、打造特殊社交圈子的人们之中，我不过是几百万分之一。表情包的特别之处不在于其中的圈内笑话，即只有团体中的成员才能领会到笑点，而在于其传播规模之庞大。如今圈内笑话无时不在，无处不在，且几乎不存在传播成本。其中有些笑话传播范围极广，因为它们涉及的圈子更大，例如"网友圈""不爽猫圈"以及"文艺复兴圈"。就网络文化而言，表情包的魅力在于它可以将网友们紧密联系在一起，而缺点在于同时也明确地将圈内人和圈外人分隔开来。

即便是神烦狗在全网刷屏之时，表情包世界依旧四分五裂。表情包制作网站开放了忠告动物板块，网友制作完表情包后可直接上传到网站，用户可以直接在网站上浏览表情包。由于神烦狗和小蛇表情包难以不断地推陈出新，对大众的吸引力也逐

---

* 尽管贾斯汀·特鲁多（Justin Trudeau）总理曾是辩论赛的成员，但我不知道他在学术圈中的地位。

渐下降，最终在表情包制作网站中销声匿迹，这让当时将表情包作为研究主题的两名博士生惊慌失措。他们在后续出版的书中坦言，害怕还没等到书出版，关于表情包研究就已过时。正如瑞安·米尔纳（Ryan Milner）曾在自己研究表情包的书中写道："记得在2014年，我正和一个学生讨论我的博士论文。大二的学生对我说：'我知道表情包在高中时非常火爆，那时我才高三。'一想到写了两年的论文是在研究早已过时的交际方法，我便十分焦虑。"惠特尼·菲利普斯（Whitney Phillips）曾在书中写道：网络喷子的发展趋势与表情包类似，她还在书中指明诸如看懂你的梗（Know Your Meme）这类网站兴起的一个原因。该网站是美国在线俚语词典，此处指有关表情包的词典，它专门为新网友编写，整合了在全网刷屏的内容并做了详细解释。"从前的网络世界就像一座孤岛，而该网站的出现为孤岛架起了一座桥梁，供人们交流和分享"。

但表情包的发展史远不止此。2016年美国总统大选期间，表情包受到空前欢迎，人们通常借它来讽刺一些虚伪行径。《今日美国》和《卫报》等主流媒体甚至设立专栏讨论政治类表情包刷屏的现象，与前两次大选相比，网络流行语百科中的表情包类别多了不少，甚至还有人专门在希拉里·克林顿官网（Hillary Clinton. com）上解读佩佩蛙（Pepe the Frog）表情和白人至上之间的联系。迈克·戈德温认为有必要澄清这一点，因为戈德温定律只适用于愚蠢的骂战，而不适合真的把对方和希特勒拿来类比，他还在推特上写道："这些混蛋和纳粹毫无区别，我支持你们这样发表言论。"大约在同一时期，"治愈系"的萌宠表情包使散播恐慌的社交媒体焕然一新。

2017年，米刻（Mic）新闻网曾分析了美国顶尖大学的录取趋势，文章中写道：学生们入学之前会在学校官方脸书账号制作

并分享表情包，以此来和同学互动，结交新朋友。有申请意愿的学生甚至通过评估学校表情包的质量来决定是否去该校读书。布兰登·爱泼斯坦（Brandon Epstein），当时年仅18岁，作为麻省理工学院学术与趣味表情包大帝的创始人，他表示："我们是最受表情包文化熏陶的一代，记得去年迎新时，表情包还未成为如今这等文化巨石般的存在。表情包在我读高中之时才占据了主流地位，所以我们这一代才会更加关注。"

初看，这似乎自相矛盾。2014年，一位大学生声称表情包已经过时，而三年后，另一个大学的大一新生认为该校的大二学生甚至都不了解表情包，这是为何？仔细推算，2007年lolcats正火之时这两个学生还是小孩，而且若我们严谨细致地追究起来，1990年迈克·戈德温在新闻组传播反纳粹表情包之时，他们甚至还没出生。

如果我们把表情包看成是统一且自成一体的事物，便毫无意义可言。虽然搞笑猫和戈德温定律也已退出历史舞台，但这些年来，仍有各种各样的图片、文字以及视频掺杂了之前的表情包。事实上，这一时期出现了新的图片表情包，之前的表情包是在图片上叠加文字，表示动物的内心独白。而新的表情包则用叠加的文字来表明标记对象之间存在的联系，比如分心男友（Distracted Boyfriend）：该表情图中的男人饶有兴趣地盯着另一个女孩，而其女朋友一脸不满地看着他，图片上的人都贴上了"大脑星云"的标签，就像"大脑状"星云一样，比喻图中形象的想法颇多。新形式的表情包不断地涌现，它们并不会销声匿迹。

如果将表情包视为网络文化的自述，一切便一清二楚。表情包制造者定期创造新的表情包，向外界传播。特定的表情包对于特定的群体而言，确实已经消亡。但只要人们一直创造新的网络文化，便会有新的群体出现并以全新的形式传播表情包。

因此，表情包又流行起来，其影响范围从资深网民到只有网络记忆的后网民。

表情包并未消逝，而是重生。

表情包永生

我家墙上挂着一幅刺绣的表情图。上面绣有一位张开双臂的农民，配有复古的文字“看，这是我耕耘的土地——贫瘠的土地”。这幅图基于一个网络表情包绣制而成，图中内容与表情包内容一致。表情符号制作网站模仿贝叶挂毯的风格，将图中的字母刺在织物背景上。

“求关注(Behold the Field)”表情图不仅是网络文化的一部分，也是英国文化的一部分，其历史可以追溯到 1 000 年前诺曼征服(the Norman Conquest)时期。贝叶挂毯长约 230 英尺，缝制这幅图的无名女士也将图片与文字结合起来，来展现典型人物。胡子拉碴的盎格鲁·撒克逊人和胡子刮得干干净净的诺曼人，将那个时代的事物具化并神化。在人们的印象中，哈罗德·戈德温森(Harold Godwinson)是盎格鲁·撒克逊时代的最后一任国王，在黑斯廷斯战役(the Battle of Hastings)中中箭身亡，正如这幅图上描绘的一样。这幅挂毯也有人重新制作过，通常采用缝合的方法，如维多利亚时代利克刺绣协会(Leek Embroidery Society)的成员制作了一幅全尺寸的复制品。2017 年，一幅《权力的游戏》(*Game of Thrones*)贝叶挂毯在北爱尔兰亮相。

“求关注”表情包甚至含有风格化的语言，还有对创造的扭曲，它借鉴的不是网络俚语，而是母语为英语的人对“老式英语”

的共鸣，如“thou”和像“v”的“u”并列，以及像“barren”这样的词汇，当然最初的挂毯原文就是拉丁文。

我不能说自己是原创，因为在制作之前，我看到网上有人发布了同一表情图片的刺绣作品。我也参考了好几个版本，但做了几次改动。我用倒缝针法代替十字绣，因为这样绣看起来更平滑。然后，我将原图中伸开双臂指地的农夫换成了一个跟我长得很像的农妇。毕竟，这是我能自由发挥之处，也是我对网络文化个性化的要求。

但我到底想表达什么？之所以用这种特殊的方式重新制作这个特殊的图片，而非搞笑猫，是因为它让我着迷。它是新旧事物、口头文化和数字文化、家庭与世俗共存的产物。我想表现得潇洒不羁，但针线活让我不得不一丝不苟。即便是我亲手制作，情况也十分复杂。我之前在《舌尖上的英国》网络上写过有关表情包语言学的文章，结交了不少网友。他们足智多谋，给我提了建议，告诉我要用多少棉线，如何避免棉线织物背面结块。我也曾掏出手机，在谷歌画图软件中搜索法式打结法。

绣表情图是我用实物形式制作的最数字化的艺术。织物的画布是由横向和纵向延伸的细线组成的像素网格。它含有Photoshop中计数和保持平衡的功能，能计下刺绣时所使用的网格数量，并让线路保持平衡。苏珊·凯尔（Susan Kare）曾设计过大多数苹果计算机的原始图标，后来我借鉴了她在针尖技术和马赛克技术上的经验，并用在像素阵列的图标创建上。我是一个新手，缺少经验，少些技巧，悔针于我而言是个绝活，不喜欢某一针，便可毁了重来。撤回后，织物上会留下些许小孔，待我再次操作后小孔便会消失。这种方式更像是计算机上无休止的“撤销”功能，我不必再担心会弄脏画布或者在纸张上留下污渍和凹痕。

表情包和针线活都是民间文本的集合体，随着人们不断地融合，又重新制作才传播开来。单词“text（文本）”和“textile（纺织品）”这两个词同源，都源于原始印欧语系的“teks”，意为“编织”。而“写作”和“编织”都表示将素材融合在一起的创造行为。讲故事的人是指纱线的纺织工，而互联网一词则是取其隐喻“网”之意。如果我们继续向前追溯，在印刷机、照相机和影印机引入忠实复制的概念之前，所有的传输都是重新创造。teks是“technology（技术）”一词中的词源，从某种意义上说，它最先指的是对艺术、手工甚至语法的系统论述，随后才指对机械或工艺的研究。1902年，词典中列出了“旋转、金属加工、酿造”等词汇，后来才开始指数字技术。

表情包已与技术长期共存，且通过技术得以实现。1935年成为头条新闻的“繁荣俱乐部”发起的“送你一点钱”，以及电子连环信都是相当有名的，后者是指邮件每被转发一次，比尔·盖茨（Bill Gates）就会捐赠一美元用于治疗癌症。但鲜为人知的是，在连环信件出现之后，连环电子邮件出现之前，曾出现过一个先驱——影印机传说“faxlore”或“Xeroxlore”：通过电子邮件、传真和复印件的方式讲笑话和故事，以及给予警告。其中最著名的是“闪光灯（Blinkenlights）”，这是模仿德国人在任何精致设备上方的墙上装上闪光灯，已达到警告的效果，其含义就像是说“请不要用手指戳动中间的位置，使用该橡胶制品时，必须确保随身携带棉签来触碰按钮。请放轻松，时刻关注闪光灯的变化”。正如迈克尔·J.普雷斯顿（Michael J. Preston）在1974年的一篇文章中创造“Xeroxlore”一词一样，这类表达倾向于模仿表情包和其他工作场合的幽默，因为大多数人家里都没有复印机。虽然复印机和传真机使这些故事得以传播，但在处理复制粘贴时，很难将这些故事重新混合在一起。

正如富有表现力的排版和含有语境的涂鸦出现在互联网之前，行内笑话同样涵盖了几代人的文化历史。我生活在互联网时代，印象中“闪光灯”是指生活于半互联网时代的爸爸在2000年初发给我的连环邮件。但根据“术语档案”的记载，它的历史可以追溯到1995年的国际商业机器公司（International Business Machines Corporation，IBM）。那时的计算机只是一排闪烁的发光二极管，还没有屏幕。“术语档案”还指出，在第二次世界大战期间及大战之后，盟军机器车间常见的仿德国标志也有深刻的渊源。尽管“闪光灯”一词并未出现，但其中一个仿德语的标识有几个我们熟悉的短语：“这台机器有夹手和粉碎的风险，请谨慎使用橡皮制品，尽量远离。”我父亲一定没有经历过“二战”，但我还是和他提起影印机。“是啊！”他说，“你爷爷很喜欢看纸质版的笑话。即便在他退休多年后，家里还一直放着传真机，这样他的好友便能给传来最新的笑话。他有一个一英寸厚的文件夹，里面收藏着最有意思的笑话。”不能说我祖父是个彻头彻尾的网络用户，因为他只用过一段时间电子邮件，从未用过智能手机，也没有社交账户。很长一段时间，他一直忙着收藏，就像青少年热衷于汤博乐和图片分享网站Imgur一样。

我再次去看望父亲时，他拿了一个并不引人注目的棕色马尼拉文件夹，里面塞满了蓬松凌乱的纸张。父亲说：“我在清理你爷爷办公室时发现了这个，我想你应该会感兴趣。”

我祖父的笑话收藏夹？我当然感兴趣。

翻阅这些文件时，首先引起我注意的是那些硕大的字体。我还怀疑是否真的有老人使用的表情包，这些两到三倍大的字体便能打消我的疑虑。这些文件都是为那些阅读时需要戴老花镜的人而准备。唉，看来我手中的文件夹只是我祖父笑话收藏物的一部分，因为在其中没有发现90年代的传真。据父亲所言，大多数传真都像收据一样，印在感光热敏纸上，不易保存。而祖父的收藏却恰恰相反，这些都是大约在2004—2011年间用微软Outlook打印出来，都是些经常转发的电子邮件。说这一收藏有“一英尺厚”显然是太过于轻描淡写。

虽有些怀疑内容是否有用，但我还是翻看了，结果却是失望的。这些笑话并非原创，且有重复之处：不同职业、来自异国他乡之人以及一些公众人物都去酒吧，仿佛到了天堂一样；早熟的孩子以及像人一样的宠物滑稽地掩饰着自己的天真；而金发女郎、乡巴佬还有老夫妇做着符合自己形象的事情，偶尔也会颠覆认知。我尝试用谷歌搜索词条“经典笑话”，结果发现它们都如出一辙，而人们却误以为这些是少数知识分子或者无名氏的成果。网页上充斥着笑话，版面设计糟糕，充斥着让人无力吐槽的双关语和刻薄的刻板印象。如果这是祖父的珍藏宝物，我不确定是否要继承。

若不重复，表情包给人带来的快乐又源于何处？第一次看到猫狗用其特殊的语言交流时，我既觉得好笑，又有些困惑。看完三五个之后，便会感受到其中的幽默。看过20多个版本之后，就开始厌倦。但就在此时，若有人能不落俗套，创造出精妙绝伦的新形式，我笑得最开心。表情包中到处都是老套的刻板形象。对忠告动物的描述，下述内容最为全面：起初，它是给动物混搭不同的形象。从主题动物的混搭开始，如哲思龙和不善交际的企鹅；而后扩展到刻板人物形象，如总拿性别和种族开玩笑、总讲女友过于黏人、亚裔父亲望子成龙等“经典”笑话。

漫画人物和讽刺漫画的历史比经典笑话更久远。在18、19世纪的政治漫画中，就可以看到公众人物及其漫画原型的影子，例如1870年的漫画中就出现了代表美国政党的驴和大象，分别代表民主党和共和党。马丁·路德（Martin Luther）在1521年

出版的宣传册里，号召民众反对罗马天主教，并借助漫画的形式重新融合《圣经》中的经典场景，讽刺当时的教会政治。以表情包形式出现的宗教人物依旧维持着他们的吸引力，譬如随处可见的耶稣画像，给它画上时髦的眼镜，配上文字“哥在推特出现前就是个红人”。将地点和抽象概念拟人化，如“自由”和“大不列颠”，这种做法最早可追溯至罗马众女神的出现。此外，人们也曾采用漫画的手法装饰古希腊花瓶、绘制舞台面具，用动物故事来表现人类世界也许是最为古老的拟人化表达。这些在伊索寓言、童谣以及各种各样古老的神话传说中都可见到。

表情包的独特之处并不在于人为创造，也不在于它所带来的视觉效果和形象表达。表情包之所以成为表情包，而不是漫画、笑话和时尚杂志，是因为它暗含讽刺意味，就和声称“我爷爷存了很多表情包”这句话一样讽刺。表情包是网络文化的产物，但我祖父其实不是网民。制作、分享或为表情包所喜意味着要跟上潮流，这就意味着人人都是网络文化的一分子。若你不明白这一点，便落后了。

正如具有讽刺意味的文字排版暗示真诚，笑话背后也包含文化因素。以下玩笑在不同场景代表不同的含义。人们玩梗时会说：“发生这事时，我也在场。”看到“分享抗争经历”的笑话时，会边笑边说：“我们共同面对一切。”对待种族主义或性别歧视的嘲笑，会说：“我接受这些刻板印象。”表情包是一种语言募集工具，浏览人员都想理解并使用表情包：无论出于善意，如与语言学相关的表情包鼓励人们阅读维基百科上关于语言学的文章，还是出于功利性的目的，像极右派的讨论论坛战略使用带有讽刺意味的表情包来散播极端意识思想，道貌岸然。无法解释笑话和无法解释表情包的原因一样，因为不用解释便能理解才是其关键。

如果说表情包是网络文化的产物，那当网络文化成为大众中流行的文化时，表情包也会随之流行。语言学家艾琳·麦基恩（Erin McKean）把她和自己年幼儿子之间的对话发布在推特上，该推文正好说明了上述观点：

孩子：指尖陀螺就像实体表情包。

我：这是一种时尚。

将表情包和时尚类比并非毫无根据。技术专家安小敏（An Xiao Mina）撰写了一篇文章，内容有关如何通过互联网让产品广为传播，又让其与表情包融合后创造出新的事物，尤其是中国深圳那些按需制造的服务性产品。无论是自己动手将定制图案印到T恤上，还是集思广益想出游行口号，现在都会因将照片上传到社交媒体而广为传播，并被人们模仿，这些事情从来没有像现在这么容易。当我因为看过他人刺绣照片而决定绣下“求关注”的表情时，我是在体验网络文化还是物质文化？这两者又有何不同？

如今，所有网络聊天社群都有一套自己的表情包。表情包丰富多彩，有电子游戏、育儿以及动漫类；有为达到游说目的的政治类；还有我较偏爱的语言学类，原因显而易见*。这本书花费了我很多心血，一拖再拖，在本该写书的时间，我却收集推特上的所有表情包，并将其做成语言学版本。美国国会图书馆当下正将各类表情包规整存档，把诸如《火星文圣经》（*Lolcat Bible*）、《城市词典》和网站“看懂你的梗”中零零碎碎的表情包都收集整好。它们有一个迷人的名字——“民俗”，但并不十分准

---

* 语言学家拉玛（Llama）说，我想拥有一个混元音，因为发音时毫无压力。

确。部分人在高级模因学领域中做全职工作，例如前文已提到的学者、网站“看懂你的梗”的工作人员以及汤博乐的“表情包图书管理员”阿曼达·布伦南(Amanda Brennan)。

2014年，表情包论述作者惠特尼·菲利普斯和瑞安·米尔纳后来共同撰写了一本书，将表情包作为一种网络民俗知识，将之与粗俗的打油诗、鬼故事和恶作剧相提并论。若一个表情包可以指代任何流行事物，那就等于重新回到最初道金斯对模因的定义，即通过文化复制传播。

出于某些原因，不同于仍然模糊不清或只是变得流行而无人模仿的想法，表情包通常看上去很奇怪，但又很写实，这是为何？尤其是其配文的语言风格，为何那么搞怪独特？利莫·士弗曼(Limor Shifman)提供了一条线索，引起了我的好奇心：她研究了油管上大量的模仿类视频，将之与浏览量相同但少有人模仿或无人模仿的视频作比较。令她大跌眼镜的是，那些看起来更专业的视频不太可能受到关注。引用士弗曼的话，即“粗劣”文字造就“优秀”表情包。换句话说，表情包的产生是基于人们的积极参与，因为“那些视频，表面上看起来未完成、粗制滥造、十分业余甚至莫名其妙，人们需要在此过程中去填补空白、解决难题甚至嘲笑其原创”。

不连贯的语言或糟糕的图像处理都会得到同样的结果，就像俚语或者极简主义的排版能够体现出你平易近人，或反映出你的讽刺意味。许多表情包的俏皮语言也为此开辟了一个清晰的参与方式。然而，正式构建的文化产品掩盖了其中的拼凑、编辑和劳作，这使得有抱负的作者或艺术家目瞪口呆，因为自己的初稿与他人的最终版本相比显得粗糙不堪。与不连贯的语言相反的是，网络民俗文化中的表情包并不完善，还在不断构建，你也可以为此添砖加瓦。同很多人一样，以匿名或化名的方式将表情包带到世上，即使无功而返，也无关紧要。这种风格化的语言标志着它们的流派，就如童话故事通常以“在很久很久以前”开头，或“咚咚咚”敲门吸引人的注意力，表示要开始讲故事。

在其他作品基础之上写作是我们最古老的叙事方法之一，譬如《伊利亚特》（*Iliad*）被认为是诗人荷马的杰作，但最初是口头文学。维吉尔（Virgil）的《埃涅阿斯纪》（*Aeneid*）借用了《伊利亚特》中一个小角色埃涅阿斯（Aeneas），并将其塑造成罗马的英雄。随后，但丁的《神曲》（*Divine Comedy*）也借用了维吉尔笔下的历史人物，将之塑造为但丁通向《炼狱》（*Purgatory*）与《地狱》（*Hell*）的向导。然而有一点很棘手，如果想要在其他作品上构建重塑，必须对受众的已知信息做出推测。

在一个只有印刷的世界里，写书时要引用多少资料，我必须明确决定，而作为读者，不费吹灰之力就可以看到很多书目。若足够幸运，你可能会在书架上找到原版书，并且只要我提供同一版本的页码，便可以查阅参考书目，否则，还得去图书馆转一圈。但是否有影印本，我们无从得知。而在网络时代，我们常常轻触指尖便能获得文献全文。在网上写点什么，只要将某个晦涩难懂的术语或引用的文字链接到其说明或来源便可使用，从而使该文本服务于多个受众。那些已知道参考文献之人不用再花费心力去点击链接，查看解释；而那些没有获得参考之人，便需点击链接寻找更完善的解释。比起我中断写作对其解释的内容，点击链接获得的解释可能会更详细。即便没有源链接，人们也可以通过搜索找到上下文。若没有超文本和检索功能，我便得考虑缩小受众范围。每一个阶段都要决定，是否要冒着让读者觉得无聊的风险，给出一个定义，抑或是不给定义让其他读者一头雾水。

互联网是创作共享的好平台，并不仅限于制作表情包。以

维基百科为例，它采用志愿者编辑和协同维基技术的方式创造了一本英语百科全书。其内容是任何一部已出版的英语百科全书的六十多倍，还包括数百个不同体量、由其他语言撰写的百科全书。以同人文小说为例，其作者是因一部特定的原著而聚集到一起的一群人，在互相交流的过程中，以原著故事为基础进行再创作。早在互联网出现之前，就已经有同人文作者。最著名的例子莫过于《夏洛克·福尔摩斯》(*Sherlock Holmes*)和《星际迷航》(*Star Trek*)的饭制同人文作品。早期互联网中，兴趣爱好的讨论版使粉丝愿意寻找与自己志同道合之人，尤其是《X档案》和《吸血鬼猎人巴菲》(*Buffy the Vampire Slayer*)的粉丝。后来的粉丝对同人文创作的热情也丝毫未减。同人文的作者一般都聚集在以下一些平台中：一是具有博客功能的网站，包括生活日志以及后来出现的汤博乐；二是以同人文为主的网站，如同人文小说(Fanfiction)、同人档案馆(Archive of Our Own, AO3)、电子书社区(Wattpad)等。他们创作关于《哈利·波特》(*Harry Potter*)，单向组合(One Direction)的同人文，还将《邪恶力量》(*Supernatural*)、《神秘博士》(*Doctor Who*)以及BBC出品的《神探夏洛克》(*Sherlock*)三部剧集中的人物进行配对并写成同人文。这些内容在以上平台中的帖子数量至少是维基百科的两倍。

现代西方观念认为，作者应该具有独创性。这一观点在我们有能力能忠实而精确地进行批量复印时才出现，所以相对而言还不够成熟，易受到文化的约束。发明了印刷机后，人们很容易便能获得复印件。至此之后的几个世纪以来，著作权逐渐演变成了具有现代意义的“版权”。换言之，早在有防止作品抄袭的权利前，我们就有改编作品的权利。我十分感谢著作权的出现以及独立作者的身份，让我以及所有我欣赏的作家能够靠写作为生，但我们不要自认为专业的创作者是唯一的创作者。讲得好的笑话会让人感到快乐，刻意讲出的脏话里能让人获得邪恶的快感，而燃起的好奇心，只有在新环境中改写自己喜欢的角色才能平息。大家携手创作出完美且和时代同步的表情包，着实令人兴奋。

不管表情包的亚文化覆盖面宽阔还是狭窄，创作并分享这些表情包的行为就是在宣称：作为一个网络用户，这里就是我的地盘，像我一样的人就该上网冲浪。若是我们不再坚持认为其他群体做错了表情包，而是将那些表情包视为多元多变、不断进化的文化对象，或许这就到了表情包发展成熟的最后一个阶段。

与此同时，我们也仍在缩小两类人之间的隔阂。第一类深受互联网文化的影响，第二类则还在试图理解互联网文化的形成。我会用自己的亲身经历予以说明。孩童时期，做报纸上的填字游戏时，我便不太能集中注意力。按理说，填字游戏应该趣味横生，但实际操作起来，却怎么也搞不懂提示词的含义，有点丈二和尚摸不着头脑。我又怎么可能知道我出生前所发生的事情以及名人。应该没人知道吧？那些列有每个人作弊用的文化参照的名单都藏哪里去了？

我从未找到这样的名单，但若是我碰巧在一本飞机杂志或者是在亲戚的一张晨报中发现填字游戏，情况会与以往大不相同。不知为何，我现在能理解大部分提示。虽然我没有看过那些电影，但我记得它们是什么时候上映的。我记得哪些政客当选了，不过我更希望自己忘记这事。至于我出生前的人和事物的参考资料，就很少被提及。这些年与他人的对话交流中我也了解了不少我出生前的名人和事件，以至于我莫名其妙地觉得填字游戏中，那些让人一头雾水的提示对于玩家来说还算公平。

我无法列出这些参考资料以及我是如何知道它们的，但它

们就在那里，等着我利用精心编排的提示词语，或几个关键字将它们派上用场。如今，我可以进行填字游戏，理解其中的文化，小时候我对此可是一窍不通。

网络文化也是如此。我无法详细列出我所知道的所有表情包，可以肯定的是，我确实无法解释为什么恰当使用的某种表情包仍能把我逗乐。就像我祖父无法向我解释为什么他的笑话集让人觉得新奇有趣、值得收藏。我们习惯了和家人、老朋友、工作场所的伙伴甚至整个行业和周围的人讲行内笑话，讲公共行话。倒是书面的部分让我们大跌眼镜，因为我们习惯让笔头的东西变得正式。这有一部分原因是要利用文化扁平化吸引受众，比如报纸上的填字游戏就是为大众市场的新闻读者设计的。非正式写作则不同于此，表情包正是这种差异的文化因素。就算我们遇到像是按自己喜好写的文字时，仍会感到非常高兴。人们若是觉得困惑，可以在谷歌上搜索。

同所有的文化一样，网络文化也带有参照性。它会让圈外人感到困惑，了解它要靠已有的共享文化，而不是明确的引导说明。同所有的文化一样，它并不是纯粹的单一文化。有些人广泛共享着它的某些部分，而另一些人则对这部分知之甚少。重要的是，我们想要把自己喜欢的部分传给自己的后代时，无论保存得多么整洁，它都是不断变化的。

这种不断变化的状态又会将我们引往何处呢？

第八章　网络世界新体验

说到英语，你脑海中会浮现什么？我决定请教当代预言家——互联网，即在谷歌图片以及其他 20 个图片网站中输入“英语”，查看搜索结果。

搜索结果中出现了带有英语字样的图片，当然也有其他图片，如黑板、气泡式对话框、木制字母块，还有几幅是画着国旗的舌头，令人疑惑不解。总体来看，这些图片以图书居多。这些书形式各异，有的只有书本身，有的旁边放着苹果和铅笔，有的正被人翻阅，有的封面上写着“英语”，还有一摞书的书脊上写着“英语”“语法”“拼写”，最明显的书籍是字典，书脊上写着“英语”。这些形式多样的书中，很多都是词典类的书籍。

词典编纂人员对此不以为奇。很多人认为英语和词典之间可以画上等号，好像所有词典都一样，仿佛它们并非出自常会犯错的人类之手。科瑞·斯坦普尔（Kory Stamper）是一位词典编纂者，她从《韦氏词典》（*Merriam-Webster*）“询问编辑”服务中收到的电子邮件，其中许多是人们希望将喜欢的词条录入词典，并剔除不喜欢的。人们觉得《韦氏词典》对于一个词的认可与否，是证明其是否“真实”存在的关键。

即使我们知道一本书并不是某种语言的唯一资料来源，且词典记录的是人们如何使用既有的语言，而非正在使用的语言，我们仍然觉得英语存在于很多书籍之中，认为它是“莎士比亚的语言”，是《牛津字典》（*Oxford English Dictionary*）第2版第20卷，是整个美国国会图书馆的馆藏，是数百万由谷歌图书搜索到的书籍。

人们对于英语的相关联想并非偶然。

通过谷歌搜索1500—2000年“英语语言”一词在书中出现的频率，便会发现该词在1750—1800年间的使用频率大幅上升。此前频率不断减少，而在此之后不断升高。“英语”和“语言”两词单独使用时出现的频率相当稳定，组合使用时频率才会升高。

那段时间究竟发生了什么？1755年，塞缪尔·约翰逊（Samuel Johnson）出版了《英语词典》（*A Dictionary of the English Language*），这是第一本举足轻重的词典。约翰逊的词典广受大家青睐。他对如何准确定义英语语言颇感兴趣，正如他在词典序言中所写：“我发现我们的语言虽丰富但无序，充满活力但无规则，因为无论我在何处改变观点，都需解决困惑，改变当前所面临的难题。”

我们不能只责怪山姆大叔（Uncle Sam）[1]，因为他也只是参与了语言变化运动。18世纪末到19世纪初，出版书籍掀起一股巨大的浪潮，这些书籍包括词典、语法以及与“英语”相关的其他书籍。一方面，如第二章所言，这一时期生成了令人称道的方言地图。另一方面，这种详尽的记录是构建英语，甚至是构建任何

1. 山姆大叔（Uncle Sam）是美国的绰号，美国人将“山姆大叔”诚实可靠、吃苦耐劳及爱国主义精神视为自己公民的骄傲和共有的品性。

一门语言的方式。有什么样的语言便会产生什么样的书籍。直到 1977 年,《韦氏词典》的一个广告宣传语还宣称:"《韦氏新大学词典》(*Webster's New Collegiate Dictionary*)是单词圣地。"

书所代表的隐含之意也在不断改变。正如之前有些科学家将大脑比作蒸汽机或液压泵一样[1],许多现代的神经学家也将计算机视作一种隐喻。因此,有关语言的隐喻也需与时俱进。或许这便是互联网作为一种新隐喻时对英语产生的重大影响。

语言便如同一个网络,还是不断升级的网络,正如维基百科和火狐这样的互联网大型协作项目,或是组成互联网的分散式网站和机器,它能体现最终的参与式民主。严格来说,它是人类世界最壮观的开源项目。

我们通过交流和互动来传播语言,这就像在互联网上点击不同的链接查找信息一样。无论是朋友、熟络之人还是许久未联系之人,抑或是私下我们觉得特立独行之人,都生活在各自独特的网络一隅之地中。此外,个人的语言又有稍许不同,这由整个独特的语言发展史决定。

把语言当作一本书时,我们认为它是静态且权威的。若翻到这本书的第一版,擦掉人们在留白处乱涂乱写的新词,如此便最好不过。然而,网络并没有最原始的版本,不会随变化而退化,灵活性是其优势的关键部分。语言亦是如此,随着新关联的增加、旧关联的消失,每一代的语言也都经历了发展与更迭。

把语言当作一本书时,我们认为它是一堆杂乱无章的单词,必须保持秩序,按照一定的顺序排列,正如维多利亚时代的园丁

---

1. 大脑和意识很神秘,人们倾向于将其比作当今最前沿的东西。19 世纪的科学家将大脑和意识比作蒸汽机。21 世纪时,又将其比作计算机,因为它们都是最前沿的。

不断地修剪树篱，使其一直保持螺旋形和球形一样。

将语言视为网络时，我们可以把秩序视为一种事物。这种事物从个体的自然发展趋势中产生，正如森林在没有修剪和除草的情况下，还能保持自身的秩序。

把语言当作一本书时，我们认为它是按一定的顺序排列，且内容有限。书的页数有限，你必须决定要保留哪些，要剔除哪些，以及如何安排剩下的内容。如果你我购买相同的字典，我们看到的将是完全相同的单词，这似乎是每个人都承认的一种有限的英语，它们可以同时存在于两本书中。但互联网无始无终，它的发展速度之快，人们望尘莫及。从技术上讲，它确实占用了空间，如从海洋中穿过的光纤电缆和数据中心处一排排冰冷的硬盘。然而，当你手中的书只能展示剩下的页数时，互联网却能带你通往难以想象的浩瀚领域。

一个人的头脑能想出一句人类历史上从未说过的话，而且这还不是很难。比如“憨憨的水獭欣赏紫色森林上方空荡的月亮”。事实上我写这段文字时，即使是在谷歌上搜索“水獭赏月”这句话，搜索量也为零。你可以试着自己造句，句中包含一种不适合作为宠物饲养的动物、一个至少含有两个音节的动词、一种你现在所穿衣服的颜色或质地，以及某些不适合你现在穿戴的物品。这样一来，它成为前无古人的话的概率会非常高。你甚至不用写这样超现实的句子，试着给你最近用的 10 字以上的句子加上引号，放入谷歌中，也会得到搜索量为零的结果。

将语言视为网络时，我们便意识到对语言的任何描绘都是不完整的，这也是其绝妙之处。许多网页是动态的，只有在我们搜索或发布全新内容时才会产生。因此，语言的创造能力也要比史册记载的更为强大。任何人都可以创造一个词或组成一个从未有人提及的句子，只要我们说出来，它们便会存在于语言之中，无论它的出现只如过眼云烟，或可以经久不衰地流行下去，延续给子孙后代。放下一本书后又重新打开，你会发现其文字还停留在上次翻阅之处，然而只有已经弃用的语言才会如此恒定不变。当你舍弃一种有生命的语言，或者离开一个交际圈时，你并不能盼着它们因你的离去而寂静无声。

一种有人使用但尚未形成文字、编著成书的语言是活灵活现的，且终会被编撰书籍。一种有书存世，却无人问津的语言，只能如苍白无力、虚无缥缈的鬼魂般存在。约翰逊和他同时代的人以拉丁语为标准同英语作比较，发现英语是“没有规则束缚、充满活力的”语言，出现这个结果的原因在于他们将一门活语言同不会变化的化石所呈现的事物作比较。虽然化石可教给我们很多东西，但这并不意味着活的动物只有在成为标本且只剩骨头和脚印之后，才值得研究。我们可以将书视为地图和指南，帮助人们驾驭语言，领会语言的动人光辉，而不是将其视为一种让语言不朽、亘古不变的方式，或者说是对语言施以限制，以使语言不会发生太多变化。每本地图册最终都会成为一本历史书籍，但当地球仪在你手中转动时，这仍然是件光荣之事。

在撰写与技术有关的文章时，我总会心怀歉意，因为这类书总会在某个时候过时。此外，文章也不可能会面面俱到，即便各个方面都有涉及，也会舍本求末。本书的目的并非将网络语言奉为圭臬，网络语言也并不像不幸卷入流沙中的恐龙那样，让我能捕捉和保存。网络语言是为特定时代提供一个快照和镜头，以便我们观察未来的发展变化。当仅研究正式语言时，我们可通过这个细小的方面了解英语的作用。当研究非正式语言时，我们的思路便会如河奔海聚。因为我们走出图书馆，便能看到复杂广阔的世界。

因此，若你想知道为何本书并未涉及你所感兴趣之事，可将

此当作是在邀请你在另一领域中绘制属于自己的地图，开始研究网络语言。网络语言研究的未来取决于读者，就如同语言的未来取决于说话者一样。我认为尤其是以下几个领域在未来的研究中可能会成果颇丰。首先，这本书主要是关于英语，尤其是美式英语，这纯粹是由于许多地方的方言地图都是由美语绘制。但也有其他地方的英语以及别的语种，这适用于世界上另外一半网民。

当今世界上约有 7000 种语言，而其中绝大多数语言只占互联网的一小部分。维基百科上只收录了 293 种语言的词条，其中一半语言的词条数目不足 1 万篇。谷歌翻译支持 103 种语言，但很多语言对都是通过英语作为中间语言翻译。主流社交网站支持的语言更少，比如脸书的界面大约有 100 种，推特约有 50 种，而新的社交网站往往只支持一种语言。即便是相对重要的国家语言，如冰岛语，也正被英语和少数其他具有大量网络资源的语言所取代，那些没有政府资金支持的语言更是一塌糊涂。出乎意料的是，我 2016 年列入本章初稿的这些统计数据，在 2019 年初更新之时几乎毫无变化，互联网适应每种语言的势头正在放缓，而这种势头本应愈来愈强。尽管如此，互联网用户仍在寻找在线交流的方式，他们或是文盲，或是没有完善的书写系统以及自动化工具来完成对话的人，后者通常是使用语音短信或是通过聊天应用程序发送 5—30 秒语音的用户。

第二个需要继续研究的领域是技术之变革。就像数字语言中所有大、小写字母都带有 emoticons 和 emoji 一样。随着技术的发展，表达语言背后含义的方式也会有进一步的变化。毫无疑问，随着语音、图像和视频工具更容易融入日常对话中，我们会寻找新的方式来表达我们的意图。普通人不会用书本和电视中那般简洁标准的语言对话，我们也会不断解锁交流工具，直至其能表达出我们的交流意图，否则就将其降级为获取信息或休闲娱乐的工具，而非交流。

我们与以技术为媒介交流的集体社会关系也在发生变化。但目前来看，代沟仍然存在。这个代沟并非在于你是否知道首字母缩略词意指为何，或是如何打出这个词，而在于你是否认同非正式写作的表达能力，或者仅是假设这一点，并非真正相信。因为最近一位上了年纪的人跟我提到，有人告诉他用句号结尾的短信会让他们觉得很恼火，老人说道："他们都知道我老了，但为什么有人会认为我知道如何在短信中传达这么微妙的东西？"三代互联网人都以为，每个人都不断地在文字中传达微妙的情感，哪怕对于那些微妙的信号到底意指为何还存在一些小分歧。让一个上网之人不再对短信过度思考，就像让各个年龄段的人不再从语气中解读情感的细微差别一样，这都如煎水作冰，难以实现。我们会情不自禁地过度思考信息的含义。

相对而言，不懂网络的情况至少不会出现在一整代人中，也不会出现在主流语言国家中。互联网将同以往的技术一样融入人们的生活，如收音机、电话或书籍，没有人能过而避之。个人仍可以拒绝使用社交媒体或智能手机，就像20世纪80年代的人可以拒绝购买电视机或安装电话线一样，但无论如何，你仍会不可避免地了解这方面的事情。互联网已经成为时代发展的"大环境"，成为更广泛文化中不可避免的一部分。

这就是为何我避免将网络之外的事物视为"现实生活"，因为网络本身已成为现实生活。比起差异，大众文化和互联网文化有更多的重叠之处。当然，"在现实生活中（in real life）"和"现实生活（real life）"是常见的表达方式，人们在使用的过程中却很有可能淡化其原有的内涵。就目前来看，这种情况尚未发生。与此同时，人们在数字终端或受感化，或受伤害。若意识不

到现实生活中人所具有的共同人性，互联网便会对人造成真正的伤害。

同样，我们很容易认为21世纪的所有新词都是网络词汇，因为我们可能最先在网上注意到它们。但是，未来的英语往往总是和现在的英语有所差异，就像现在的英语同100年或1 000年前的英语不同一样。虽然网络往往是传播新词的平台，但这并不意味着它总是新词出现的原因。虽然青少年在元音、单词、音调方面的变化预示着未来语言的发展走向，但我们不应将它们与青少年的社会特征混为一谈，如拉帮结派、逛社会剧场、做运动员和书呆子等等。孩子们终究会长大成人，找到工作，找到或多或少与自己相符合的社会定位，然后便轮到他们抱怨下一代。初中时代对所有人而言都是离经叛道的时期。我采访了几个青少年，了解他们眼中在社交媒体中酷炫之物，这也许可以告诉我们，几年后，语言有何特色以及人们会使用哪些技术平台，但这并不会告诉我们以后的社交生活会如何，我们暂时也无从感受，这真是谢天谢地。

众所周知，人类的语言能力由来已久，它比任何一种书写形式都要早几十万年，语言的持久性让人难以置信。我们见过许多没有任何书写系统形式的社会，却从未见过没有言语或手语的社会。此外，语言的复杂性与它所在物质文化的复杂性无关。语言的存在不曾受书写、农业、渡槽、电力、工业化、汽车、飞机、照相机、复印机和电视机相关技术的影响，亦不受互联网的影响。事实上，语言的唯一已知的掠夺者是“其他人”，因为许多语言由于战争或征服而被淘汰或强加给被征服者。

语言的优势在于其易变性。如果孩子必须准确复制父母的讲话方式才能传播语言，那语言将变得脆弱不堪。就像古代艺术或建筑技术一样，语言在传播的途中可能会丢失。但由于每

一代人都在重塑语言，我们从同龄人那里学习语言，并非只同长辈学习，而且即便每个人讲话都自带特色，也能让他人理解自己。由此可见，语言灵活而有张力。

将语言当作一本书时，我们可能会为书中被自己视若珍宝的内容而忧虑，这是自然而然之事。但如今，可以将语言视为网络，它显然就有一定的创新空间，有各式英语和除英语之外许多语言的空间。此外，还有能让语言焕发活力，扩大创新的空间。在这个引人注目的语言网络空间，更有专门为你私人订制的空间。

致　谢

撰写一部关于互联网的书籍，其绝妙之处在于：虽不可避免地会因互联网分散注意力，但它往往也会给你带来一些写作的灵感和启发。此书能够写成，广大网友功不可没。

关于互联网书籍中的网络研究存在一个突出的问题——引用的链接在两年内会失效。为了解决链接失效这个问题，本书中的每个链接都已储存于互联网档案馆的网页时光倒流机器(Way Back Machine)中，且由我个人出资保证其始终可用。若要获取备份副本，可在archive.org中输入任一URL[1]来获取。

感谢我的编辑考特尼·杨(Courtney Young)对本书的大力支持，有时他对本书精神的理解在我之上。感谢河源出版社(Riverhead Books)团队，特别是凯文·墨菲(Kevin Murphy)。感谢基于互联网风格妥善处理

1. 全称：统一资源定位器(Uniform Resource Locator)，WWW的统一资源定位标志，是指网络地址。

本书文风的文案编辑团队、在网络写作中表现出色的护封设计师格蕾丝·汉(Grace Han)，以及我的公关——活力无限、热情四射的莎琳·特维拉(Shailyn Tavella)。还要感谢我幕后提供所有支持的经纪人霍华德·尹(Howard Yoon)，风趣幽默、提供使用多种语言写作建议的达拉·凯(Dara Kaye)以及文学代理商罗斯伊(Ross Yoon)团队。

非常感谢《舌尖上的英国》的编辑妮科尔·克利夫(Nicole Cliffe)对我荒谬演讲的鼎力支持，感谢《舌尖上的英国》读者们提出的宝贵意见，精进了我的写作。诚挚感谢《连线》杂志和编辑艾丽希斯·索贝尔·菲兹(Alexis Sobel Fitts)、作家艾米莉·德莱弗斯(Emily Dreyfuss)、作家安德鲁·瓦尔迪兹(Andrea Valdez)为驻地语言学家创建了一个妙趣横生的新居。同样，致谢蜜妮安·福格蒂(Mignon Fogarty)、阿里卡·奥克伦特(Arika Okrent)、克莱夫·汤普森(Clive Thompson)、艾米莉·格里夫(Emily Gref)、詹妮弗·库茨(Jennifer Kutz)、艾琳·麦基恩(Erin McKean)和本·季默(Ben Zimmer)的精心指导。特别感谢劳拉·贝利(Laura Bailey)、梅根·加伯(Megan Garber)、莫莉·阿特拉斯(Molly Atlas)和美国方言协会授予我荣誉称号，感谢A. E. 普雷沃斯特(A. E. Prevost)的细心谨慎、能言善辩。

十分感谢互联网学者的前辈们，他们生动的描述和详尽的档案资料使我对早期互联网有了一定了解。同样感激那些从事新兴互联网通信的研究人员，他们正在研究新兴网络交流方式，而这给我的写作提供了经验指导。特别感谢所有给我发来学生论文、会议演讲、硕士论文、博士学位论文以及其他身处网络语言学前沿的人。

感谢培育我的机构：国王艾吉尔中学(King's-Edgehill School)、国际学士学位组织(the International Baccalaureate)、